产教融合开展就业创业教育的探索与实践

申珊珊　何留俭　王　军◎著

中国原子能出版社

图书在版编目（CIP）数据

产教融合开展就业创业教育的探索与实践 / 申珊珊，
何留俭，王军著. --北京：中国原子能出版社，2023.12
ISBN 978-7-5221-3199-3

Ⅰ. ①产…　Ⅱ. ①申…②何…③王…　Ⅲ. ①大学生
–职业选择–研究　Ⅳ. ①G647.38

中国国家版本馆 CIP 数据核字（2023）第 256169 号

产教融合开展就业创业教育的探索与实践

出版发行	中国原子能出版社（北京市海淀区阜成路 43 号　100048）
责任编辑	杨　青
责任印制	赵　明
印　　刷	北京天恒嘉业印刷有限公司
经　　销	全国新华书店
开　　本	787 mm×1092 mm　1/16
印　　张	18.5
字　　数	285 千字
版　　次	2023 年 12 月第 1 版　2023 年 12 月第 1 次印刷
书　　号	ISBN 978-7-5221-3199-3　　　**定　价　76.00 元**

前　言

　　近年来，随着经济的快速发展和产业结构的不断调整，高等教育面临新的挑战和机遇。产教融合是指产业界和高等教育院校之间建立紧密联系、共同参与人才培养的一种模式。随着科技进步和产业升级，传统的课堂教学已经不能满足社会对人才的需求。产教融合旨在通过将工作经验与实践融入课程体系，使学生更好地适应职业发展需要。

　　本书将产教融合与就业创业教育相结合，旨在使学生在学业结束后更好地融入社会，实现自己的职业发展目标。这一模式不仅注重传授专业知识，更强调培养学生的实践能力、创新意识和团队协作精神。通过与企业合作，学生可以在真实的工作环境中提升自己的综合素质，提高就业竞争力。

　　在产教融合开展就业创业教育方面，一些高校已经取得了显著的成具。例如，某大学与当地知名企业签订战略合作协议，共建了产学研基地，为学生提供了更多的实践机会。在课程设置上，学校注重引入企业实际需求，调整课程体系，使之更符合市场需求。一些高校还通过开设创业实践课程、举办创业大赛等形式，激发学生创业激情，提升创业能力。通过与创业导师的合作，学生可以在创业过程中获得及时的指导和帮助，降低创业的风险。

　　虽然产教融合在高等教育中取得了一些积极成果，但也面临着一些挑战。首先，产教融合需要建立长期稳定的合作关系，但一些企业可能更注重眼前的利益，缺乏对教育事业的长远眼光。其次，高校与企业之间的信息不对称问题也制约了合作的深度和广度。最后，一些地方性的产业结构单一，难以提供多样化的实践机会，限制了产教融合的发展。

　　产教融合开展就业创业教育是高等教育的一项重要探索，是适应社会发展需要的必然选择。通过紧密结合产业需求，高校可以更好地培养出适应社会发展的人才，为社会和经济的可持续发展作出贡献。在未来的发展中，需要高校、企业和政府共同努力，共建产教融合的合作新模式，推动我国高等教育事业走向新的高峰。

目　　录

第一章　产教融合的理论基础

第一节　产教融合概念解析

一、产教融合的定义与内涵

产教融合是指产业和教育的深度融合，旨在促进产业结构升级、提高人才培养质量和适应产业需求。这一理念强调产业与教育的双向互动，通过产业对教育的引导和支持，以及教育对产业的服务和人才培养，实现产业和教育的优势互补，共同推动经济可持续发展。产教融合的内涵涉及多个方面，包括产业结构升级、人才培养模式创新、科技创新推动等。

（一）定义

产教融合是指产业和教育系统在各自发展的过程中，通过深度合作、紧密互动，实现资源共享、优势互补，促进双方的共同发展和提高整体综合素质的过程。产教融合强调将产业需求融入教育过程，使教育更符合实际产业需求，同时产业也能够更好地借助教育资源培养适应其需求的专业人才。

（二）内涵

1. 产业结构升级

产教融合的一个重要内涵是推动产业结构升级。通过与教育系统的深度合作，产业能够更好地获取高素质的人才，推动科技创新，提高生产效率，从而促进整个产业结构向高端、智能化方向升级。

2. 人才培养模式创新

产教融合致力于打破传统的人才培养模式，通过实践性强、与产业实际需求贴近的培养方式，培养更符合市场需求的人才。这可能涉及与企业合作的实习项目、双师型教育等创新性的培养方式。

3. 科技创新推动

产教融合强调科技创新在产业和教育中的作用。产业通过与高校、科研机构等进行深度合作，共同推动科研项目，加速科技成果的转化和应用，从而提高产业竞争力。

4. 校企合作

产教融合的核心是校企合作，通过建立紧密的合作关系，使学校更好地理解产业需求，同时产业也能更有效地参与人才培养的过程。这种合作关系可以表现为共建实验室、提供实习机会、共同开发课程等形式。

5. 职业教育发展

产教融合也推动了职业教育的发展。通过与产业的深度合作，职业教育可以更准确地把握市场需求，更灵活地调整课程设置，培养更符合用人单位需求的专业人才。

6. 资源共享

产教融合通过资源共享，实现教育和产业在信息、技术、人才等方面的互补。学校能够充分利用产业方面的资源，产业也能够借助学校的研究力量和人才培养体系。

7. 人才流动机制

产教融合鼓励人才在产业和教育之间流动，既有助于教育系统更好地了解产业需求，也使产业更好地融入知识创新和人才培养体系。

8. 文化融合

除了技术和经济上的融合，产教融合还涉及文化的融合。学校和企业的文化差异是一个潜在的挑战，但通过加强沟通、建立共同价值观，可以实现文化上的融合，使双方更好地协同工作。

总体而言，产教融合是一种全面的、深度的合作理念，其内涵涉及经济、教育、科技等多个领域。通过促进产业和教育系统之间的交流与合作，可以更好地满足社会对人才的需求，推动可持续经济发展。

二、产教融合的关键要素

产教融合作为一种深度互动、紧密合作的模式，其成功实施离不开一系列关键要素。这些要素包括但不限于校企合作机制、人才培养创新、信息共享平台、科技创新体系、政策支持体系等多个方面。以下将对这些关键要素进行详细的阐述。

（一）校企合作机制

1. 合作机制建立

建立灵活高效的校企合作机制是产教融合的首要要素，包括建立校企合作协议、共建实训基地、制订项目合作计划等，确保双方能够在合作中明确职责，达成共识。

2. 产业参与

产业方作为校企合作的一方，需要积极参与合作，包括提供实际需求、参与课程设计、提供实习机会等。产业的积极参与是产教融合能否成功的关键。

3. 人才流动机制

建立人才流动的机制，使得教育人才和产业人才能够更加灵活地在两者之间流动，既促进产业经验融入教育，也有助于培养学生更好地适应产业。

（二）人才培养创新

1. 实践性教育

产教融合注重实践，因此人才培养要素中最为重要的就是实践性教育。实践性教育包括实习、实训、项目实践等，使学生在实际工作中能够更好地应对各类问题。

2. 双师型人才培养

强调产教融合的人才培养要求实行学校与企业的双向导师制度，即由学校导师和企业导师共同负责学生的培养，使学生在校期间就能深入了解实际产业运作。

3. 跨学科融合

培养具备跨学科知识的人才，使其能够更好地适应产业的综合需求。这要求学科设置更加灵活，能够覆盖产业发展的多个方面。

（三）信息共享平台

1. 建立信息沟通机制

为了更好地实现产教融合，学校和企业之间需要建立信息沟通机制，确保及时分享产业发展趋势、技术需求、人才培养计划等信息。

2. 共享资源平台

建立共享资源平台，包括共建实验室、图书馆资源、科研设施等，使学校和企业能够更好地分享彼此的资源。

3. 网络化信息系统

利用现代信息技术，建立网络化的信息系统，方便学校和企业进行实时沟通，共同制订合作计划，推动项目的实施。

（四）科技创新体系

1. 联合研发项目

通过校企合作，开展联合研发项目，推动科技创新，这种合作既能够促进产业的技术进步，也为学生提供了参与实际研发的机会。

2. 共建研究中心

学校和企业可以共建研究中心，围绕产业需求进行深入研究，推动科技成果的转化与应用。

3. 技术创新实训基地

在产业园区或企业内建立技术创新实训基地，为学生提供实际操作和创新实践的平台，促进科技创新与人才培养的有机结合。

（五）政策支持体系

1. 政策激励措施

制定鼓励产教融合的政策，包括财政支持、税收优惠、奖励机制等，以激发学校和企业参与的积极性。

2. 法规体系建设

建立相关法规体系，明确产教融合的合作模式、法律责任、知识产权保护等，为校企合作提供法律保障。

3. 评价和监督机制

建立有效的评价和监督机制，对产教融合的实施情况进行评估，确保校企合作达到预期效果，推动其良性发展。

（六）文化融合

1. 建立共同价值观

学校和企业之间的文化差异可能是合作的潜在障碍，因此建立共同的价值观是文化融合的关键，这有助于双方更好地理解对方的期望和需求。

2. 文化交流活动

组织文化交流活动，促使学校师生和企业员工更好地了解彼此的文化，增强沟通和团队协作的能力，有助于减少文化差异带来的摩擦，促进产教融合的顺利进行。

3. 共建企业文化

在校企合作中，学校和企业可以共同建立一种融合双方特色的企业文化，这有助于形成一种共同的认同感，增进合作伙伴关系的稳定性。

（七）社会参与和公众认可

1. 社会各方共同参与

除了学校和企业之间的合作，产教融合还需要社会的广泛参与，包括政府、行业协会、社会组织等，形成多方合力，推动模式的发展。

2. 公众认可和支持

产教融合需要得到公众的认可和支持，尤其是家长和学生对这种新型人才培养模式的接受。宣传和教育工作对于树立良好的社会形象至关重要。

（八）信息化技术支持

1. 建立数字化平台

利用信息化技术建立数字化平台，包括在线教育平台、虚拟实训环境等，为校企合作提供技术支持，使教育和产业能够更好地整合信息资源。

2. 大数据分析

运用大数据分析，深入了解产业发展趋势、市场需求等信息，为学校调整课程设置、优化人才培养计划提供科学依据。

（九）金融支持体系

1. 产学研基金设立

建立产学研基金，支持校企合作项目的开展，这有助于解决合作过程中可能涉及的资金问题，促进项目的可持续发展。

2. 金融机构参与

鼓励金融机构参与产教融合，提供相关融资服务，降低校企合作的融资难度，为合作提供资金保障。

以上这些关键要素共同构成了产教融合的基础框架，它们相互作用、相互支持，共同推动着产教融合模式的不断发展和完善。这也意味着产教融合不仅是学校和企业的事情，而且是一个涉及多方面合作与支持的复杂体系。只有在这些关键要素的有机结合下，产教融合才能真正实现其既定目标，为社会培养更加符合产业需求的高素质人才，促进产业的可持续发展。

三、产教融合与产业升级的关系

产教融合与产业升级之间存在着密切的关系，二者相辅相成，相互促进。产教融合作为一种深度合作模式，强调产业和教育的紧密互动，通过合作促进产业结构的升级，提升人才质量，加速科技创新，从而推动整个产业的发展。以下是对产教融合与产业升级关系的详细解析。

（一）促进产业结构升级

产教融合通过与产业深度合作，使得教育体系更加贴近产业需求，为产业提供更为适用的人才。通过实践性的教育、实习项目等方式，学生能够更好地了解产业运作模式，提前适应工作环境。这不仅使得毕业生更容易与产业对接，也促使学校更加灵活地调整课程设置，培养更适应市场需求的专业人才。

在这个过程中，产业也通过向学校提供实际需求、参与课程设计等方式，引导和推动学校更好地培养符合产业升级需求的人才。通过产教融合，人才的培养与产业升级需求形成紧密的关联，推动产业结构由传统向高端、智能化升级。

（二）提升人才培养质量

产教融合强调实践性教育，培养具有实际操作能力的人才。在产业中，除了专业知识外，对实际操作能力、创新能力、团队协作等方面的要求也越来越高。通过产教融合，学生能够在实际产业环境中锻炼这些综合能力，提升综合素质。

与此同时，产业也可以通过参与人才培养的过程，向学校提供实际工作中的经验和需求，促使学校更加关注学生工作实际能力的培养。这样的双向互动使得人才培养更加符合产业实际用人需求，提升了人才培养质量。

（三）加速科技创新

在产教融合的模式中，学校与产业通力合作，共同参与科研项目、技术创新等活动。学校通过参与产业实际问题的解决，更好地理解产业的科技需求，促使科研成果更快地转化为实际应用。

企业通过与高校的深度合作，可以更容易获取到高水平的研究力量和先进的科研设施，加速自身科技创新的步伐。双方在科技创新中的互补合作，有助于提升整个产业的科技水平，推动产业升级。

（四）推动产业向高附加值方向发展

通过产教融合，学校和企业能够更好地合作，共同推动产业向高附加值方向发展。学校通过更加贴近产业的人才培养，使得毕业生更容易从事高附加值的工作。同时，学校与企业共建实验室、研究中心等机构，也有助于推动产业加强自主创新，从而在产业链上更高层次的位置获取更大附加值。

对企业而言，通过与学校的深度合作，能够更好地了解产业发展趋势、市场需求等信息，为企业提供更为精准的决策依据。这有助于企业更加灵活地调整产品结构，提升产品和服务的附加值。

（五）解决人才匮乏问题

在某些行业，尤其是新兴产业和高科技产业中，常常面临人才匮乏的问题。产教融合通过深度合作，使得学校和企业能够共同培养符合产业需求的专业人才，缓解人才紧缺的局面。

学校可以更好地把握产业需求，调整专业设置，增设紧缺专业，更好地满足企业对人才的需求。同时，企业通过与学校建立合作关系，可以更早地介入人才培养过程，为企业培养和储备更多的合适优秀的人才。

（六）推动产业结构协调发展

产教融合不仅关注个别企业的发展，更关注整个产业结构的协调发展。通过与产业的深度合作，学校能够更好地了解产业的全貌，推动相关专业的平衡发展，避免某些专业或技能的过度供应或紧缺。

同时，产业也通过参与学校课程设置、实践教育计划等方面，引导学校更好地调整专业结构，更符合市场需求。这种协调发展有助于产业结构更加合理，提高整个产业链的效益和竞争力。

（七）推动产业向数字化、智能化转型

随着信息技术的飞速发展，数字化和智能化已经成为产业升级的重要方向。产教融合通过引入前沿科技、先进工艺，使学生在实际操作中能够接触到最新的技术和方法，为数字化、智能化产业提供高素质的从业人才。

学校与企业合作的项目中，往往涉及新兴技术的应用和研发，有助于促进产业向数字化、智能化的转型。同时，产业也通过与学校的合作，能够更及时地了解和引入前沿技术，提高自身的数字化和智能化水平。

（八）推动产业国际竞争力

产教融合不仅有助于提升产业的国内竞争力，也能够推动产业在国际市场上更具竞争力。通过与国际先进水平接轨的人才培养、科研合作，使产业更好地适应国际市场的需求。

企业与国际知名高校、企业的合作，能够引入国际化的视野和经验，提高产业的国际化水平。产业与学校共同参与国际性的研究项目、科研合作，有助于提高产业在国际上的声誉和地位。

（九）提高产业社会责任感

通过产教融合，产业更加直接地参与了人才培养的过程，有助于提高其社会责任感。企业不仅是为了自身的利益，同时也为了培养社会所需的高素质人才，为社会的可持续发展贡献力量。

学校与企业的合作项目中，往往包含有关社会责任、可持续发展等方面的内容。通过这些项目，学生能够更好地理解产业的社会责任，产业也能够在人才培养过程中传递企业的社会价值观。

（十）政策引导与支持

为了更好地推动产教融合与产业升级，政府在政策层面发挥着至关重要的作用。政府可以通过出台支持产教融合的相关政策，如括财政支持、税收优惠、人才引进政策等，为校企合作提供良好的政策环境，鼓励学校和企业开展深度合作。

政府还可以通过相关政策引导，鼓励产业在产教融合中更加积极主动地参与，提供更多的支持和资源。政策引导有助于形成产教融合的良性循环，更好地服务于产业升级的需要。

综上所述，产教融合与产业升级之间相辅相成，形成了一种良性循环。通过深度合作，产教融合促使产业更好地获取高素质人才，提升科技创新能力，推动产业向高端化、智能化和数字化方向升级。反过来，产业的升级需求也推动学校更好地调整专业设置、人才培养模式，适应产业发展的新趋势。这种双向的互动不仅有助于产业升级，也提升了教育的实际应用性，为社会的可持续发展打下坚实基础。

第二节　产教融合的历史演变

一、产教融合在国际上的发展历程

产教融合是一种深度整合产业和教育的模式，以适应快速变化的经济和科技环境，提高教育质量，促进产业升级。在国际上，产教融合的发展历程经历了多个阶段，其演变过程反映了不同国家对于教育和产业互动关系认知的演进，同时也受到各国经济、产业结构及人才需求的影响。

（一）初期阶段（20世纪初至20世纪中期）

在20世纪初至20世纪中期，许多国家主要关注基础教育的建设，注重培养大量劳动力以满足工业革命的需要。教育主要以知识传授为主，与产业之间的联系相对较弱。这一时期的主要任务是满足产业对劳动力的需求，教育系统与产业的融合程度有限。

（二）产业需求与技能培训的强调（20世纪60—70年代）

20世纪60至20世纪70年代，随着产业结构的变革和科技进步的推动，对于高技能劳动力的需求逐渐增加。在这一背景下，各国开始注重职业教育和技能培训，以满足产业对于特定技能的迫切需求。产业开始与教育机构展开初步合作，设立一些技术学校和职业培训中心，以培养更符合产业实际需求的技术工人。

（三）与产业合作的深化（20 世纪 80—90 年代）

20 世纪 80 年代至 20 世纪 90 年代，随着全球经济的快速发展，对于更高层次、更全面素质的人才需求逐渐凸显。产教融合进入一个新的发展阶段，不再仅局限于技能培训，而是更加强调与产业的深度合作。学校与企业之间建立起更为紧密的联系，共同开发培训项目、共建实验室等，使教育与产业的融合程度有了明显提升。

（四）高等教育与产业融合（20 世纪末至 21 世纪初）

20 世纪末至 21 世纪初，随着知识经济的兴起，对于高层次人才的需求进一步增加。高等教育开始成为产教融合的重要组成部分，学校与企业之间的合作模式更加多样化。产业参与到高等教育的课程设计、实习计划及科研项目中，促使高校培养更适应产业发展需要的研究型、创新型人才。

（五）创新与科技成果转化（21 世纪初至今）

进入 21 世纪，产教融合逐渐加强了对创新和科技成果转化的关注。学校与企业之间的合作更加注重科研创新，产业与高校联合设立研究中心、实验室，共同承担国家级、地方级科研项目。这一时期，创新人才的培养成为重要任务，学校与企业之间的科研合作推动了更多前沿科技成果的转化为实际应用，助力了产业的技术升级。

（六）国际合作与全球化（21 世纪初期至今）

近年来，随着全球经济的日益紧密联系，国际合作成为促进产教融合的新动力。许多国家开始加强与其他国家的教育机构和企业的合作，共同推动产教融合发展。国际化的人才培养、共同研究项目、学术交流等活动不断增加，使得各国能够更好地共享优质教育资源和产业经验。

（七）数字化技术的融入（21 世纪初期至今）

数字化技术的迅速发展也深刻影响着产教融合的形式。在线教育、虚拟实验室、远程实习等数字化手段的引入，使得产教融合更加灵活、跨地域，有助于解决人才培养的时空限制。数字化技术的应用为学校和企业提供了更多创新的可能性，也使得学生在更广泛的范围内获得实践经验。

（八）全球挑战与可持续发展（未来展望）

未来，随着全球性的挑战和可持续发展的需求不断增加，产教融合将面临更多新的挑战和机遇。

1. 可持续发展目标

随着社会对可持续发展的需求不断增加，产教融合将更加注重培养具有可持续发展意识的人才。学校与企业将更加紧密合作，共同探索绿色技术、可再生能源等方向，推动产业向可持续发展方向发展。

2. 人工智能和自动化的影响

随着人工智能和自动化技术的不断发展，产业对于高水平数字化、智能化人才的需求将进一步增加。产教融合需要更加紧密地与科技行业合作，不断调整培养计划，以满足未来数字时代的人才需求。

3. 全球化竞争

国际间的合作与竞争将更加激烈。产教融合需要更好地整合全球优质教育和产业资源，促进国际间人才的流动和合作，以提高整体创新力和竞争力。

4. 在线教育与远程实践

随着在线教育技术的不断进步，产教融合将更多地利用虚拟实验室、在线课程等手段，使学生能够更加灵活地获取知识和实践经验。这也有助于解决地理位置限制，扩大产教融合的覆盖面。

5. 创新教育模式

产教融合需要不断创新教育模式，包括项目式学习、跨学科培养、实践导向的教学等。这些创新模式有助于更好地培养学生的实际应用能力和创新精神，适应未来产业发展的需要。

6. 社会责任与多元化

未来的产教融合将更加强调社会责任和多元化，学校与企业需要共同关注社会问题，培养具有社会责任感的人才。同时，要注重多元化人才培养，包括不同专业领域、文化背景和技能水平的学生，以适应多元化的产业需求。

7. 政策支持与法规建设

各国政府需要制定更加明确、支持产教融合的政策和法规，为学校和企业提供更好的合作环境。政府还可以通过激励措施，推动更多企业参与到产教融合中来。

总体而言，产教融合的未来发展将更加全球化、数字化和创新化。在解决全球性问题、实现可持续发展的过程中，产教融合将继续发挥着重要的作用，为培养具有实际应用能力、创新能力和社会责任感的人才作出贡献。在这个过程中，各国需要加强合作，共同推动产教融合的发展，以适应未来全球产业和人才需求的现状。

二、产教融合在中国的演进与变迁

产教融合在中国的演进与变迁是中国高等教育体制改革的一个重要方面，是推动产业升级和培养创新型人才的有效途径。在中国，产教融合经历了多个阶段的发展，反映了社会经济变革、教育理念转变及产业结构调整的历程。

（一）初期探索与实践（20 世纪 80 年代末至 20 世纪 90 年代初）

中国的产教融合最早可以追溯到 20 世纪 80 年代末期和 90 年代初期，这一时期，中国正经历经济改革和开放的初期阶段。在此时，政府开始鼓励高校与企业进行深度合作，探索新的人才培养模式。一些高校与企业之间建立了联合实验室、工程实践基地等合作机制，尝试将实际产业需求纳入教育培养过程中。

（二）技能型人才培养的强调（20 世纪 90 年代中期至 21 世纪初）

进入 90 年代中期至 21 世纪初，中国经济逐渐由重工业向技术密集型和知识密集型产业转型。在这个背景下，对技能型人才的需求逐渐增加，产教融合开始更加注重对技能型人才的培养。职业教育和技能培训成为产教融合的重要组成部分，政府出台了一系列政策鼓励职业院校与企业开展合作，提高技术工人和高级工程技术人才的培养水平。

（三）高等教育与产业深度合作（2005 年至 2010 年年初）

进入 21 世纪，中国高等教育逐渐受到产业需求和经济结构调整的影响，高校与产业之间的深度合作日益受到重视。一方面，一些高校开始在工程、信息技术等领域与企业建立实际合作项目，加强产业界导师参与学生的实践培训。另一方面，政府也加大了对于高校与企业合作的政策支持，鼓励高校与企业建立产学研合作平台，推动科研成果转化。

（四）创新型人才培养的探索（2010 年年初至今）

随着中国经济进入创新驱动的新阶段，产教融合开始更加注重培养创新型人才。政府提出"双一流"计划，支持一批高校与产业深度合作，重点培养面向未来科技创新和产业发展的人才。高校加大了科研与产业融合的力度，建立了一批以实验室、技术研发中心为依托的产、学、研平台。

（五）产教融合的主要特点和变迁

1. 产学研深度融合

随着时间的推移，中国的产教融合逐渐由表面的合作转向了产学研的深度融合。高校、企业和科研机构之间建立了更为紧密的联系，共同开展前沿科研、解决实际产业问题，推动科技成果向市场转化。

2. 实践教育的重视

产教融合强调实践教育，通过实习、实训、项目实践等方式，使学生更好地了解实际工作需求，提高实际应用能力。一些高校与企业合作建立实践基地，提供更真实的实践环境。

3. 双向互动

高校和企业之间的互动逐渐变为双向互动，高校需要更好地适应产业需求，产业也需要更加主动地介入人才培养过程中，提供更多的资源和支持。

4. 跨学科合作

为了更好地适应产业的跨领域需求，产教融合逐渐强调跨学科合作，不同专业、不同领域的学生参与到共同的项目中，增加了团队协作和跨领域交流的机会。

5. 国际合作

随着全球化的发展，中国的高校也更加注重与国际企业和高校的合作，这有助于引入国际先进的科研成果和教学理念，提升中国高校在国际上的竞争力。

（六）面临的挑战与问题

1. 体制机制障碍

中国高等教育的体制机制仍然存在一些障碍，包括评价机制不够灵活、激励机制不足、学科分类较为僵化等问题，这些问题使得一些高校在产教融合方面的探索受到了一定制约。

2. 企业参与度不均

虽然一些企业积极参与了产教融合，但在全国范围内，企业的参与度仍然存在不均衡的情况，一些大型企业可能更容易参与到高校合作项目中，而中小企业由于资源有限，参与度相对较低。

3. 人才培养理念的转变

传统的人才培养理念相对于产教融合的要求来说可能较为保守，一些学校和教育者需要逐渐转变传统的教育观念，更加注重培养学生的实际操作和创新能力。

4. 学科结构调整的挑战

随着产业升级，对于不同学科领域的需求也在不断变化。因此，一些高校需要更灵活地调整学科结构，以适应产业发展的新趋势，这需要投入较多的资源和时间。

5. 文化差异和语言障碍

在国际合作方面，文化差异和语言障碍可能成为一些项目合作的障碍，需要更好地处理国际合作中的文化冲突，提升语言沟通和交流的能力。

（七）未来的发展趋势

1. 深化产教融合体制机制改革

未来，中国需要更深入地推进高等教育的体制机制改革，为产教融合提供更为灵活和鼓励创新的制度环境。包括评价机制的改革、激励机制的建设等方面都需要更加注重。

2. 推动跨学科人才培养

面对产业跨领域的发展趋势，未来的产教融合需要更加注重跨学科人才的培养，以促使不同专业背景的学生能够更好地协同工作，适应产业发展的多元化需求。

3. 加强与中小企业的合作

为了解决企业参与度不均的问题，未来的发展需要加强与中小企业的合作，政府可以通过激励政策、扶持计划等手段，鼓励中小企业与高校建立更加紧密的合作关系。

4. 注重实践教育与创新创业

随着经济结构的不断升级，未来产教融合需要更加注重实践教育和创新创业的培养，使学生具备实际应用能力和创新创业精神，使其更好地适应未来产业发展的需要。

5. 加强国际交流合作

面对全球化的发展，未来中国的产教融合需要更加积极地与国际高校和企业进行交流合作，借鉴国际先进的经验，引进先进的科研成果，提升中国高校的国际竞争力。

6. 借力数字化技术

未来，随着数字化技术的不断发展，产教融合可以更加充分地利用在线教育、虚拟实验室等数字化手段，提升教学质量，打破时空限制，促进学校与企业更紧密的合作。

在未来，随着经济社会的不断发展和教育理念的更新，产教融合将继续在中国扮演重要角色，成为培养高素质人才、促进产业升级的重要路径。通过不断的改革和创新，产教融合有望逐步克服目前面临的挑战，迎接更广阔的未来。

从初期的实践探索到如今的深度合作，产教融合已经在中国取得了一系列显著的成就。通过与产业的深度合作，学校更加贴近实际需求，企业也能更好地获取高素质的人才。

然而，也应认识到产教融合面临的一些挑战，如不适应体制机制、企业参与度不均等。需要继续深入研究和解决这些问题，以推动产教融合更好地发展。未来，随着中国社会的变革和产业结构的调整，产教融合有望继续发挥更为重要的作用，为中国培养更多具有实际应用能力和创新精神的高素质人才，为产业的升级提供强有力的支持。

总体而言，产教融合在中国的演进是一个持续深化的过程，它不仅是高等教育的改革方向，也是适应社会发展和经济变革的必然选择。通过不断完善体制机制、深化合作模式、加强实践教育，中国的产教融合将更好地服务于产业升级的需要，为国家的可持续发展贡献力量。在这一过程中，政府、高校和企业等各方需要共同努力，形成合力，推动产教融合不断创新，为中国高等教育和产业的共同发展开创更加美好的未来。

第三节　产教融合在就业创业教育中的地位

一、就业创业教育的核心目标与产教融合的契合点

（一）就业创业教育的核心目标

就业创业教育是现代教育体系中的一项重要内容，旨在培养学生在面对社会需求和未来职场挑战时具备良好的就业和创业能力，其核心目标主要包括以下几方面。

1. 提高就业竞争力

就业创业教育旨在使学生了解市场需求，培养适应市场变化的能力，提高其在职场竞争中的优势。

2. 促进创业精神

除了就业，创业也是就业创业教育的重要目标之一，通过培养学生的创新意识和创业能力，鼓励他们在毕业后选择创业，为社会经济发展注入新的

动力。

3. 职业规划与发展

帮助学生明确自己的职业目标，提供实际的职业规划指导，使他们更好地了解自己的兴趣、特长，并为未来的发展做好准备。

4. 实践技能培养

强调培养学生实际工作所需的专业技能，通过实践课程、实习和项目合作等方式，使学生能够更好地将理论知识应用于实际工作中。

5. 拓展综合素质

除了专业技能，就业创业教育还注重培养学生的沟通能力、团队协作能力、领导力等综合素质，全面提升竞争力。

（二）产教融合与就业创业教育的契合点

产教融合是一种高校与产业深度合作的模式，注重将学校教育与实际产业需求相结合，为学生提供更实际、更贴近职场的教育体验，产教融合具有以下关键契合点。

1. 提供实际工作经验

产教融合通过与企业的深度合作，为学生提供更多的实际工作机会，学生能够参与真实项目、实习实训，积累实际工作经验，增强就业市场的竞争力。

2. 行业导向的课程设置

产教融合强调根据产业需求调整课程设置，使之更加符合市场需求，这有助于学生获得更专业、更实用的知识，提高其就业时的适应性。

3. 企业导师和实践指导

通过引入企业导师、从业者等专业人士，学生能够直接获取企业经验和实践知识，企业导师的指导可以帮助学生更好地了解行业趋势、企业运作机制，为未来职业发展提供指导。

4. 创业资源与支持

产教融合提供了更便捷的创业资源和支持体系，学生在校期间就可接触到实际创业项目，获得创业经验，学校也可以为有创业意向的学生提供创业基金、创业导师等支持。

5. 实际问题解决能力的培养

产教融合注重学生的实际问题解决能力，通过项目合作、实际案例分析等方式培养学生解决实际工作中问题的能力，这与就业创业教育的目标密切相关。

6. 职业规划与发展指导

产教融合中的企业导师可以为学生提供更贴近实际的职业规划建议，帮助学生更好地了解行业发展趋势，明确自己的职业方向。

7. 跨学科、跨领域的合作

产教融合鼓励学科之间、专业之间的合作，使学生能够获得更广泛的知识。这有助于提升学生的综合素质，增强其在职场中的综合竞争力。

8. 创新能力的培养

产教融合注重培养学生的创新精神，通过实际项目合作等方式激发学生的创新潜力，有助于他们在未来的创业过程中更具竞争力。

总之，就业创业教育与产教融合在当今社会中都具有重要意义，它们紧密契合，共同为培养适应现代社会需求、具备实际能力的高素质人才而努力。产教融合为就业创业教育提供了更实际的平台，通过与产业深度合作，促使学校更加贴近市场需求，为学生提供更广阔的就业创业机会。

在未来的发展中，需要更加注重数字化技术的应用，推动全球化合作，深化创业教育，关注绿色经济与可持续发展，处理好人才流动的挑战，强调社会责任教育。通过不断创新，产教融合与就业创业教育将能够更好地满足社会需求，培养更多具备实际能力和创新精神的人才，为社会经济的可持续发展作出积极贡献。

二、产教融合对提升就业创业质量的作用

就业创业质量的提升是当前高等教育面临的一项重要任务。为了更好地适应社会需求和培养具备实际能力的人才，产教融合作为一种深度合作的模式，对提升就业创业质量发挥着重要作用。

（一）产教融合对就业创业质量的积极作用

产教融合对就业创业质量具有积极作用，具体包括：实际工作经验的积累、行业导向的课程设置、企业导师和实践指导、创业资源与支持、实际问题解决能力的培养、职业规划与发展指导、跨学科、跨领域的合作、创新能力的培养等。

（二）产教融合对就业创业质量的作用机制

1. 实际经验的强化

产教融合使学生在校期间能够直接参与企业项目、实习实训等实际工作，强化了其实际经验，这种实际经验对于提高就业创业质量至关重要，毕业生能够更快速地适应职场，表现更加出色。

2. 专业技能的提升

通过与企业的深度合作，学校可以更好地了解行业的实际需求，调整课程设置，提升学生的专业技能，这使得毕业生在就业市场上更具竞争力，能够更好地胜任实际工作。

3. 职业规划的精准性

企业导师能够根据自身经验，为学生提供更贴近实际的职业规划建议，这种精准的职业规划有助于学生更早地确定自己的发展方向，避免在毕业后迷茫，提高就业的精准性和效率。

4. 创业资源的丰富

产教融合为有创业意向的学生提供了更便捷的创业资源和支持。学校与企业深度合作，创业项目、基金、导师等创业资源更加丰富，降低了创业的风险，增加了创业的成功率。

5. 实际问题解决能力的培养

产教融合中学生参与项目合作，实际案例分析等活动，培养了他们解决实际问题的能力，这种能力对于提高就业创业质量非常重要，使毕业生能够更好地应对工作中的各种挑战。

6. 跨学科合作的综合素质

产教融合鼓励跨学科、跨领域的合作，使学生能够获得更广泛的知识背景，这有助于提升学生的综合素质，使其具备更强的团队协作能力和适应性，提高了就业质量。

7. 创新能力的激发

产教融合通过实际项目合作等方式，激发了学生的创新潜力，创新能力的培养有助于学生更好地适应变化迅速的职业环境，提高其在创新型企业中的竞争力。

（三）产教融合下就业创业质量的发展趋势

1. 数字化技术的应用

随着数字化技术的不断发展，未来的产教融合将更加注重数字化技术的应用。在线教育、虚拟实验室等数字化手段将成为提升学生实际能力的重要工具，促进产教融合的更深层次发展。

2. 全球化合作与跨国就业

随着全球化的发展，产教融合将更多地与国际企业和高校进行合作，为学生提供更多跨国就业的机会，有助于拓宽学生的就业视野，提高其国际化竞争力。

3. 人工智能时代的人才培养

随着人工智能技术的快速发展，未来产教融合需要更灵活地调整培养计划，注重培养适应人工智能时代的人才，提高学生的信息技术素养，培养解决复杂问题的能力。

4. 绿色经济与可持续发展

随着社会对绿色经济和可持续发展的关注增加，产教融合需要更加关注环保、可持续发展等方向，培养学生具备环保意识和可持续发展的知识，提高其在相关领域的就业率。

5. 人才流动的更便捷

未来产教融合需要更加关注人才流动的问题。学生在校期间可能需要参与实习、项目合作，这要求学校与企业更好地协调和管理，使人才流动更加便捷。

6. 社会责任教育的强化

未来产教融合需要更加强调社会责任教育，培养学生使其具备社会责任感，注重企业的社会责任，有助于构建更加和谐、可持续的社会。

产教融合作为一种创新的教育模式，对提升就业创业质量具有重要意义。通过提供实际工作经验、行业导向的课程设置、企业导师和实践指导、创业资源与支持、实际问题解决能力的培养、职业规划与发展指导、跨学科合作、创新能力的激发等方面的积极作用，产教融合为学生提供了更多实际能力的培养机会，促进了就业创业质量的提升。

未来，随着社会发展的变革，产教融合将面临更多的机遇和挑战。通过不断创新、引入数字化技术、加强全球化合作、更好地适应人工智能时代的人才培养、关注绿色经济与可持续发展、解决人才流动问题，以及强化社会责任教育，产教融合将更好地适应未来的需求，为学生提供更加优质的就业创业机会，为社会培养更多实际能力强、具备创新精神的人才。

三、产教融合对学生职业素养的塑造

职业素养是指在特定职业领域内，个体具备的与职业相关的道德品质、职业道德、职业道德心理、职业操守等多方面的素养。产教融合作为一种深度合作模式，旨在将学校教育与实际产业需求更紧密地结合起来。笔者将探讨产教融合对学生职业素养的积极塑造作用，并深入分析其在道德品质、职业道德、职业道德心理、职业操守等方面的具体影响。

（一）产教融合对学生职业素养的积极影响

1. 道德品质的提升

产教融合通过深度合作，使学生更容易接触到实际工作环境和职业社会，这种直接的接触有助于培养学生的道德品质。学生在与企业合作的过程中，会更深刻地认识到职业道德的重要性，注重团队合作、责任担当、诚实守信等道德品质。

2. 职业道德的培养

产教融合模式注重学生在实际工作中的表现，对学生的职业道德进行有针对性的培养。学生在与企业合作的过程中，将更加注重职业操守、职业规范，树立正确的职业道德观念。这有助于使学生在职场中更好地适应职业道德规范，提高职业道德水平。

3. 职业道德心理的塑造

产教融合中，学生将直接参与到实际的职业环境中，体验职场的挑战与压力，这有助于塑造学生积极向上、乐观向前的职业道德心理。学生能够更好地理解职场的竞争与合作，并培养积极适应职场环境的心理素质。

4. 职业操守的强化

产教融合模式强调实际工作经验的积累，使学生更加注重职业操守。在实际工作中，学生将会面对各种职业伦理和道德问题，通过正确的引导和实践经验的积累，学生的职业操守将得到强化。

5. 团队协作的培养

在产教融合的过程中，学生通常需要与企业团队合作完成实际项目，这有助于培养学生良好的团队协作意识，提高学生在团队合作中的沟通能力和协调能力，对学生未来的职业发展至关重要。

（二）产教融合对学生职业素养的具体影响

1. 道德品质的提升

产教融合模式通过与企业的深度合作，使学生更容易接触到真实的职业环境和企业文化，在这种实际工作环境中，学生将更容易感受到道德品质的重要性。企业通常对员工有着较高的道德要求，例如，诚实守信、团队协作等。学生在这样的工作环境中，将更容易树立起积极向上的道德品质，提高自己的道德修养水平。

2. 职业道德的培养

产教融合模式强调实际工作经验的积累，学生在企业中直接参与项目，接触实际的职业场景，这种实际参与有助于培养学生正确的职业道德观念，他们将学到如何面对职场中的竞争与合作、如何处理职业伦理与职业规范，形成正确的职业道德观念。

3. 职业道德心理的塑造

在产教融合的实际工作中，学生将面对职场的挑战与压力，这对塑造学生积极向上、乐观向前的职业道德心理起到了积极作用。学生在团队合作中体验到工作的乐趣，也会在面对挑战时更加理性和积极，培养出健康的职业心态。

4. 职业操守的强化

产教融合模式注重实际工作经验的积累，学生在实际项目中将面临各种职业伦理和道德问题。通过正确的引导和实践经验的积累，学生的职业操守得到强化。学生在解决实际问题的过程中，需要考虑道德和伦理的因素，提高了对职业操守的敏感性。这将对其未来职业中的决策和行为产生积极影响。

5. 团队协作的培养

在产教融合的实践中，学生通常需要与企业团队合作完成各种任务和项目，这种团队合作的经历对学生的职业素养有着深远的影响。团队协作不仅培养了学生的沟通协调能力，还提高了学生在集体中的责任心和团队精神。这对于职业素养的全面发展起到了推动作用。

（三）产教融合对学生职业素养的作用机制

1. 直接实践的影响

产教融合强调学生在实际职业环境中的实践，使学生能够亲身经历职场的挑战和机遇，这种直接实践的经历对于学生职业素养的形成有着直接而深刻的影响，使其更加理解和认同职业素养的重要性。

2. 企业文化的熏陶

学生通过产教融合模式进入企业，将深刻感受到企业的文化和价值观。企业通常有着严格的职业要求和道德标准，学生在这种文化中接受熏陶，形成积极的职业素养观念，包括诚实守信、责任担当、团队协作等。

3. 企业导师的指导

产教融合中，企业导师通常是在职场中经验丰富的专业人士，他们能够为学生提供职业指导和建议。企业导师的言传身教，对学生职业素养的培养起到了示范和引导的作用，使学生更好地了解职场规则和职业操守。

4. 项目合作的锻炼

在产教融合的项目中，学生通常需要与企业进行深度合作，共同完成任务，这种项目合作锻炼了学生的团队协作精神和团队领导能力，培养了他们的团队合作意识和责任感，这是职业素养的重要组成部分。

5. 职业伦理的冲击

通过与企业的深度合作，学生将面临各种职业伦理和道德问题，这种职业伦理的冲击促使学生深入思考职业道德问题，提高其对职业操守的敏感性。

（四）产教融合对学生职业素养培养的未来发展趋势

1. 注重数字化技术的应用

未来，虚拟实验室、在线项目合作等数字化手段将为学生提供更真实的职场体验，进一步强化其职业素养。

2. 全球化合作与跨国就业

促使学生更好地适应国际职场，提高其全球化竞争力。

3. 人工智能时代的人才培养

提高学生的信息技术素养，培养解决复杂问题的能力。

4. 绿色经济与可持续发展

培养学生具备环保意识和可持续发展的知识，提高其在相关领域的就业机会。

5. 人才流动更便捷

未来产教融合需要更好地解决人才流动的问题。学生在校期间可能需要参与实习、项目合作，这要求学校与企业更好地协调和管理，使人才流动更加便捷。

6. 社会责任教育的强化

未来产教融合需要更加强调社会责任教育。学校和企业可以通过引入社会责任教育的课程、组织社会实践活动等方式，培养学生在职业中不仅关注个人发展，还能为社会作出贡献的意识。

7. 强化职业伦理与道德教育

未来产教融合需要更加强化职业伦理与道德教育。学生在实际工作中将会面对越来越复杂的职业伦理问题,包括人工智能伦理、隐私保护等。强化职业伦理与道德教育,使学生具备正确的伦理判断和决策能力,有助于维护职业环境的健康。

8. 提升职业创新能力

随着产业结构的不断调整和创新的推动,未来产教融合需要更加注重培养学生的职业创新能力。学生需要具备不断学习、适应变化的能力,具备创新精神,能够在职业生涯中不断创造价值。产教融合可以通过项目实践、创新竞赛等方式,激发学生的创新潜力,提升其职业创新能力。

产教融合对学生职业素养的塑造起到了积极而深远的影响。通过实际工作经验的提供、企业文化的熏陶、企业导师的指导、项目合作的锻炼、职业伦理的冲击等多方面的作用机制,产教融合使学生更好地适应职业环境,培养了其道德品质、职业道德、职业道德心理、职业操守等方面的职业素养。

未来,随着社会的不断发展和产业结构的调整,产教融合将面临更多的机遇和挑战。通过注重数字化技术的应用、全球化合作与跨国就业、人工智能时代的人才培养、绿色经济与可持续发展、人才流动的更便捷、社会责任教育的强化、强化职业伦理与道德教育,以及提升职业创新能力,产教融合将更好地适应未来的需求,为学生提供更加全面、实用且符合职业潮流的职业素养培养,为社会培养更多具备职业担当和创新能力的人才。产教融合的不断发展将为学生职业发展提供更加坚实的基础,为社会的可持续发展注入更多活力。

第四节　产教融合对就业创业教育的理论支撑

一、产教融合理论对就业创业教育理念的影响

产教融合是一种在教育和产业之间建立紧密关系的教育模式,通过学校与企业深度合作,将职业教育与实际产业需求紧密结合,旨在提高毕业生的就业竞争力和创业能力。产教融合理论对于就业创业教育理念的影响十分深远。

（一）产教融合理论的核心理念

产教融合理论的核心理念是将学校教育与实际产业需求有机结合，通过与企业的深度合作，使学生在校期间能够接触到真实的职业环境，获得实际工作经验，提前适应职场。其关键要素包括与企业的深度合作、实践导向的课程设置、产业导向的实习实训等，这种理念强调培养学生在实际工作中所需的实际技能，注重职业素养的培养，使学生更好地面对就业和创业的挑战。

（二）产教融合理论对就业创业教育理念的影响

1. 强调实践导向的课程设计

产教融合理论强调实践导向的课程设计，将课程内容贴近实际工作需求。这对就业创业教育理念产生了深刻的影响。传统的课程设计往往偏重理论知识，而产教融合理论提倡将理论知识与实际操作相结合，使学生在课堂上学到的知识更容易在实际工作中应用。这有助于提高学生的实际操作能力，使其更具竞争力。

2. 实践经验的积累与能力提升

产教融合理论注重学生在实际项目中的参与，这对学生的就业和创业能力提升起到了关键作用。学生通过参与企业项目、实习实训等活动，积累了丰富的实践经验，提高了解决实际问题的能力。这种能力在学生毕业后对于就业和创业都具有重要价值。

3. 产业导向的实习实训机会

产教融合理论强调产业导向的实习实训机会，这有助于学生更早地了解所学专业在实际工作中的运用，对未来的就业方向有更清晰的认识。产业导向的实习实训也为学生提供了创业的契机，让他们能够更深入地了解行业的运作方式，培养创业的胆识。

4. 提高学生的创新能力

通过与企业的深度合作，学生将更容易接触到行业的前沿技术和发展趋势，培养了他们对创新的敏感性，这种创新能力对于毕业生在职场中脱颖而出及在创业中找到差异化竞争优势具有重要作用。

5. 注重团队协作与沟通能力的培养

产教融合理论强调学生在项目中的团队协作，培养了学生良好的团队协作意识和沟通能力。

（三）产教融合理论对就业创业教育理念的作用机制

1. 实践经验的直接影响

产教融合理论通过实践导向的课程设计和产业导向的实习实训机会，使学生能够直接参与实际项目，获得真实的实践经验，这种直接的实践经验对学生就业和创业能力的提升具有直接而深远的影响。通过亲身经历职业环境，学生能够更好地理解职业需求，提前适应职场环境，从而更具竞争力。

2. 产业合作的实际效果

产教融合理论注重学校与产业的深度合作，这种合作关系使学校更能了解产业的实际需求，根据产业的发展趋势调整教学内容和培养方案。产业合作的实际效果可以更好地满足企业对人才的需求，使学生在学校期间就能够掌握实际用于职场的技能，提高了就业创业的成功率。

3. 创新能力的培养

产教融合理论通过实际项目的创新与实践，培养了学生的创新能力。在与企业的合作中，学生需要面对各种实际问题和挑战，这要求他们具备解决问题的创新能力。通过与企业的深度合作，学生接触到最新的技术和行业发展趋势，激发了他们的创新潜能。

4. 团队协作与沟通能力的锻炼

产教融合理论注重学生在项目中的团队协作，培养了学生的团队协作与沟通能力。在实际项目中，学生需要与团队成员共同完成任务，这要求他们具备良好的团队协作能力。通过与企业合作，学生还能够锻炼与不同背景和专业的人有效沟通的能力，这对于提高学生的综合素养具有重要作用。

（四）产教融合理论对未来就业创业教育的启示

1. 紧密关联产业需求

产教融合理论强调紧密关联产业需求，这为未来就业创业教育提供了启示。学校应该与各类产业建立更紧密的联系，深入了解各行各业的实际需求，优化培养计划，使学生在校期间能够获得最为实用的职业技能。

2. 注重跨学科能力培养

产教融合理论的实践中，学生往往需要跨学科合作，具备多方面的知识和技能。未来的就业创业教育应注重跨学科能力培养，使学生能够更好地适应复杂多变的职业环境，提高解决实际问题的综合能力。

3. 强化实践与理论结合

产教融合理论倡导实践与理论结合，这为未来就业创业教育强化实践教育提供了启示。课程设置应更加注重实际应用，通过实际项目、实习实训等方式，让学生在实际操作中巩固所学知识，提高应用能力。

4. 拓展国际化视野

产教融合理论的发展势头使学生更容易接触到国际企业和跨国项目。未来的就业创业教育应该更加注重拓展国际化视野，培养学生具备跨国交流和合作的能力，提高其在全球范围内的竞争力。

5. 强化创新教育

产教融合理论注重创新与实践，为未来就业创业教育强化创新教育提供了借鉴。学校应鼓励学生在实际项目中提出创新性的解决方案，培养他们的创新精神和创业能力。

6. 倡导终身学习观念

产教融合理论的实践中，学生需要不断学习适应职业发展的需要。未来的就业创业教育应倡导终身学习观念，使学生能够适应职业领域的不断变化，保持职业竞争力。

产教融合理论对于就业创业教育理念的影响不仅体现在理论层面，更在实践层面为学生提供了更为切实可行的培训和锻炼机会。强调实践导向、产业导向、团队协作等核心理念，使得学生在校期间能够更好地适应职场需求，提高了就业创业的成功率。未来，应不断总结产教融合理论的成功经验，进一步拓展其在不同领域的应用，为学生提供更加全面、实用的就业创业教育。

二、产教融合与人才培养目标的对接

产教融合作为一种紧密结合产业和教育的模式，旨在通过学校与企业的深度合作，使教育更加贴近产业需求，为社会培养更加符合实际用人需求的人才。在这个模式下，学校不再是一个独立的教育机构，而是与企业密切合作，共同参与培养具备实际工作能力的学生。

（一）产教融合模式的基本特征

1. 紧密结合产业需求

产教融合模式的核心特征之一是紧密结合产业需求。学校通过与企业建立深度合作关系，了解实际用人需求，调整教学内容和培养计划，使学生能够在校期间获得符合市场需求的知识和技能。

2. 实践导向的教学

产教融合模式强调实践导向的教学，注重学生在实际项目中的参与。通过实际工作经验的提供，学生能够更好地理解职业环境，提高解决实际问题的能力，增强实际操作的技能。

3. 产业导向的实习实训机会

产教融合模式注重为学生提供产业导向的实习实训机会。学生通过参与企业项目、实习实训等活动，能够在真实的产业环境中接受培训，了解产业运作方式，提前适应职业环境。

4. 企业导师的参与

在产教融合模式中，企业导师通常参与到学生的培养过程中，提供实际的职业指导和建议。企业导师通过总结自身在职场的经验，为学生提供实用的职业技能和职业素养方面的培养。

（二）产教融合与人才培养目标的对接

1. 满足市场对专业技能的需求

产教融合模式通过深度合作，使学校更加了解市场对专业技能的实际需求。通过调整课程设置、实践项目的开展，学生在校期间能够获得更符合市场需求的专业技能，这有助于提高学生的就业竞争力，使其更容易找到符合自身专业方向的工作。

2. 培养学生的实际操作能力

产教融合模式强调实践导向的教学，使学生能够在实际项目中参与操作，这有助于培养学生的实际操作能力，使他们在毕业后能够迅速适应职业环境，提高工作效率。

3. 提升学生的解决问题能力

产教融合模式通过让学生参与实际项目，使学生更容易接触到实际问题，培养了他们的解决问题的能力。学生在与企业合作的过程中，需要面对各种实际挑战，这锻炼了他们独立思考、解决问题的能力。

4. 培养学生的团队协作精神

产教融合模式注重学生在项目中的团队协作，培养了学生的团队协作精神。在实际工作中，团队协作是一项基本素养。学生在产教融合模式下的团队合作经验，使他们更容易适应团队工作的环境，提高了职场中的协作能力。

5. 提高学生的沟通能力

产教融合模式通过与企业的合作，使学生更容易接触到职场中不同背景和专业的人，这锻炼了学生与他人有效沟通的能力，提高了他们的沟通技巧。在职场中，良好的沟通能力是成功的关键之一。

6. 强调综合素养的培养

产教融合模式强调学生的全面发展，注重培养综合素质。不仅关注专业技能，还关注学生的团队协作、沟通能力、解决问题的能力等，这有助于培养更具综合素质的人才，提高其在职场中的竞争力。

7. 创新能力的培养

产教融合模式通过实际项目的创新与实践，培养了学生的创新能力。与企业深度合作，学生接触到最新的技术和行业趋势，激发了他们的创新潜能。在产教融合模式下，学生更容易融入创新团队，参与创新项目，提高了创新能力。这对于未来职场中的创业和创新起到了积极的促进作用。

8. 培养学生的职业担当

产教融合模式注重学生在实际项目中的参与，使他们更容易感受到职业责任。通过与企业合作，学生能够更好地理解职业道德和操守，培养了他们的职业担当意识，有助于塑造学生的良好职业品格。

（三）产教融合与人才培养目标的未来发展

1. 深度产业合作的拓展

未来，产教融合应进一步深化与产业的合作，与更多的企业建立紧密的合作关系。通过深度合作，更好地了解行业的实际需求，调整教学内容，使之更加符合市场的需求。

2. 数字化技术的应用

随着数字化技术的发展，未来产教融合可以更多地借助数字化技术，通过在线实训、虚拟实践等形式，拓展学生的实际操作经验，提高其数字化技能。

3. 全球化合作与跨国就业

未来产教融合可以更多地关注全球化合作与跨国就业。通过与国际企业的合作，为学生提供更广阔的就业机会，培养具备跨国交流和合作的人才。

4. 人工智能时代的人才培养

随着人工智能的发展，未来产教融合需要更加注重培养学生在人工智能时代的适应能力。注重人工智能相关技能的培训，使学生更好地应对未来职业的变化。

5. 绿色经济与可持续发展

未来产教融合可以更加关注绿色经济与可持续发展领域。通过与环保、可持续发展领域的企业深度合作，培养学生对绿色技术、可持续发展的认识和实际操作经验，为社会培养更多关注环境、注重可持续发展的人才。

6. 持续创新的教育模式

未来产教融合需要保持持续创新的教育模式。随着社会、经济的不断发展，产业需求也在不断变化，因此教育模式需要及时调整，保持灵活性，以更好地适应未来的发展趋势。

7. 拓展多元化人才培养

未来产教融合应该更加注重多元化人才培养，满足社会对各类人才的需求。除了技术类人才，还应注重培养具备人文素养、创意能力等综合素质的人才，使其更适应未来社会的发展。

产教融合作为一种深度融合产业和教育资源的模式，对人才培养目标的对接起到了积极的推动作用。通过深度合作、实践导向的教学、产业导向的实习实训机会等手段，产教融合模式使学生能够更好地适应职场需求，提高了他们的综合素养和职业素养。未来，产教融合模式可以进一步深化与企业的合作，更好地满足市场的需求，同时结合数字化技术、全球化合作等新趋势，为学生提供更全面、实用的人才培养服务，促进社会人才结构的优化和产业的可持续发展。在不断变化的社会背景下，产教融合将继续发挥重要作用，为培养更符合未来需求的人才作出更大贡献。

三、产教融合的实践价值与教育效果评估

产教融合作为一种将产业需求与教育实践有机结合的教育模式，其实践价值在于能够更好地培养符合市场需求的人才，提高教育的实效性。

（一）产教融合的实践价值

1. 更贴近实际需求

产教融合将学校与企业紧密结合，通过深度合作，使学校更贴近实际产业需求。学校可以根据企业的实际用人需求调整教学内容和培养计划，确保学生在校期间获得的知识和技能更符合市场需求，提高了毕业生的就业竞争力。

2. 提高学生的实际操作能力

产教融合强调实践导向的教学，注重学生在实际项目中的参与。通过实际操作的训练，学生能够更好地掌握实际工作所需的技能，提高了实际操作的能力。这有助于学生毕业后更快适应职业环境，提高工作效率。

3. 促进学科知识与实际应用的结合

产教融合模式使学科知识与实际应用有机结合，弥补了传统教育中理论与实践脱节的问题。学生在实际项目中应用所学知识，加深对理论的理解，使学科知识更具实用性。

4. 培养创新能力与解决问题的能力

产教融合模式通过实际项目的创新与实践，培养了学生的创新能力。学生在与企业合作的过程中，需要面对各种实际问题和挑战，锻炼了他们解决问题的能力。这有助于培养学生的创新思维，使其更具竞争力。

5. 提升团队协作与沟通能力

产教融合模式注重学生在项目中的团队协作，培养了学生的团队协作与沟通能力。在实际项目中，学生需要与团队成员共同完成任务，这要求他们具备良好的团队协作能力。通过与企业合作，学生还能够培养与不同背景和专业的人有效沟通的能力。

6. 实现教育与就业的无缝对接

产教融合模式实现了教育与就业之间更为紧密的对接。学生在校期间通过实际项目与企业接触，建立了更多的职业联系。这有助于毕业后学生更顺利地就业，缩短了从校园到职场的适应期，提高了就业率。

（二）产教融合的教育效果评估

1. 就业率提升

产教融合模式下，学生通过与企业深度合作，早期接触职业环境，更容易获取实际工作经验，这使得学生在毕业后更具竞争力，就业率相较传统教育模式更高。

2. 毕业生职业发展质量提高

产教融合模式培养的毕业生不仅具备专业知识，更具备实际操作能力和解决问题的能力，这使得毕业生的职业发展质量更高，更容易在职场中脱颖而出。

3. 企业对毕业生的认可度提升

由于产教融合模式下学生在校期间已经接触到实际工作，掌握了实际技能，企业更愿意接受这样的毕业生，这提升了毕业生的认可度，使他们更容易在企业中找到合适的职位。

4. 学生职业素养的全面提升

产教融合模式强调综合素养的培养，注重培养学生的团队协作、沟通能力等职业素养。教育效果评估中，可以通过学生的综合素养评价，来全面衡量学生在不同方面的职业素养水平。

5. 学科知识与实际应用结合度的提高

通过参与实际项目，帮助学生将学科知识与实际应用有机结合。教育效果评估可以通过学生在项目中的表现、实际操作能力的提升等方面来评价知识与实际应用的结合度。

6. 创新能力的培养效果

产教融合模式注重创新与实践，通过实际项目的创新与实践，学生在解决实际问题的过程中培养了创新思维。教育效果评估可以通过学生在项目中的创新成果、解决问题的方法等方面来评价创新能力的培养效果。

7. 团队协作与沟通能力的提升效果

产教融合模式中，学生需要在项目中与团队成员合作，这有助于提升团队协作与沟通能力。评估效果时可以通过团队项目的完成情况、团队成员的互动与协作等方面来评价学生的团队协作与沟通能力的提升效果。

8. 学生对产业和职业的了解程度

通过产教融合模式，学生能够更早地了解产业和职业的实际情况，对自己未来的职业方向有更清晰的认识。评估效果可以通过学生对产业和职业的了解程度、对实际工作环境的适应情况等方面来进行。

9. 毕业生在职场中的表现

教育效果的最终目标是培养出在职场中能够成功发展的毕业生。通过跟踪毕业生的职业发展情况，了解他们在职场中的表现，从而评估产教融合模式的教育效果。

10. 社会对毕业生的认可程度

产教融合模式培养出的毕业生在实际工作中能够更好地胜任，因此社会对他们的认可度较高。通过企业的反馈、招聘市场对毕业生的需求等方面，可以评估社会对产教融合模式下毕业生的认可程度。

（三）产教融合教育效果评估的方法

1. 学生综合素养评价

设计综合素养评价指标体系，包括专业知识、实际操作能力、团队协作、沟通能力、创新能力等方面。通过学生的自我评价、导师评价、同学评价等多方面收集数据，进行综合评估。

2. 项目成果评价

产教融合模式注重实际项目的参与，通过评价学生在项目中的表现、项目的实际成果，可以客观评估学生的实际操作能力和解决问题的能力。

3. 毕业生追踪调查

对毕业生进行追踪调查，包括就业情况、职业发展轨迹、薪资水平等方面的信息，了解他们在职场中的发展情况，通过这些数据评估产教融合模式的实际效果。

4. 企业反馈与满意度调查

对参与产教融合的企业进行调查，了解他们对参与项目的学生的满意度，获取企业对学生在实际工作中表现的反馈。企业反馈将为产教融合模式的改进提供有益信息。

5. 就业率统计

产教融合模式的一个重要目标是提高学生的就业竞争力，可以通过对毕业生的就业率进行统计，比较产教融合模式与传统教育模式的就业率，从而评估产教融合的实际效果。

6. 社会认可度调查

进行社会认可度调查，了解社会对产教融合模式下毕业生的认可程度。通过对用人单位、行业协会等社会组织的调查，获取社会对产教融合模式的整体认可情况。

产教融合作为一种创新的教育模式，其实践价值在于更好地培养学生，提高教育的实效性。通过更贴近实际需求、提高实际操作能力、促进创新能力等方面的作用，产教融合为学生提供了更为全面的教育体验。同时，通过就业率提升、毕业生职业发展质量提高、企业对毕业生的认可度提升等方面的教育效果评估，产教融合模式在实践中取得了一系列积极的成果。

然而，评估产教融合的教育效果也面临一些挑战，包括多元化评估指标的制定、数据收集的难度、主观评价的主客观性等。为了更全面、客观地评估教育效果，需要建立科学的评估体系，采用多种评估方法，从不同角度获取数据，并在评估过程中关注长期效果和社会认可度。

　　总体而言，产教融合的实践价值和教育效果评估是一个不断完善和发展的过程，需要教育机构、企业、政府等多方共同努力，通过不断的实践和总结经验，推动产教融合模式更好地为社会培养符合需求的人才，促进教育的可持续发展。

第二章 就业创业教育的现状分析

第一节 就业创业教育的定义与内涵

一、就业创业教育的内在含义

就业创业教育是当代教育体系中的一个重要组成部分，其内在含义在于培养全面发展的学生，使其具备在职场中就业创业的能力和意识。随着社会的发展，就业创业教育逐渐受到更多关注，被认为是教育体系中不可或缺的一环。笔者将探讨就业创业教育的内在含义，深入分析其意义、目标、实施方式，以及对个体和社会的影响。

（一）就业创业教育的内在意义

1. 培养全面发展的素质

就业创业教育的首要目标是培养学生的全面素质，包括专业知识、实际操作能力、团队协作能力、创新能力、沟通能力等多方面的素质，这种全面发展的教育理念旨在使学生在面对复杂多变的职业环境时能够胜任各种任务。

2. 激发创新创业精神

就业创业教育强调培养学生的创新创业精神，激发他们面对问题时主动寻找解决方案的能力。

3. 提高职场适应能力

就业创业教育致力于提高学生在职场中的适应能力。通过实际项目、模拟场景的培训，学生能够更早地适应职业环境，缩短从校园到职场的转变适应期。

4. 引导职业发展规划

就业创业教育还包括引导学生进行职业发展规划。通过了解自身兴趣、优势及发展方向，学生能够更明晰地制定个人的职业发展目标，作出更为明智的职业选择。

5. 培养团队协作与沟通能力

在就业创业教育中，团队协作与沟通能力也是重要的内在要素。学生通过与同学合作、参与实际项目，在团队中培养了良好的协作和沟通能力，这对于日后在职场中的团队合作至关重要。

（二）就业创业教育的目标

1. 提高就业率

就业创业教育的一个主要目标是提高学生的就业率。通过为学生提供全面的素质培养，使其更符合职场需求，提高了就业率，为毕业生提供更多就业机会。

2. 培养创业者

就业创业教育的目标之一是培养创业者，激发学生创新创业的热情。通过创业导向的教学和培训，学生能够更好地理解创业的流程和要素，为将来创业奠定基础。

3. 提高职业竞争力

就业创业教育致力于提高学生的职业竞争力，不仅要求学生具备专业知识，还要求其在实际工作中具备灵活应对、解决问题的能力，从而在激烈的职业竞争中脱颖而出。

4. 塑造积极的职业态度

就业创业教育旨在塑造学生积极的职业态度。通过职业发展规划、职场实习等方式，培养学生对职业生涯的积极认知和对工作的责任心，使其具备更好的职业素养。

5. 提升社会贡献度

就业创业教育还追求提升个体对社会的贡献度，使学生不仅具备为自己谋生的能力，同时也要具备为社会创造价值、解决社会问题的能力，这种社会责任感是就业创业教育的一项重要目标。

6. 促进产业升级

通过培养具有创新能力的学生，就业创业教育也间接促进了产业的升级。创新型人才的涌现有助于推动科技进步、推动产业结构升级，进而推动整个社会的进步。

（三）就业创业教育的实施方式

1. 实践导向的教学

就业创业教育强调实践导向的教学方式。通过实际项目、实习实训等方式，让学生将理论知识应用于实际工作中，培养他们在实际工作中解决问题的能力。

2. 创业课程设置

为了培养创业者，许多学校在课程设置上加入了创业相关的内容，这些课程涵盖创业理论、创业案例分析、商业计划撰写等方面，旨在为有创业梦想的学生提供必要的知识和技能。

3. 职业规划与咨询服务

就业创业教育也包括为学生提供职业规划与咨询服务。通过专业的职业规划师，为学生提供个性化的职业规划指导，帮助他们更好地了解自己的兴趣、优势和职业方向。

4. 创业实践基地

一些学校建立了创业实践基地，为有创业计划的学生提供创业孵化服务，这些基地通常提供办公场地、导师指导、资源支持等，帮助学生更好地开始创业实践。

5. 产教融合模式

产教融合是就业创业教育的一种重要实施方式。通过与企业合作，将学校的教学与实际产业需求深度结合，为学生提供更贴近职业需求的培训和实践机会。

6. 跨学科综合培养

就业创业教育鼓励跨学科的综合培养，学生不仅要具备扎实的专业知识，还要具备跨学科的能力，能够在多领域协同合作，应对复杂的职场环境。

（四）就业创业教育对个体的影响

1. 提升个体就业能力

就业创业教育通过提供实践机会、培养实际操作能力，提高了个体在职场中的就业能力。学生在校期间获得的实际经验使其更容易适应职场环境，提高了就业竞争力。

2. 培养创业者意识

就业创业教育有助于培养学生的创业者意识。学生通过创业课程、创业实践基地等方式，更容易理解创业的过程和要素，从而激发起创业的兴趣和决心。

3. 引导职业规划

通过职业规划与咨询服务，就业创业教育帮助个体更清晰地了解自己的职业兴趣、优势和发展方向，从而更有针对性地制定职业规划。

4. 塑造积极的职业态度

就业创业教育通过培训和实践，塑造了学生积极的职业态度。学生更容易面对职场中的挑战，具备更积极的工作态度和责任心。

5. 提高社会适应能力

通过实践导向的教学、团队协作等方式，就业创业教育提高了个体的社会适应能力。个体更容易融入团队，与同事、上级、客户等进行有效沟通与协作。

（五）就业创业教育对社会的影响

1. 促进经济发展

就业创业教育培养了更多有创业意愿和能力的人才，有助于促进经济的发展。创新创业精神的培养和实际操作能力的提高，为新兴产业和企业的崛起提供了更多的支持，推动了经济结构的优化升级。

2. 缓解就业压力

通过提高学生的就业能力和竞争力，就业创业教育有助于缓解社会的就业压力，更多的人才能够更顺利地进入职场，缓解了就业市场的紧张局势，提高了社会的稳定性。

3. 推动产业升级

就业创业教育培养了更多具有创新精神的人才，推动了产业的升级，这些创新型人才在企业中能够推动技术进步、业务创新，带动了整个产业的发展。

4. 促进社会和谐

通过培养学生的团队协作、沟通能力及社会责任感，就业创业教育有助于建立更和谐的社会关系，员工更容易融入企业团队，企业与社会之间的互动更加和谐。

5. 提高劳动力质量

就业创业教育提高了劳动力的整体素质。员工具备更全面的能力和更高的职业素养，为企业提供了更优质的劳动力资源，提高了整体劳动力质量。

6. 促进社会创新

通过培养创新能力，就业创业教育促进了社会的创新。创业者的涌现、企业的创新，以及学生在工作中的创新实践，都为社会带来了新的思维和方法，推动了社会的创新与进步。

就业创业教育作为当代教育体系的重要组成部分，其内在含义在于培养全面发展的素质，提升个体的就业能力和创业精神，对个体和社会都产生深远的影响。通过实践导向的教学、创业课程设置、职业规划与咨询服务等多种实施方式，就业创业教育致力于培养更符合职场需求的人才。

就业创业教育的目标包括提高就业率、培养创业者、提高职业竞争力、引导职业发展规划、提升社会贡献度等方面。通过实践机会、创业课程、产教融合等方式，就业创业教育为个体提供了更广阔的发展空间，引导其在职场中更好地实现自己的职业规划。

就业创业教育对个体的影响主要体现在提升就业能力、培养创业者意识、引导职业规划、塑造积极的职业态度、提高社会适应能力等方面。同时，就业创业教育也对社会产生积极影响，包括促进经济发展、缓解就业压力、推动产业升级、促进社会和谐、提高劳动力质量及促进社会创新等方面。

综上所述，就业创业教育不仅是为了满足个体的职业需求，更是为了推动社会的发展和进步。在不断变化的社会环境中，就业创业教育需要保持灵活性，紧跟时代需求，不断调整教学内容和方式，以更好地适应未来社会的发展趋势。

二、就业创业教育的多元发展形式

就业创业教育是当代教育体系中的重要组成部分，为培养学生的就业能力和创业精神提供了基础。随着社会经济的发展和职业市场的变化，就业创业教育也在不断演变和拓展。

（一）实践导向的教学模式

1. 实习与实训

实习与实训是就业创业教育中常见的实践导向的教学模式。通过在实际工作环境中的实习，学生能够将理论知识应用到实际工作中，提高实际操作能力。实训则通常包括模拟操作、实际项目等，以培养学生的实际技能。

2. 产业合作项目

学校与企业合作开展产业项目，为学生提供参与实际产业项目的机会，这种模式将教学与实际产业需求有机结合，使学生能够更好地了解和适应职业环境。

3. 企业导师制度

引入企业导师制度，即由企业中的专业人士担任学生的导师，通过实践经验和行业洞察指导学生，这种方式能够使学生更深入地了解行业内的实际情况，获得更专业的指导。

（二）创业课程设置

1. 创业导论课程

创业导论课程通常为学生提供创业的基本概念、创业过程、创业环境等方面的知识。学生通过学习这门课程初步了解创业领域，为深入学习创业奠定基础。

2. 商业计划撰写

商业计划撰写是创业课程中的重要组成部分。学生通过撰写商业计划，深入分析市场、制定经营策略，培养了解决实际业务问题的能力。

3. 创业案例分析

通过分析成功或失败的创业案例，学生可以从他人的经验中吸取教训，提高对创业环境的理解和应对能力，这种课程有助于培养学生的创业眼光和判断力。

4. 创新创业教育课程

专注于培养学生的创新创业思维和实际操作技能，这类课程强调学生在创新领域的发展趋势、创业机会的挖掘和创业项目的实施。

（三）职业规划与咨询服务

1. 职业规划辅导

学校提供职业规划辅导服务，通过专业的职业规划师为学生提供个性化的职业规划指导，这有助于学生更明确自己的职业兴趣、优势和发展方向。

2. 职业咨询服务

提供职业咨询服务，包括就业市场分析、职业发展趋势、行业信息等方面的咨询。学生可以通过这些服务更全面地了解职场情况，为未来的就业或创业做好准备。

3. 模拟面试与求职技能培训

通过模拟面试、求职技能培训等方式，增强学生面对面试的信心，提高学生应试技巧，这种服务有助于学生更好地应对职场挑战，提高就业竞争力。

（四）创业实践基地与孵化器

1. 创业实践基地

学校建立创业实践基地，为有创业计划的学生提供办公场地、导师指导、资源支持等。学生可以在实践基地中尝试自己的创业项目，获得更实际的创业经验。

2. 创业孵化器

创业孵化器是为初创企业提供孵化服务的组织，学校可以与创业孵化器合作，为有创业意愿的学生提供更专业的支持。孵化器通常提供资金支持、导师辅导、法务服务等方面的支持。

（五）产教融合模式

1. 实习与合作项目

学校与企业建立实习与合作项目，让学生有机会在真实工作环境中实习，与企业密切合作，这有助于学生更好地理解职业要求，提前适应职场环境。

2. 企业导师制度

学校引入企业导师，由企业专业人士担任学生的导师，进行一对一的指导，这种产教融合模式使学生更深入地了解实际产业需求，获得来自具有实际工作经验导师的指导。

3. 联合研究与项目合作

学校与企业进行联合研究和项目合作，使学生有机会参与实际项目并与企业专业人士合作，这种合作模式可以有效地将学术研究与实际产业需求相结合，促进双方的共同发展。

4. 行业论坛与交流活动

举办行业论坛和交流活动，邀请企业领导和专业人士与学生进行面对面的交流，这种形式的活动促进了学校与企业之间的深度合作，为学生提供了更多了解行业动态和拓展人脉的机会。

（六）跨学科融合

1. 创新与设计融合

将创新与设计元素融入就业创业教育中，培养学生的创意思维和设计能力，这种跨学科的融合有助于培养更具创新力的人才，适应日益复杂的职业环境。

2. 工程与管理融合

结合工程和管理知识，培养既懂技术又懂管理的复合型人才，这种跨学科的培养模式使学生具备更全面的能力，能够更好地应对工程和管理方面的挑战。

3. 科技与商业融合

将科技与商业知识相结合，培养能够将科技成果转化为商业价值的专业人才，这种跨学科的融合有助于推动科技创新与产业升级的深度结合。

（七）在线教育与数字化创新

1. 在线创业课程

通过在线教育平台开设创业课程，使学生可以更加灵活地学习创业知识，这种形式可以突破地域限制，为更多学生提供高质量的创业教育。

2. 虚拟实境技术

利用虚拟实境技术，打造虚拟的创业环境，让学生在虚拟世界中进行创业实践，这种数字化创新模式为学生提供更具沉浸感的实践体验，有助于创业意识的培养。

3. 数字化创业平台

建设数字化创业平台，为学生提供创业资源、导师支持、资金渠道等服务，这种平台可以帮助学生更便捷地进行创业项目的策划和实施。

（八）国际化合作与交流

1. 国际交流项目

开展国际交流项目，使学生有机会在国际化的背景下学习和实习，这种国际合作模式可以拓宽学生的国际视野，提高其在全球范围内的竞争力。

2. 国际企业合作

与国际企业建立合作关系，为学生提供参与国际项目的机会，这种形式的合作可以使学生更好地了解国际市场。

3. 参与国际大赛

鼓励学生参与国际性的创业大赛，提高学生在国际舞台上的竞争力，这种形式的国际化交流有助于学生结交国际合作伙伴，深化对国际创业环境的认识。

（九）社会参与与服务

1. 社会实践项目

将学生组织到社会实践项目中，参与社区服务或公益活动，这种形式培养了学生的社会责任感和团队协作精神，为其未来的职业生涯奠定了基础。

2. 产业对接服务

学校与当地产业深度对接，为学生提供产业对接服务。通过与企业合作，学生能够更好地了解实际产业需求，增加就业机会。

3. 创业社团与组织

学校鼓励学生参与创业社团与组织，提供创业活动、讲座、论坛等，这种社会参与形式可以促进学生与创业者、企业家的交流，激发学生的创业热情。

（十）评估与反馈机制

1. 创业项目评估

建立创业项目评估机制，对学生的创业项目进行定期评估。通过评估结果，学生可以了解项目的优势和不足，及时调整经营策略。

2. 学业与职业规划评估

设立学业与职业规划评估体系，帮助学生进行职业规划和个人发展的评估。通过这种机制，学校可以更好地了解学生的职业发展需求，提供有针对性的辅导和支持。

3. 行业认证与资质考核

与行业建立合作，推动相关专业的认证和资质考核，这种机制有助于提高学生的专业水平，使其更容易融入特定行业，并增加就业的机会。

4. 学生创业成果展示

举办学生创业成果展示活动，让学生有机会向社会展示他们的创业项目和成果，这种形式的评估有助于为学生提供更多的曝光机会，吸引潜在合作伙伴和投资者。

（十一）挑战与未来发展

1. 适应新兴行业需求

随着科技和社会的不断发展，就业创业教育需要不断调整，以适应新兴行业的需求。加强与新兴产业合作，更新课程内容，确保学生具备未来职业所需的技能。

2. 跨学科整合

进一步推动不同学科之间的整合，培养更全面、复合型的人才，跨学科的整合有助于学生更好地理解复杂的职业环境，提高解决问题的能力。

3. 数字化技术应用

加强数字化技术在就业创业教育中的应用，包括虚拟实境、人工智能、在线课程等，这有助于提供更灵活、个性化的教育体验，满足学生多样化的学习需求。

4. 加强国际合作

进一步加强与国际高校、企业的合作，推动更多学生参与国际化项目，这有助于培养具有国际竞争力的人才，提高学生的全球视野。

5. 注重社会责任教育

就业创业教育应该注重培养学生的社会责任感，使其在追求个人职业发展的同时，也能为社会作出更大的贡献。加强社会实践、公益活动等形式的教育，培养学生的社会责任心。

就业创业教育的多元发展形式涵盖了实践导向的教学、创业课程设置、职业规划与咨询服务、创业实践基地与孵化器、产教融合模式、跨学科融合、在线教育与数字化创新、国际化合作与交流、社会参与与服务、评估与反馈机制等多个方面。这些形式丰富了就业创业教育的内容和方式，使其更贴近学生的实际需求和职业发展的要求。

随着社会的不断发展和变化，就业创业教育需要不断创新，适应新时代的需求。在未来，加强与新兴行业的合作、跨学科整合、数字化技术的应用、国际合作的加强、社会责任教育的注重等方面的建设都将是就业创业教育发展的重要方向。通过不断拓展发展形式，就业创业教育能够更好地为学生的职业发展提供支持，培养更具创新精神和社会责任感的人才。

三、就业创业教育与终身职业发展的关系

随着社会经济的快速发展和职业环境的不断变迁，终身职业发展的理念逐渐引起人们的关注。终身职业发展强调个体在不同阶段不断学习、适应和发展的过程，与之关联的就业创业教育成为支持这一理念的关键因素之一。

（一）就业创业教育的定义与目标

1. 定义

就业创业教育是指为学生提供与职业和创业相关的知识、技能及态度培养的教育过程，这一过程旨在帮助学生更好地适应职业环境，提高就业竞争力，并激发创业精神，为创业者提供所需的支持和指导。

2. 目标

提高就业竞争力：通过提供职业技能培训、实践机会和职业规划服务，使学生具备更强的就业竞争力，更好地适应职场需求。

培养创业精神：激发学生的创新思维和创业意识，全面培养学生创业素质。

引导职业发展：通过职业规划、导师指导等手段，引导学生认识自己的兴趣、能力和价值观，制定并实现个性化的职业发展目标。

（二）终身职业发展的概念与重要性

1. 概念

终身职业发展是指个体在其职业生涯中通过学习、适应和发展，不断提升自己的职业素养和能力，这一理念强调职业发展是一个动态、持续的过程，需要个体在不同阶段作出调整和发展。

2. 重要性

适应变革：终身职业发展使个体能够更好地适应职业环境的变革，不断更新自己的知识和技能，与时代保持同步。

提高生涯韧性：通过培养个体的学习能力、创新能力和适应能力，终身职业发展有助于提高个体的职业生涯韧性，更好地应对职业生涯中的各种挑战。

实现个人价值：终身职业发展强调个体在职业生涯中追求个人价值和成就，使职业发展更加符合个体的兴趣和价值观。

（三）就业创业教育与终身职业发展的关系

1. 初始阶段

在学生刚刚步入职业生涯的阶段，就业创业教育起到了扎实的基础作用。通过提供职业规划辅导、实习机会等服务，帮助学生明确职业目标和方向，为其职业发展打下坚实的基础。

职业规划辅导：就业创业教育通过为学生提供职业规划辅导，引导其了解自己的兴趣和优势，制定短期和中期的职业目标。

实习机会：通过为学生提供实习机会，让他们在实际工作环境中积累经验，了解职业生活的方方面面，提前适应职场。

2. 发展阶段

当个体进入职业生涯的发展阶段，就业创业教育应当继续提供更深入、专业的培训和服务，以满足职业发展的需求。

专业技能培训：针对不同职业领域的需求，提供专业技能培训，使个体在职业发展中具备更强的竞争力。

导师制度：引入导师制度，由经验丰富的专业人士担任导师，为个体提供更具针对性的职业发展指导和建议。

创业培训：针对有创业意向的个体，提供创业培训，包括商业计划撰写、市场分析、风险管理等方面的培训。

3. 转折阶段

在个体职业生涯发展中遇到转折时，就业创业教育应当提供更灵活的支持，帮助其重新定位和规划。

职业发展咨询：提供个性化的职业发展咨询服务，帮助个体在职业生涯中作出正确的决策，应对职业生涯中的转折点。

继续教育机会：推动继续教育，使个体在职业发展中能够灵活学习新知识和技能，保持竞争力。

行业变革适应：针对行业变革，提供相关行业信息、趋势分析和培训服务，使个体能够及时适应行业的变化。

4. 终身学习阶段

在终身学习的阶段，就业创业教育应当为个体持续学习提供有力支持，促使其不断适应职业生涯中的新挑战。

在线教育平台：建设在线教育平台，提供丰富多样的在线课程，让个体能够随时随地进行学习，不受地域和时间的限制。

技术创新培训：针对新兴技术和行业趋势，提供相关的培训和技术创新支持，使个体能够在技术发展的前沿保持竞争力。

职业导师服务：持续提供职业导师服务，由有经验的导师指导，帮助个体更好地规划和管理自己的职业生涯。

（四）就业创业教育在终身职业发展中的挑战与应对策略

1. 行业快速变革

应对策略：加强与行业的紧密合作，及时了解行业变革趋势，通过灵活的课程设置和技术培训，使学生能够迅速适应行业的发展。

2. 个体需求差异

应对策略：引入个性化的职业规划服务，通过调查、测试等手段，深入了解个体的兴趣和特长，为其提供更贴合个体需求的培训和支持。

3. 技术变革对技能的挑战

应对策略：引入前沿科技的培训课程，推动技术与创业教育的深度融合，使学生在技术创新方面保持领先地位。

4. 就业市场的不确定性

应对策略：提供灵活的职业规划服务，鼓励学生培养跨领域的能力，提高适应不确定性的能力，同时加强与企业的合作，了解市场需求，调整培养方向。

5. 学习习惯和方式的改变

应对策略：借助现代技术推动在线学习，培养学生自主学习的能力，同时提供多样化的学习资源，满足不同学生的学习需求。

就业创业教育与终身职业发展密切相关，两者相互支持、相互促进。在不同阶段，就业创业教育通过提供职业规划服务、实习机会、创业培训等形式，为个体的职业发展提供了全方位的支持。终身职业发展理念强调个体需要在整个职业生涯中不断学习和发展，而就业创业教育作为实现终身学习的平台和推动力，能够引导个体持续适应职业生涯中的各种挑战。

然而，就业创业教育在支持终身职业发展过程中仍面临一些挑战，例如，行业变革的快速发展、个体需求的差异性、技术创新对技能的要求等。为了更好地应对这些挑战，就业创业教育需要不断创新，与行业、科技及个体需求紧密结合，提供更加灵活、个性化的培训和服务。

综上所述，就业创业教育在终身职业发展中至关重要。通过不断优化教育内容，拓展培训方式，加强与社会、行业的合作，就业创业教育将更好地服务于个体的职业发展，为其实现终身学习、不断进步提供坚实的支持。

第二节　就业创业教育的发展历程

一、就业创业教育的起源和初期发展

就业创业教育作为一种重要的教育形式，其起源和初期发展与社会经济的变迁、教育理念的演进，以及对人才培养需求的不断调整密切相关。

（一）就业创业教育的起源

1. 社会背景的变迁

工业化时代：就业创业教育的起源可以追溯到工业化时代的兴起。随着工业化的推进，社会对于专业技能和职业素养的需求逐渐增加，培养适应工业发展的人才成为当时教育的迫切任务。

市场经济转型：在市场经济转型时期，企业对于具备创业精神、创新能力的人才的需求日益显著。这时，就业创业教育开始成为一种对社会需求的响应，以培养更适应市场经济的人才。

2. 教育理念的演进

从职业技能到创业素养：初期的就业创业教育主要聚焦在传授职业技能，以满足工业社会对具体技术能力的需求。随着社会的发展，教育理念逐渐演变，强调培养学生的创新、创业素养，使其更具备应对职业挑战的综合能力。

从知识传递到实践导向：早期的就业创业教育更加注重知识的传递，但随着社会对实际操作技能和实践能力的需求增加，教育逐渐转向实践导向，强调学生在真实场景中的实际应用能力。

（二）初期发展的主要特点

1. 职业技能为主

初期的就业创业教育主要侧重于培养学生的职业技能，以适应当时工业化时代对技术劳动力的需求，在这种环境下各类职业学校和技工院校应运而生，专注于传授实用技能。

2. 行业导向

初期的就业创业教育更具有明显的行业导向。不同学校、专业更加关注特定行业的需求，培养符合该行业标准的从业人员，这种行业导向有助于提高学生的就业竞争力。

3. 以培训为主

在早期，就业创业教育更加强调培训的重要性，注重培养实际操作技能。各类职业培训机构和技能培训班迅速崛起，为社会提供更多的专业技术人才。

4. 政府主导

在初期阶段，政府在就业创业教育中扮演着主导角色，出台相关政策，建立职业教育体系，推动技术技能的培训与推广。

（三）影响因素

1. 经济发展需求

初期的就业创业教育受到经济发展需求的直接影响，随着工业化和市场化的推进，社会对于技术工人和创业者的需求大幅增加，这促使了相关教育体系的建立和完善。

2. 社会职业结构变化

社会职业结构的变化也是初期就业创业教育发展的关键因素，不同行业的兴起和衰退直接影响了教育体系的调整，以满足社会对于不同职业人才的需求。

3. 创业文化的强调

随着创业文化的发展，社会开始重视创业精神的培养，这推动了就业创业教育从传统的技能培训向创新、创业素养的培养转变。

4. 全球化浪潮

全球化的浪潮使得不同国家、不同地区的经济更加紧密相连，这种全球化趋势使得就业创业教育更加注重培养具备国际视野和跨文化能力的人才。

（四）对教育体系的影响

1. 职业教育体系的建立

初期的就业创业教育对职业教育体系的建立有着深远的影响。各类职业学校、技工院校等开始成为培养专业人才的主要场所，提供更加实用的技能和职业知识，以满足市场对于熟练工人和技术人才的需求。

2. 技能培训的强调

初期的就业创业教育强调实际操作技能的培训，使学生能够更快速地适应具体职业环境，这种强调有助于培养学生的动手能力，提高其在职场中的实际操作水平。

3. 行业与企业合作的推动

初期的就业创业教育推动了行业、企业与教育机构的深度合作，企业参与课程设计、实训计划，与学校共同培养适应市场需求的人才，建立了产学合作的基础。

4. 创业教育的崛起

随着创业意识的觉醒，初期的就业创业教育促使了创业教育的崛起，学校和培训机构纷纷加强对创业者的培养，为学生提供创业技能和创业管理知识教学。

5. 职业规划服务的引入

就业创业教育初期也引入了职业规划服务，帮助学生更好地了解自己的兴趣、能力和价值观，制订个性化的职业发展计划，这使得学生具备更明确的职业目标，提高就业的针对性。

（五）启示与展望

1. 实践导向

初期就业创业教育的实践导向为今天的教育体系提供了重要的启示。注重培养实际操作技能，强调实践经验，是培养具有实际应用能力的人才的有效途径。

2. 产业与教育融合

早期就业创业教育推动了产业与教育的深度融合，这一经验表明，与行业和企业建立紧密合作关系，共同参与人才培养，有助于培养更适应市场需求的人才。

3. 职业规划与创业教育并重

就业创业教育初期引入的职业规划服务和创业教育，为今天的教育体系提供了有益经验。个性化的职业规划服务能够帮助学生更好地了解自己，创业教育则能够激发创业精神，培养创新能力。

4. 全球化视野与终身学习

初期的就业创业教育在全球化背景下注重培养国际视野，为终身学习奠定了基础。今天的教育体系需要更加注重培养学生的全球意识和跨文化沟通能力。

就业创业教育的起源与初期发展是与社会经济、教育理念演变及对人才需求的调整紧密相连的。初期的就业创业教育主要强调职业技能、行业导向，注重实践培训和产业与教育的融合。这一时期的影响为今天的教育体系提供了宝贵经验，强调实践导向、产业与教育融合、职业规划与创业教育并重等特点，为培养适应社会需求、具备创新创业能力的综合性人才提供了有益启示。在未来，随着社会的不断变化，就业创业教育将继续发展创新，更好地满足人才培养的需求。

二、就业创业教育的现代化发展阶段

随着全球经济的不断发展和科技的迅猛进步，现代社会对人才的需求日益多元化和复杂化。在这一背景下，就业创业教育作为培养适应社会发展需要的人才的重要手段，经历了不断的发展和演进。

（一）现代化发展的起点

1. 信息化时代的兴起

随着信息技术的飞速发展，信息化时代的兴起对经济结构和就业市场产生了深远的影响，互联网、人工智能等新兴技术的普及，催生了一系列新型职业，对人才提出了更高的要求。

2. 创新创业重要性的凸显

在知识经济和创新型经济的推动下，创新创业的重要性凸显，社会对具备创新精神、创业能力的人才的需求日益增加，就业创业教育迎来了更大的挑战和机遇。

（二）现代就业创业教育的主要特点

1. 综合素质的培养

现代就业创业教育不再仅关注技术和实际操作技能的培养，更注重综合素质的培养。除了专业知识，还强调培养学生的创新思维、团队协作能力、跨文化沟通能力等综合素质。

2. 实践与理论相结合

面对快速变化的社会和职业需求，现代就业创业教育更加注重实践与理论的相结合。通过实习、项目实践等形式，使学生在真实场景中应用所学知识，提高其实际操作能力。

3. 跨学科的整合

为应对复杂多变的职业环境，现代就业创业教育更加注重跨学科的整合。将不同领域的知识和技能整合在一起，培养具备多元视角和全局思维的人才。

4. 创业教育的强化

鉴于创业的重要性，现代就业创业教育在课程设置和培养模式上加强了创业教育的内容，鼓励学生锻炼创新意识、创业技能，培养未来的企业家和创业者。

5. 个性化发展

以学生为中心的教育理念在现代就业创业教育中得到体现，强调个性化发展。通过个性化的职业规划、导师制度等，满足不同学生的发展需求，提高培养的针对性。

（三）发展阶段及特点

1. 初期发展阶段（1990—2005 年）

在这一时期，全球信息化和互联网的快速发展，促使就业创业教育加强对信息技术领域的培养，重点在于培养计算机、网络技术等相关专业的人才，以适应信息技术快速发展的需求。

特点：以技术为导向，注重信息技术培训；对创业教育的认识较为初步。

2. 拓展阶段（2005—2015 年）

随着全球经济的发展，新兴产业和创新型企业不断涌现，对多领域复合型人才的需求上升，就业创业教育开始拓展教学领域，注重跨学科的整合，培养具备综合素质的复合型人才。

特点：强调综合素质培养，实践与理论相结合；创业教育逐渐受到关注。

3. 创新发展阶段（2015年至今）

当前阶段，创新成为就业创业教育的核心。新兴技术的涌现，创新创业的推崇，使得教育更加关注创新思维和创业能力的培养。个性化发展、跨学科整合等理念不断强化。

特点：注重创新创业教育，强调个性化发展，跨学科整合更加深入；致力于培养具备未来职业竞争力的人才。

（四）现代就业创业教育的趋势

1. 数字化技术的应用

随着人工智能、大数据等数字化技术的迅速发展，现代就业创业教育将更加注重数字化技术的应用，虚拟实训、在线课程、智能辅助教学等将成为教育手段的常态，为学生提供更灵活、个性化的学习体验。

2. 全球化视野的强调

随着全球经济的深度融合，现代就业创业教育将更加强调全球化视野的培养，培养学生具备国际化背景、跨文化交流能力，使其能够适应全球范围内的职业挑战。

3. 社会责任感的培养

现代就业创业教育将更加注重培养学生的社会责任感，强调可持续发展、环境保护、社会公益等方面的知识和意识，使学生在职业发展中能够更好地承担社会责任。

4. 创业生态系统的建设

着眼于培养创业者和创新者，现代就业创业教育将更加关注创业生态系统的建设，加强与产业界、创业孵化器、投资机构等的合作，为学生提供更广泛的创业资源和支持。

5. 跨学科与终身学习的整合

为适应未来职业的多样性和复杂性，现代就业创业教育将进一步整合跨学科教育和终身学习理念，鼓励学生进行交叉学科的学习，培养他们具备不同领域知识的能力，并使其能够持续学习适应职业发展的变化。

（五）就业创业教育现代化的挑战与应对策略

1. 技术更新的压力

挑战：技术的不断更新，使得就业创业教育需要不断跟进，更新教育内容和教学手段。

应对策略：建立灵活的课程体系，引入前沿技术，同时培养学生的自主学习能力，使其能够适应技术的快速发展。

2. 全球化背景下的竞争

挑战：全球化使得人才市场更加国际化，学生需要具备更强的国际竞争力。

应对策略：提供国际化的课程，鼓励学生参与国际性的项目和实习，培养跨文化沟通能力和国际合作意识。

3. 创新创业教育的深化

挑战：创新创业教育需要更深层次的整合，以培养更多具备创业精神和创新能力的学生。

应对策略：强化创新创业教育的内涵，加强与企业和创业生态系统的协同，提供更具实践价值的创新创业项目。

4. 社会责任感的培养

挑战：社会责任感的培养需要更全面的教育体系，包括可持续发展、社会公益等方面的知识和实践。

应对策略：整合社会责任感教育内容，将社会责任理念融入各类课程，鼓励学生参与社会实践和公益活动。

5. 就业创业生态系统的建设

挑战：创业生态系统的建设需要更广泛的合作，包括与企业、政府、投资机构等的深度合作。

应对策略：加强与各方合作，建立校企合作平台，引入更多外部资源，为学生提供更多的创业支持。

现代就业创业教育在全球化、数字化的大背景下，经历了不同阶段的发展，并呈现出一系列新的特点和趋势，强调综合素质培养、实践与理论相结合、创新创业教育的强化等成为现代就业创业教育的主要特征。然而，也面临着技术更新、全球化竞争、创新教育深化等方面的挑战。

三、就业创业教育的前沿领域与趋势

随着社会的不断发展和变革，就业创业教育正处在不断创新的前沿。新兴技术的崛起、全球化的挑战、社会责任感的强调等因素都在推动就业创业教育走向新的高度。

（一）就业创业前沿领域的涌现

1. 人工智能与就业创业

背景：人工智能技术的迅速发展对各行各业产生了深远的影响，就业市场也在逐步发生变革。从自动化的生产到智能化的服务，新兴的职业机会层出不穷。

趋势：就业创业教育将更加关注人工智能领域人才的培养，包括机器学习、数据分析、自然语言处理等方面的技能。同时，将强调培养学生的创新思维，使其能够在新兴科技领域中脱颖而出。

2. 数字化营销与电商创业

背景：随着数字化时代的到来，市场营销方式发生了翻天覆地的变化，数字化营销和电商创业成为新的经济增长点，提供了大量的就业机会。

趋势：就业创业教育将加强数字化营销和电商创业方面的培训，注重对学生数字媒体的运用能力、电商平台的开发和管理等技能的培养，提供实际操作经验，使学生更好地适应数字经济时代。

3. 可持续发展与绿色创业

背景：环境问题的日益凸显，社会对可持续发展和绿色创业的关注度逐渐提升，创业者在绿色产业中发现了商机，环保意识成为创业者的重要素养。

趋势：就业创业教育将注重培养学生的环保意识和可持续发展的知识，引导他们投身绿色创业领域，强调在创业中兼顾经济效益和社会责任，培养可持续发展的创业者与企业家。

4. 跨界创新与综合素质

背景：在多元化、全球化的背景下，创新不再局限于特定领域，而是需要跨足多个领域，综合素质成为人才市场中的重要竞争力。

趋势：就业创业教育将强化对学生综合素质的培养，鼓励他们跨界学科，培养创新思维和团队协作能力，注重跨文化交流，使学生具备更广泛的国际视野。

（二）就业创业趋势的影响因素

1. 科技驱动的经济发展

随着科技的飞速发展，新兴产业和职业层出不穷。科技的不断创新给就业市场带来了新的机遇和挑战，科技驱动的经济发展直接影响就业创业教育的前沿领域和培养方向。

2. 全球化竞争的压力

全球化使得国际间的竞争更加激烈，对人才的需求也更加多元化，就业创业教育需要适应全球化的趋势，培养具备国际竞争力的综合性人才。

3. 社会问题与责任感的崛起

社会问题，尤其是社会不平等和环境问题等议题，引起了公众的广泛关注，企业和创业者在解决社会问题中找到商机，社会责任感成为创业者的一项重要素养。

4. 就业市场需求的变化

就业市场的需求在不断变化，新兴职业的涌现和传统职业的淘汰都在推动就业创业教育不断调整培养方向，了解就业市场的最新需求成为调整就业创业教育内容和方向的关键因素。

5. 学生个体差异的考量

学生的个体差异在很大程度上影响了他们的职业发展方向和能力发展，制定个性化的培养方案，关注学生的兴趣、特长和潜能，使其能够更好地适应个体差异化的职业市场需求。

（三）对未来就业创业教育的启示

1. 灵活适应科技变革

就业创业教育需要及时了解和适应科技的发展变化，将新兴技术的培训融入教育体系中，培养学生对科技变革的敏感性和适应能力，创设实验性课程，鼓励学生参与科技创新项目，增加其科技实践经验。

2. 跨文化交流与国际化视野

面对全球化的竞争，就业创业教育应该注重培养学生的跨文化交流能力和国际化视野，开展国际合作项目，鼓励学生参与海外实习和交流，使其能够在国际舞台上脱颖而出。

3. 社会责任感的培养

强调社会责任感的培养，使学生认识到他们的职业行为对社会和环境的影响，加强社会实践和志愿者活动组织力度，引导学生在职业发展中积极担当社会责任，推动可持续发展。

4. 创新思维与团队协作

就业创业教育应该注重培养学生的创新思维和团队协作能力，为学生提供创新创业的实践机会，鼓励学生参与创业竞赛和项目，培养他们的创业精神和领导能力。

5. 终身学习的理念

面对职业市场的动态变化，就业创业教育需要灌输终身学习的理念。培养学生主动学习的能力，提供持续学习的机会和平台，使其能够不断适应职业发展的变化。

就业创业教育的前沿领域与趋势受到多方面因素的影响，从科技发展到全球化竞争、从学生的社会责任感到个体差异，都在塑造未来教育的方向。对未来就业创业教育的启示在于：要紧跟时代潮流，灵活适应科技变革，注重跨文化交流和国际化视野，培养学生的社会责任感、创新思维和团队协作能力，同时强调终身学习的理念。通过全方位的培养，就业创业教育将更好地满足学生的职业需求，培养具备全球竞争力的综合性人才。

第三节 就业创业教育的主要问题

一、就业创业教育体系存在的结构性问题

就业创业教育在社会发展中扮演着重要的角色，它不仅是培养人才的关键环节，也直接关系到社会的经济发展和创新能力的提升。然而，当前就业创业教育体系也面临一系列结构性问题，这些问题可能影响学生的职业发展，制约整个教育体系的效力。

（一）就业创业教育体系结构性问题的体现

1. 课程设置过于理论化

就业创业教育体系中的课程设置往往过于理论化，偏离了实际应用，学生在校期间接触到的知识难以与实际工作场景相匹配，导致毕业生在就业初期存在实际操作经验不足等问题。

2. 创业教育不足

尽管创业在现代社会变得越来越重要，但就业创业教育体系中创业教育的投入和内容仍然不足，学校更多地关注培养就业者而非创业者，导致学生的创新创业意识较为薄弱。

3. 教学与行业匹配度不足

教育体系与行业需求之间存在较大的脱节，学校的教育内容和行业实际需求之间的匹配度较低，导致毕业生在就业市场上不具备足够的竞争力。

4. 缺乏跨学科整合

就业创业教育体系中存在学科之间割裂的问题，缺乏跨学科的整合，实际工作场景中需要综合运用多个学科的知识，而学生在校期间难以培养跨学科的思维和能力。

5. 实践环节不足

就业创业教育体系中的实践环节相对不足，学生缺乏在真实工作场景中锻炼的机会，使得他们在毕业后需要较长时间适应实际工作。

6. 就业观念单一

教育体系中存在就业观念单一的问题，即以稳定的岗位和传统行业为主要目标，对于新兴行业和创业领域的就业观念教育较为匮乏。

（二）问题的原因分析

1. 教育理念滞后

一些教育机构的教育理念相对滞后，仍然以传统的知识传递为主，对于创新、实践、跨学科整合等方面的理念认识不足。

2. 师资力量不足

一些学校在就业创业教育体系中的师资力量相对不足，特别是缺乏具有实际经验的企业导师和行业专业人士，导致教学内容与实际应用的结合度不高。

3. 体系设计不合理

一些学校的就业创业教育体系设计存在问题，课程设置不合理、创业教育投入不足、实践环节设计不够科学等问题影响了教育效果。

4. 行业与学校合作不紧密

学校与行业之间的合作关系相对薄弱，学校难以及时获取行业的最新需求信息，行业也难以参与到教学过程中，使得教育内容与实际用人需求不匹配。

5. 评价体系不全面

就业创业教育的评价体系主要以学术成绩为主，而缺乏对实际操作能力、创新能力、团队协作等方面的全面评估，导致学生的能力得不到全面展现。

（三）改进策略与建议

1. 更新教育理念

学校需要更新就业创业教育的理念，强调实践、创新、跨学科整合等方面的教学内容，鼓励学生树立创新创业观念，提倡实际操作和实践能力的培养。

2. 加强师资队伍建设

学校应加强师资队伍建设，吸引具有丰富实际经验的企业导师和行业专业人士参与就业创业教育，建立产学研用结合的师资队伍，使学生能够更好地学习到实际应用知识。

3. 优化体系设计

针对体系设计中不合理的问题，学校可以进行深入的改革和优化。设计更贴近实际需求的课程，增加实践环节和创业实践项目，确保学生在校期间能够获得足够的实际操作经验。此外，要加强课程之间的整合，形成有机的知识网络，培养学生的跨学科思维。

4. 加强行业与学校合作

学校需要加强与行业的合作关系，建立行业咨询机制，及时获取行业最新的用人需求信息。同时，建立行业导师制度，邀请企业精英参与课程设计和教学活动，确保教育内容更加贴合实际行业需求。

5. 拓展评价体系

就业创业教育的评价体系应该更加全面，除了学术成绩外，还需要评估学生的实际操作能力、创新能力、团队协作等综合素质，建立完善的学科绩效评估和学生综合素质评估机制，为学生提供更全面的成长参照目标。

6. 提倡创新创业文化

学校应该营造鼓励创新创业的文化氛围，为学生提供更多的创业机会和资源支持，开展创业大赛、创业讲座等，邀请成功创业者分享经验，激发学生的创业热情。

7. 强化综合素质培养

学校应该注重学生综合素质的培养，包括沟通能力、团队协作及解决问题的能力等，开设相关课程，组织团队项目实践，培养学生的领导力和团队协作精神。

（四）展望未来

改善就业创业教育体系的结构性问题是一个复杂而长期的过程，需要学校、政府和企业等多方面的共同努力。未来，可以期待以下几个方面的发展。

1. 深化产学研用结合

进一步深化产学研用结合,建立更紧密的产业合作伙伴关系,学校可以与企业共同建立实习、实训基地,将实际工作场景融入课程中,提高学生的实际操作能力。

2. 推动创业教育的创新

推动创业教育的创新,加强创新创业文化的培育,引入新的创业模式,支持学生的创业项目,提供创业孵化服务,使学生能够更好地迎接创业挑战。

3. 加强国际合作

加强国际合作,促进学校与国外企业和教育机构的交流。通过国际化的课程设置和项目合作,培养学生的国际竞争力,使其更好地适应全球化的就业环境。

4. 建立完善的评价体系

建立更为完善的评价体系,包括对学科绩效的评估和对学生综合素质的全面评估。通过多维度的评价,更准确地反映学生在就业创业教育中的实际水平。

5. 注重生涯规划与发展

强调生涯规划与发展,引导学生在校期间明确自己的职业发展方向。提供专业的生涯规划咨询服务,帮助学生了解职业市场,制订个性化的发展计划。

就业创业教育体系存在的结构性问题是当前教育体制改革亟待解决的难题。通过深化产学研用结合、推动创业教育创新、加强国际合作、建立完善的评价体系、注重生涯规划与发展等多方面的努力,可以逐步改善当前体系存在的问题,使就业创业教育更好地服务于学生的全面发展和社会的经济繁荣。

二、教育内容滞后与产业需求脱节

教育是社会进步和个人发展的重要推动力之一,然而,随着时代的变迁和科技的飞速发展,教育体系面临着来自产业需求的压力,教育内容滞后与产业需求脱节已成为一个备受关注的问题。笔者将探讨这一现象的原因、影响及可能的解决方案，以期为构建更紧密的教育与产业关系提供一些启示。

（一）教育内容滞后的原因

1. 课程设计滞后

教育体系的课程设计通常需要时间来更新和调整，而产业发展的速度可能远快于课程更新的速度，这导致了教育内容的滞后。

2. 教育体制僵化

传统的教育体制往往较为僵化，难以适应快速变化的产业需求，过于烦琐的教育程序和刻板的教学方法使得学生难以跟上产业的创新步伐。

3. 教育资源分配不均

一些学校和地区可能缺乏更新的教育资源，导致其无法提供最新的知识和技能培训，这使得学生在毕业后面临所学专业与产业需求不匹配的尴尬局面。

（二）产业需求与教育内容脱节的影响

1. 人才短缺

由于教育内容滞后，产业往往面临人才短缺的问题，学生毕业后可能不具备满足现代产业需求的技能，导致企业难以找到合适的员工。

2. 创新能力下降

教育内容滞后导致学生缺乏对新技术和新理念的了解，影响了他们的创新能力，这对于产业的长期发展和竞争力产生负面影响。

3. 职业满意度下降

学生在就业后发现自己所学的知识与实际工作不符，容易导致职业满意度下降，影响工作积极性和创造力。

（三）可能的解决方案

1. 紧密产业与教育合作

建立起紧密的产业与教育机构的合作关系，使产业需求能够更直接地反映在教育内容的拟定和更新中。

2. 强化实践性教育

加强实践性教育，通过实习、项目等方式，使学生能够更好地将理论知识应用到实际工作中，提高他们的实际操作能力。

3. 灵活的课程设计

教育机构应当更加灵活地设计课程，及时调整课程内容，确保其与产业需求保持一致，这可能需要建立更加灵活的课程审核和更新机制。

4. 引入新技术

教育机构应该积极引入新技术，包括在线教育、虚拟现实等，以提高教育的时效性和适应性。

教育内容滞后与产业需求脱节是一个复杂的问题，需要教育机构、产业界和政府的共同努力来解决。通过建立更加紧密的合作关系、强化实践性教育、灵活的课程设计，以及引入新技术，有望缩小教育与产业之间的鸿沟，培养更符合现代社会需求的人才。这将有助于推动教育体系更好地服务社会和经济的发展。

三、学生对就业创业教育的认知与态度

随着社会的不断变革和经济的发展，对于大学生来说，就业和创业已经不再是简单的选择，而是需要系统的教育和培训。

（一）学生对就业创业教育的认知

1. 就业观念的演变

随着社会结构的变化，学生对就业的认知逐渐从稳定型就业向灵活型就业转变，越来越多的学生愿意接受创业的观念，将创业看作一种可行的职业选择。

2. 对创业教育的认知

学生对创业的认知可能受到家庭背景、社会环境等多方面因素的影响，一些学生可能对创业持积极态度，认为创业是实现个人梦想和追求自主发展的途径。

3. 对职业规划的期望

学生对职业规划的期望可能涵盖了稳定的职业发展、良好的薪资待遇、具有挑战性的工作等方面，就业创业教育在培养学生对未来职业的合理期望上扮演着重要的角色。

（二）学生对就业创业教育的态度

1. 积极态度

一部分学生对就业创业教育持积极态度，认为这是提升个人竞争力、增加就业机会的有效途径，他们愿意参与各种培训和实践活动，主动获取相关信息。

2. 消极态度

一部分学生可能对就业创业教育抱有消极态度，认为这些教育活动并不直接关系到他们的专业学习，对未来职业并没有太大帮助，这可能导致他们对就业创业教育的忽视和抵触。

3. 对创业风险的担忧

一部分学生虽然对创业有一定的认知，但由于对创业风险的担忧，可能选择相对稳定的就业方式，他们担心创业可能带来的不确定性和压力。

（三）学生面临的挑战

1. 信息不对称

学生在选择就业或创业方向时可能面临信息不对称的问题，缺乏对职业市场的准确了解，导致对就业创业教育的需求不明确。

2. 职业规划意识不足

一些学生可能缺乏对职业规划的深入思考，只注重当前的学业而忽视了未来的职业发展，这可能导致他们在毕业后迷失在职场中。

3. 创业能力培养

针对有创业意愿的学生，他们可能缺乏实际创业经验和能力，需要更系统地培养创新创业的技能。

（四）发展方向与建议

1. 加强实践性教育

就业创业教育应注重实践性，通过实习、企业合作项目等方式，让学生更好地了解职业市场和创业环境。

2. 建立行业导师制度

引入行业导师，帮助学生建立更准确的职业规划，提供实际的职场经验和建议。

3. 拓宽创业渠道

学校可以通过创业孵化器、创业竞赛等途径，拓宽学生创业的渠道，提供更多政策和资源的支持。

4. 加强就业创业信息服务

学校应该建立更完善的就业创业信息服务平台，帮助学生更全面地了解职业市场的需求和趋势。

5. 培养创业精神

学校可以通过开设相关课程、组织讲座等方式，培养学生的创业精神，鼓励他们勇于创新和追求梦想。

学生对就业创业教育的认知与态度直接关系到他们未来的职业发展和生涯规划。学校和社会应共同努力，通过提供更实践性的教育、建立行业导师制度、拓宽创业渠道等方式，帮助学生更好地适应职业市场的需求，培养更具竞争力的人才。只有通过共同的努力，才能实现学生与就业创业教育之间的更好衔接，使学生在职业发展中更具有信心和竞争力。

第四节　就业创业教育的需求与挑战

一、市场对于就业创业人才的需求分析

随着全球经济的不断发展和科技的迅猛进步，市场对于就业创业人才的需求也在不断变化。了解市场需求对于制定有效的就业创业教育策略至关

重要。

（一）市场对就业创业人才的主要需求

1. 技术与数字化能力

随着第四次工业革命的到来，市场对于具备良好的技术与数字化能力的人才需求日益增长，能够熟练掌握先进的技术工具、理解人工智能、大数据和物联网等新兴技术的人才备受瞩目。

2. 创新和创业精神

市场对于具备创新和创业精神的人才有着持续的需求，创业者的出现不仅能够推动企业的创新发展，还有助于经济的繁荣和就业岗位的增加。

3. 跨领域综合能力

现代社会对人才的要求更加综合，需要他们具备跨领域的能力，能够在多样化的工作环境中胜任，具备解决复杂问题的能力。

4. 沟通与团队协作能力

在职场中，沟通和团队协作是至关重要的能力，市场对具备良好沟通技巧和团队合作经验的人才有着明显的偏好。

5. 可持续发展意识

随着社会对可持续发展的关注增加，市场对具备环保、社会责任等方面的意识和实践经验的人才需求也在上升。

（二）市场对就业创业人才的趋势

1. 数字经济时代的崛起

随着数字经济的崛起，市场对具备数字化能力人才的需求呈现出爆发式增长，从程序设计到数据分析，数字技能已经成为许多行业的标配。

2. 创新驱动的经济

创新不仅是科技行业的需求，各行各业都在追求更高效的业务模式和产品，市场对有创新意识和实际创新能力的人才需求将持续增加。

3. 全球化背景下的国际化视野

随着全球化的发展，市场对具备国际化视野、能够适应跨文化工作环境的人才的需求在增加，多语言、跨文化交流的能力将成为竞争的优势。

4. 服务业的兴起

随着经济结构的调整，服务业逐渐成为就业的主要领域，市场对于具备服务意识和服务技能的人才有着持续的需求。

5. 自主创业的受欢迎程度上升

越来越多的人选择创业，市场对于具备创业经验和能力的人才的需求也在上升，自主创业成为一种备受推崇的职业选择。

（三）市场对就业创业人才的挑战

1. 快速变化的技能需求

市场的变化速度较快，市场对于具体技能的需求也在不断变化，人才需要不断学习和更新自己的技能，以适应市场的变化。

2. 竞争激烈

随着人口红利逐渐消失，市场上的竞争变得更加激烈，人才需要具备更高水平的专业素养和综合能力，才能在激烈的竞争中脱颖而出。

3. 多样性的就业形态

现代社会就业形态多样，包括全职、兼职、自由职业等，人才需要灵活适应不同的就业形态，这对于职业规划和发展提出了新的挑战。

4. 社会责任的压力

企业和社会对于人才的社会责任要求不断提升，人才需要具备一定的社会责任感和可持续发展意识，以适应企业和社会的期望。

5. 信息不对称

信息不对称是一个普遍存在的问题，可能导致人才无法准确了解市场需求，难以作出明智的职业规划。

（四）应对市场需求的建议

1. 持续学习和提升技能

鉴于市场的快速变化，人才应保持持续学习的态度，这包括不仅限于专业知识的更新，还包括与市场同步的技术、数字化能力的提升。定期参加培训、课程、工作坊等活动，积累实际工作经验，成为适应市场变化的敏感人才。

2．发展综合能力

市场对综合能力的需求日益增加，因此人才应该发展多元化的能力，包括但不限于沟通、团队协作、创新思维、问题解决等，这样的综合素养将使人才更具竞争力。

3．关注全球化趋势

全球化时代，具备国际化视野的人才更受市场欢迎，学习多语言、了解跨文化沟通技巧、关注国际事务等都是培养国际化视野的途径。同时，积极参与国际项目实习也是提高国际竞争力的重要手段。

4．注重服务意识

随着服务业的兴起，服务意识成为市场需求的一部分，学生在校期间可以参与社区服务、志愿活动等，培养服务心态，为未来职场打下基础。

5．创新创业培养

学校和培训机构可以加强创新创业教育，提供创新创业课程、实践项目和导师制度，帮助学生培养创新和创业的能力。此外，提供创业孵化平台，为有创业意向的学生提供支持。

6．关注社会责任

市场对社会责任感强的人才有着更高的期望，学生可以通过参与社会公益活动、环保项目等方式培养社会责任感，为未来的职业生涯奠定基础。

7．建立个人品牌

在信息不对称的环境中，建立个人品牌是一种有效的策略。通过建立专业的社交媒体账号、参与行业论坛、发布个人项目成果等方式，展示个人实力，提高知名度。

市场对就业创业人才的需求是一个动态变化的过程，不断受到社会、经济、科技等多方面因素的影响，因此，作为学生和职业人士，保持对市场趋势的敏感性和适应性至关重要。通过持续学习、全面发展自身能力、关注国际化趋势、培养服务意识、注重社会责任等方式，可以更好地适应市场的需求，增强竞争力，实现个人职业发展的目标。教育机构和培训机构也应根据市场需求的变化，不断优化教育课程和培训计划，为学生提供更符合市场要求的综合性培养方案。只有在市场需求的引导下，人才培养体系才能更好地服务社会和产业的发展。

二、就业创业教育面临的全球性挑战

随着全球化的推进，社会、经济和科技的快速变化使得就业创业教育面临前所未有的全球性挑战。如何适应多元文化、全球化竞争的背景，培养具备国际化视野和综合能力的人才，成为各国教育机构和政策制定者面临的重要任务。

（一）全球化背景下的就业创业教育挑战

1. 文化差异与跨文化沟通

全球化带来了不同文化、价值观念的碰撞，学生在职业发展中需要面对不同文化环境，这就需要他们具备跨文化沟通和协作的能力，适应多元文化工作场所。

2. 国际竞争激烈

随着全球化的深入，学生将面临来自世界各地的激烈竞争。传统的国家边界逐渐淡化，就业市场变得更加国际化，要在全球范围内找到适合的职业机会变得更具有挑战性。

3. 技术变革与职业不确定性

技术的快速变革对各行各业产生了深远的影响，一些传统职业可能会消失，而新兴行业则迅速崛起，这使得学生面临职业不确定性，需要不断学习和适应新的技术和职业模式。

4. 全球性挑战与可持续发展

全球性问题，如气候变化、公共卫生危机等，对各行业产生重大影响。学生需要具备应对全球性挑战的能力，并关注可持续发展的理念。

5. 数字化时代的技能需求

全球范围内，数字化技术已经成为各行业的基础工具，学生需要掌握数字化技能，包括数据分析、人工智能应用等，以适应数字化时代的职业需求。

6. 国际合作与跨境就业

全球化背景下，国际合作与跨境就业成为常态，学生需要具备国际化视野，了解全球产业链的运作，适应跨境合作与交流。

（二）应对全球性挑战的对策

1. 强化跨文化教育

教育机构应该加强跨文化教育，培养学生在多元文化环境中的交流与协作能力，开设跨文化沟通课程、组织国际文化交流活动等，帮助学生适应全球化的就业市场。

2. 推动国际化课程

学校应当开设更多国际化课程，包括国际商务、全球经济、国际法等方面的课程，这有助于学生更深入地了解全球事务，增强国际竞争力。

3. 强调终身学习观念

面对技术的迅猛发展和职业不确定性，学生应培养终身学习的观念，不断提升自己的技能水平，学校和企业可以提供在线学习资源，支持学生的持续学习。

4. 注重实践能力培养

实践能力是学生在职场中立足的关键，学校应加强实践性教育，提供实习、实训等机会，让学生能够在真实的工作场景中锻炼自己的技能和能力。

5. 推崇可持续发展理念

学校应引导学生关注全球性挑战，注重可持续发展的理念。通过课程设置、社会实践等方式，培养学生的社会责任感和可持续发展观念。

6. 加强数字化教育

数字化时代要求学生掌握数字化技能，学校应当加强对于计算机科学、数据分析、人工智能等方面的教育，使学生能够更好地适应数字化时代的职场需求。

7. 提供国际交流平台

学校可以建立更多的国际交流平台，包括学生交流项目、国际合作研究等，这有助于学生扩展国际视野，增加跨境合作的机会。

8. 建立国际就业支持系统

学校可以建立国际就业支持系统，为学生提供跨境就业的信息和辅导，帮助他们更好地适应国际职场的挑战，包括提供国际实习机会、建立与跨国企业的合作关系、提供就业咨询服务等。

9. 拓宽合作网络

学校和教育机构应该积极拓宽国际合作交流，与其他国家的教育机构、企业建立紧密的合作关系，这有助于为学生提供更多的国际化教育和职业发展机会。

10. 培养创新精神

面对快速变化的市场，创新精神是成功职业生涯的关键，学校应该鼓励学生参与创新项目、创业比赛，培养他们的创新意识和创业精神。

11. 强化语言能力培养

跨国交流与合作中，语言能力是重要的沟通工具，学校可以设立语言课程、提供语言培训，帮助学生提高英语或其他国际语言的水平。

12. 建设国际化团队

学校可以建设国际化的教学团队，引入具有国际背景和丰富实践经验的教师，这有助于向学生传递更真实、全面的国际化视角。

13. 关注社会责任教育

面对全球性挑战，学生的社会责任感变得尤为重要，学校可以加强社会责任教育，引导学生思考如何在职业生涯中为社会作出积极贡献。

14. 建立国际交流平台

学校可以积极与国际高校合作，建立国际交流平台，提供学生参与国际项目、交换学生计划等机会，促进国际间的学术与文化交流。

15. 持续监测全球趋势

学校和教育机构需要保持对全球趋势的敏感性，不断调整和更新课程体系，确保教育内容紧密贴合全球就业创业的需求。

全球化带来的挑战在于其广泛性和复杂性，需要教育机构、政府和企业共同努力来应对。通过强化跨文化教育、推动国际化课程、注重实践能力培养、关注全球性挑战与可持续发展等方式，可以更好地培养适应全球化环境的就业创业人才。同时，建议学校与产业界、国际组织建立更紧密的合作关系，以便更及时地了解全球市场需求，为学生提供更贴近实际的职业发展支持。只有通过全球视野下的系统性努力，才能更好地满足全球化时代就业创业人才的培养需求，促进全球的可持续发展。

三、科技发展与就业创业教育的融合难题

随着科技的迅猛发展，社会结构、产业格局及职业要求都在发生深刻变革。在这个背景下，就业创业教育面临了前所未有的挑战与机遇，然而，科技发展与就业创业教育的融合也面临一系列难题。

（一）科技发展与就业创业教育的融合难题

1. 技术变革速度过快

科技的快速发展导致新技术、新工具层出不穷，企业对人才的技能要求不断提高，传统的就业创业教育体系往往滞后于技术的发展速度，无法及时更新教育内容。

2. 数字化时代的新需求

数字化时代对各行业提出了新的需求，如数据分析、人工智能、区块链等技术的应用日益普及，传统的就业创业教育体系难以迅速适应这些新兴技术的普及和应用。

3. 跨学科知识要求

科技的发展使得许多领域之间的边界变得模糊，职业岗位对于跨学科知识的需求增加，传统的学科体系和专业设置难以满足学生跨领域的就业需求。

4. 人工智能与自动化对就业的影响

随着人工智能和自动化技术的发展，一些传统岗位可能会受到冲击，需要转型学习新的技能、就业创业教育需要在培养学生专业技能的同时，注重培养适应未来职场需求的通用能力。

5. 创新创业环境的不确定性

创新创业是科技发展的重要体现，但创业环境的不确定性使得创业者面临更大的风险，就业创业教育需要更好地培养学生的创新能力和创业精神，使其能够更好地适应不确定性的创业环境。

6. 教育体制和企业需求不匹配

传统的教育体制与企业对人才的需求之间存在不匹配的情况。教育体制更注重理论知识的传授，而企业更关注实际应用能力，这导致学生在职业发展过程中面临适应期较长的问题。

（二）解决科技发展与就业创业教育融合难题的途径

1. 建立灵活的课程更新机制

学校和教育机构应建立灵活的课程更新机制，及时调整和更新课程内容，以适应科技发展的速度，引入灵活的选修课程、短期培训项目，帮助学生及时获得新知识。

2. 推动跨学科教育

针对职业领域的跨学科需求，学校可以推动跨学科教育，设置交叉学科的专业或课程，培养学生具备运用多学科知识的能力，提高其在职场的竞争力。

3. 注重实践技能培养

就业创业教育应更加注重对学生实践技能的培养，引入实际项目、实习经验等，使学生能够在真实场景中应用所学知识，提高其实际操作能力。

4. 强调终身学习观念

面对科技的快速发展，学生需要具备终身学习的观念，就业创业教育应鼓励学生主动学习，培养他们不断学习、自我更新的能力。

5. 开设前沿科技课程

学校可以开设前沿科技课程，如人工智能、大数据分析、物联网等，使学生能够紧跟科技发展的最新趋势，提前获得相关知识。

6. 引入创新创业教育

创新创业教育是培养学生创新能力和创业精神的有效途径，学校可以引入创新创业课程、组织创业比赛、设立创业孵化基地等，激发学生的创业热情。

7. 加强产学合作

学校应当加强与企业的合作，了解其对人才的实际需求，更好地对接科技发展和企业用人需求，建立产学合作项目、实习计划，使学生在学习过程中更贴近实际职场需求。

科技发展与就业创业教育的融合是一个复杂而长期的过程，需要学校、教育机构、政府和企业的共同努力。通过建立灵活的课程更新机制、推动跨学科教育、注重实践技能培养、强调终身学习观念等途径，可以更好地适应科技发展的速度和就业市场的需求。同时，产学合作、创新创业教育、在线学习等手段也是推动科技与教育融合的有效途径。只有通过不断创新教育理念和教学方式，才能更好地培养适应未来科技发展的人才，推动就业创业教育与科技发展的有机融合。

第三章 产业需求与教育内容的融合

第一节 产业需求分析

一、行业发展趋势对人才需求的影响

随着全球经济的不断发展和科技的迅猛进步，各行各业的发展都在经历着动荡和变革。这种变革不仅对企业经营模式和产业链产生深远影响，同时也对人才市场提出了新的需求。

（一）行业发展趋势对人才需求的影响

1. 数字化转型

随着数字化技术的广泛应用，许多行业正经历数字化转型。这包括人工智能、大数据分析、云计算等技术的应用，对相关领域的专业人才提出了更高的要求。

2. 可持续发展

随着全球对可持续发展的关注不断增加，环保、清洁能源、可再生资源等领域的发展成为趋势，对于具备环保、可持续发展意识的人才需求也在逐渐上升。

3. 人工智能与自动化

人工智能和自动化技术的不断发展对传统产业和劳动力市场带来了巨大的冲击，一些简单重复性的工作被自动化取代，而对于熟练掌握人工智能技术的人才需求则大幅增加。

4. 全球化

全球化的推进使得企业跨足国际市场的需求增加，具备国际视野、跨文化沟通能力的人才在全球化时代更受欢迎。

5. 健康科技

随着人们健康意识的提高，医疗健康科技成为一个快速发展的领域，生物技术、医学工程、健康管理等专业人才的需求逐渐增加。

6. 新兴产业

新兴产业如新能源汽车、虚拟现实、区块链等在全球范围内崛起，对于相关领域的专业人才需求迅速上升。

7. 社会服务行业

随着社会结构的变化，社会服务行业包括教育、医疗、社工等领域的人才需求也在不断增加。

8. 灵活工作模式

传统的工作模式逐渐被灵活的工作模式所替代，对于具备自主管理和团队协作能力的人才提出更高的要求。

（二）应对行业发展趋势的人才培养策略

1. 推动跨学科教育

行业的数字化、全球化趋势使得专业边界变得模糊，学生需要具备更广泛的知识面，学校应推动跨学科教育，为学生提供更全面的教学，增强其适应不同领域需求的能力。

2. 注重 STEM 教育

为适应数字化、自动化的发展，学校应重视科学、技术、工程、数学（STEM）教育，培养学生在相关领域的专业技能。

3. 强调实践技能培养

行业对实际操作技能的需求日益增加，学校应更加注重实践技能培养。引入实际项目、实习机会等，使学生能够在真实场景中学习专业技能。

4. 强化创新创业教育

面对新兴产业的崛起，创新创业能力成为人才培养的重要素养，学校可以加强创新创业教育，提供相关课程和实践机会，培养学生的创业精神。

5. 多元语言和跨文化培训

针对全球化的发展，多元语言和跨文化沟通能力变得至关重要，学校可以推动多元语言的学习和开设跨文化培训课程，培养学生适应跨国工作环境的能力。

6. 注重可持续发展教育

随着可持续发展成为关注焦点，学校可以加强相关课程的设置，培养学生的环保意识和可持续发展观念。

7. 建立行业导师制度

学校可以与企业建立紧密的联系，引入企业导师制度，行业导师能够向学生提供实际的行业经验和就业建议，帮助他们更好地适应职场。

8. 提供在线学习资源

为了适应灵活的工作模式，学校可以提供丰富的在线学习资源，帮助学生随时获取新知识，在线学习资源可以包括网络课程、在线实验室、虚拟实习等，为学生提供更加灵活的学习方式。

9. 强调终身学习观念

行业发展的快速变化要求员工保持终身学习的态度，学校应该培养学生具备主动学习的能力，强调终身学习的观念，使其具备适应未来行业发展的能力。

10. 增加实习机会加强产学合作

为了更好地满足行业对实际操作技能的需求，学校应积极与行业合作，提供更多实习机会，产学合作项目可以使学生在真实的工作环境中学到实用技能，更好地适应职场。

11. 建立行业适应性培训

针对行业变革的趋势，学校可以制订灵活的行业适应性培训计划，通过定期的课程培训，帮助学生了解最新行业趋势，提高他们适应新兴领域需求的能力。

12. 提倡团队协作与领导力培养

随着工作模式的变革，团队协作和领导力变得尤为重要，学校应该注重培养学生在团队协作中的能力，并提供领导力培训，使他们更好地胜任未来的工作要求。

13. 关注社会服务领域培养

随着社会服务行业的增长，学校可以加强相关领域的培养，提供教育、医疗、社工等领域的专业课程，培养符合社会服务需求的专业人才。

14. 引导学生关注行业趋势

学校可以通过定期的行业研讨会、讲座等方式，引导学生关注行业的最新动态，这有助于学生更早地了解行业发展趋势，有针对性地规划自己的职业发展路径。

15. 建设行业实践基地

学校可以与相关企业共建实践基地，为学生提供实际操作和应用知识的机会，这样的实践基地可以使学生更好地理解行业运作，增加他们在职业市场中的竞争力。

行业发展趋势对人才需求的影响是一个复杂而多层次的问题，通过推动跨学科教育、强调实践技能培养、建立行业导师制度等策略，可以更好地培养适应未来行业需求的人才。同时，学校应注重灵活性，及时调整课程设置，关注新兴产业的发展，为学生提供更多元化、贴近实际的学习体验，通过学校、行业和政府的合作，共同应对行业发展的变革，为社会培养更适应未来职业需求的人才。

二、产业结构调整与新兴职业的崛起

随着科技的飞速发展和全球化的推动，各国经济体系正经历着深刻的变革，在这个变革的背后，产业结构调整成为推动经济发展的关键力量之一。产业结构的调整不仅改变了传统产业的格局，也催生了一批新兴职业，这些职业在全球范围内崛起，为经济发展注入了新的活力。

（一）产业结构调整的背景与动因

1. 科技进步的推动

当今社会正处在数字化、信息化的时代，先进的科技手段正在深刻改变传统产业的运作方式。人工智能、大数据、物联网等新兴技术的广泛应用，加速了产业结构的升级换代，推动了传统行业向高科技、高附加值方向发展。

2. 全球化的影响

全球经济一体化使得各国之间的产业链联系更为紧密，产业链的深度融合促使各国不断调整产业结构，优化资源配置，以适应全球市场的需求和变化。这种全球化的趋势也催生了一些全球性的新兴产业和职业。

3. 环境与资源约束

面临日益严重的环境问题和资源短缺，各国开始重视可持续发展，转向绿色、低碳、高效的产业模式，新兴产业，如新能源、环保技术等成为产业结构调整的重要方向。

4. 消费升级

随着人们生活水平的提高，对产品和服务的需求也发生了变化，消费者更加注重品质、创新和个性化，这推动了一些新兴产业的兴起，如文化创意产业、高端制造业等。

（二）新兴职业的崛起

1. 数据分析师

随着大数据时代的来临，数据分析师成为炙手可热的职业，他们通过对海量数据的挖掘和分析，为企业提供决策支持，帮助企业更好地了解市场、优化运营。

2. 人工智能工程师

人工智能是当前科技领域的热点，人工智能工程师在设计、开发和维护人工智能系统方面发挥着关键作用。

3. 绿色能源工程师

随着全球对环境问题的关注日益加深，绿色能源工程师在可再生能源领域扮演着重要的角色，太阳能、风能等新兴能源的开发和利用成为推动可持续发展的关键。

4. 云计算专家

云计算作为一项颠覆性的技术，改变了企业的 IT 架构和运营方式，云计算专家通过设计、搭建和维护云平台，为企业提供高效、灵活的信息化解决方案。

5. 生物技术专家

生物技术的飞速发展为医药、农业等领域带来了巨大的创新，生物技术专家参与基因编辑、新药研发等工作，为人类健康和食品安全作出贡献。

（三）产业结构调整与新兴职业的相互影响

1. 职业需求的增长

随着新兴产业的崛起，对新兴职业的需求不断增加，产业结构的调整推动了就业市场的变革，为人才提供了更广阔的发展空间。

2. 技能需求的提升

新兴职业往往需要一系列高级技能，这促使教育体系进行相应调整，为了适应产业结构的变化，培养适应新兴职业需求的高素质人才成为教育的重要任务。

3. 创新能力的强调

产业结构调整推动了经济体系向更创新、更灵活的方向发展，新兴职业往往需要从业者具备创新意识和创新能力，这也在一定程度上促进了整个社会的创新文化的培育。

4. 社会结构的变革

随着新兴产业的兴起，社会结构也在发生变革，一些传统产业的衰落导致相关职业的就业机会减少，而新兴产业的崛起则带动了相关职业的兴起，进而影响了社会的层次结构和收入分配。

（四）面临的挑战与应对策略

1. 技能匹配的问题

随着新兴职业的涌现，社会面临技能匹配的挑战，许多传统从业者可能缺乏新兴职业所需的技能，导致就业市场不断出现技能断层。为了解决这一问题，政府和企业可以加强职业培训和再培训计划，帮助现有从业者更好地适应新的技术和工作需求。

2. 社会不平等的增加

随着新兴产业的崛起，对高技能职业的需求增加，但一些传统产业的低技能岗位可能会减少，从而导致社会不平等的增加。为了缓解这一问题，政府可以采取有效的社会保障政策，确保所有人都能分享新兴产业发展带来的红利。

3. 教育体系的更新

随着新兴职业的兴起，教育体系需要不断更新，以适应产业结构的快速变化，学校和培训机构应该与行业密切合作，根据市场需求调整课程设置，培养适应未来工作环境的专业人才。

4. 创新文化的培养

新兴职业往往需要具备创新思维和创业精神的人才。因此，社会应该加强创新文化的培养，鼓励学生和从业者在解决问题和面对挑战时采用创新的方法，促进创新与创业的结合。

产业结构调整与新兴职业的崛起是当前经济发展的重要特征，它不仅推动了经济的升级和创新，也对社会结构、教育体系和就业市场带来了新的挑战。在应对这些挑战的过程中，政府、企业和个人都需要共同努力，制定更加灵活、包容的政策，加强技能培训，推动教育体系的更新，培养创新文化，以确保社会能够更好地适应和引领产业结构的变革，实现可持续、平衡的发展。只有通过共同的努力，社会才能更好地面对未来的挑战，实现经济的长期繁荣和可持续发展。

三、产业对人才技能的新要求

随着科技的不断发展、全球化的深入推进，以及社会经济结构的变革，各个产业对人才的需求也发生了深刻的变化。新一轮产业革命的涌现，不仅改变了传统产业的面貌，更塑造了对人才技能的全新要求。

（一）信息技术产业的要求

1. 数据分析和处理能力

信息技术产业日益依赖于大数据的处理和分析，因此，对于从业者而言，精湛的数据分析和处理能力成为基本要求，能够从海量数据中提炼有用信息、进行数据挖掘和建模的能力变得至关重要。

2. 人工智能和机器学习技能

人工智能技术的快速发展催生了对人工智能和机器学习领域专业人才的极大需求，熟练掌握深度学习、神经网络等技术，能够开发和优化智能算法的人才备受青睐。

3. 网络与信息安全技能

随着网络化程度的提高，信息安全问题日益凸显，企业迫切需要具备网络与信息安全技能的专业人才，以保障信息资产的安全和可靠性。

（二）制造业的要求

1. 数字化技能

制造业正面临数字化转型，工厂智能化、自动化程度的提升成为制造业人才必备的技能，熟悉数字化工具，能够运用信息技术进行生产过程优化的人才备受欢迎。

2. 工业物联网技能

制造业越来越注重通过物联网技术实现设备之间的联通和信息共享，以提高生产效率和产品质量。因此，掌握工业物联网技能的人才将更具竞争力。

3. 3D 打印和增材制造技能

随着 3D 打印技术的不断成熟，制造业对于掌握这一技能人才的需求逐渐增加，能够运用 3D 打印和增材制造技术进行产品设计和制造的人才备受追捧。

（三）金融与服务业的要求

1. 数字化金融技能

金融行业正经历数字化转型，对数字化金融技能的需求日益增长，掌握金融科技、区块链等新兴技术，能够进行数字化金融产品创新和开发的人才备受瞩目。

2. 风险管理和大数据分析

随着金融市场的不断变化，风险管理成为金融机构关注的焦点，对于具备大数据分析能力、能够进行风险评估和预测的专业人才的需求上升。

3. 客户体验设计

服务业越来越注重客户体验，金融机构也在寻求更好的满足客户需求的方法。因此，对于能够进行客户体验设计和创新的人才需求逐渐增加。

（四）新能源与环保产业的要求

1. 可再生能源技能

随着对环境问题的关注日益加深，新能源产业成为经济发展的新动能，对于了解太阳能、风能等可再生能源技术、能够进行清洁能源项目设计和实施人才的需求上升。

2. 环境监测与治理技能

随着环境问题的日益突出，对环境监测与治理技能的需求增加，能够利用先进技术进行环境监测、评估和治理的专业人才备受青睐。

3. 循环经济专业技能

新能源与环保产业趋向于循环经济模式，对于循环经济理念的理解和实践经验成为人才的重要素养。

（五）健康医疗产业的要求

1. 健康数据分析和医疗大数据

医疗产业正朝着数字化、智能化方向发展，对于擅长健康数据分析和医疗大数据处理的专业人才的需求上升。

2. 生物技术与基因工程

生物技术的迅速发展为医疗产业带来了创新的机遇，了解基因工程、参与新药研发的专业人才备受青睐。

3. 远程医疗与智能医疗技能

随着互联网技术的发展，远程医疗和智能医疗成为医疗产业的新趋势，对于具备远程医疗技能，能够利用智能设备进行医疗监测和诊断的人才的市场需求逐渐增加。

（六）文化创意产业的要求

1. 跨学科能力

文化创意产业强调创意和创新，因此，对于具备跨学科背景、能够整合不同领域知识人才的需求上升。

2. 数字化艺术与设计

随着数字技术的发展，数字化艺术和设计成为文化创意产业中不可或缺的一环，具备数字创作技能和多媒体设计经验的人才备受欢迎。

3. 文化市场分析与推广

了解文化市场、擅长文化产品推广与营销的专业人才在文化创意产业中具有竞争力。

（七）教育与培训产业的要求

1. 在线教育技能

随着在线教育的兴起，对于能够设计、开发在线教育内容和平台人才的需求增加。

2. 创新教育理念与方法

教育产业需要更具创新意识的人才，能够运用新颖的教育理念和方法进行课程设计和教学实践。

3. 个性化教育专业技能

针对学生的差异性需求，个性化教育成为教育产业的发展方向，因此，具备个性化教育专业技能的人才备受追捧。

（八）挑战与应对策略

1. 教育体系的更新

需要教育体系更加灵活，能够迅速调整课程设置，更好地适应产业对人才的新要求，跨学科的课程和项目式学习等教学方法的推广，能够培养出更具综合素养的人才。

2. 职业培训的强化

针对产业对新技能的迅速需求,职业培训机构需要更加灵活和快速地推出培训项目,确保从业者及时获取所需技能。

3. 跨界合作的加强

产业的发展日益跨界,需要不同领域之间的协同合作,教育机构、产业界和政府部门应加强合作,推动知识和技能的跨界传递,以满足产业对于全方位人才的需求。

4. 生命周期理念学习的倡导

由于技术和产业的不断变化,人才需要不断更新和升级自己的技能,倡导生命周期理念的学习,使个体能够在职业生涯中保持持续学习的动力。

各个产业对人才技能的新要求是产业发展和科技进步的必然结果。人才需不断提升自身技能,适应产业结构的变革,以更好地服务于社会和经济的发展。同时,教育体系和培训机构也需要与时俱进,调整教学内容和方法,确保培养出更具创新力、适应力和综合素养的人才,推动产业的可持续发展。在全球竞争激烈的环境中,只有不断适应新的技术和市场需求,人才才能在职场上立于不败之地,推动社会经济的繁荣和进步。

第二节　产业需求与课程设置的关系

一、产业需求引导课程体系的构建

随着科技的飞速发展和产业结构的调整,教育体系必须与时俱进,更好地满足不断变化的产业需求,产业需求引导的课程体系构建成为当今教育领域的重要议题。

(一)产业需求的变化趋势

1. 技术创新的推动

科技不断创新,产业结构在不断调整,新兴技术的出现,催生了新的产业形态,对相应领域从业人员的专业技能提出了更高要求。

2. 全球化的挑战与机遇

全球经济一体化使得产业链更为紧密相连，国际竞争日益激烈，课程体系需要更好地培养学生具备全球视野和跨文化沟通能力，适应全球产业的发展。

3. 可持续发展的迫切需求

面对环境问题和资源短缺，产业对可持续发展的需求日益迫切，相关领域的专业人才需要具备环保、绿色技术和循环经济等方面的知识与技能。

4. 服务经济的崛起

随着社会结构和消费习惯的变化，服务经济占据了越来越大的比重。因此，培养具备良好服务意识和沟通技能的人才成为产业的迫切需求。

（二）产业需求引导课程体系的原则

1. 前瞻性与前沿性

课程体系应具有前瞻性，紧跟产业前沿技术和趋势的发展，引入新兴领域的知识，确保学生毕业时具备最新的专业技能。

2. 灵活性与适应性

课程体系应具灵活性，能够迅速调整以适应产业结构的变化，及时更新课程内容，引入灵活的学习模式，以适应不同学生的学习需求。

3. 实践性与应用性

课程应强调实践性和应用性，使学生能够将理论知识应用到实际工作中，实践性的学习经验可以提高学生的职业素养，更好地适应工作环境。

4. 全球视野与国际化

针对全球化的趋势，课程体系应该注重培养学生的全球视野和国际化思维，多元化的教学内容和国际合作项目有助于拓宽学生的视野，提高国际竞争力。

（三）跨学科融合的课程设计

1. 技术与人文的结合

产业需要既具备技术专业素养，又有较强的人文素养的人才。因此，课程体系应促进技术与人文的融合，培养学生全面发展的能力。

2. 工程技术与管理的交叉

在培养工程技术人才的同时，课程体系还应该涵盖工程管理等相关领域的知识，培养具备管理能力的复合型人才。

3. 跨领域的综合项目

设计跨领域的综合项目，让学生在项目中能够涉猎多个领域的知识，提升综合解决问题的能力。

4. 创新与创业的培养

课程体系应该鼓励学生的创新思维，并为有创业意愿的学生提供相应的培训与支持，以满足创新创业的产业需求。

（四）产业需求引导课程体系的实施策略

1. 产业咨询与调研

与产业企业建立密切联系，定期进行产业咨询与调研，了解产业需求的最新动向，为课程体系的更新提供实际指导。

2. 实习与实训机会的提供

通过建立与企业的实习与实训合作机制，为学生提供实际参与项目的机会，帮助他们更好地理解和应用课堂学到的知识。

3. 导师团队的建设

建设专业化的导师团队，由产业专业人士担任，为学生提供行业内的指导和建议，促使学科教学与产业实际更好地结合。

4. 行业认证与资质

争取相关行业的认证和资质，确保课程体系的质量和实用性，行业认证的标准可以为学生提供更具说服力的证明，使其更容易进入职场。

5. 创新创业平台的建设

建立创新创业平台，为有创业梦想的学生提供资源和支持，与创新创业园区、孵化器等合作，为学生提供创业实践的机会，培养创业精神。

6. 继续教育与职业发展服务

为在职人员提供继续教育服务，通过开设短期培训课程、工作坊等形式，使他们能够及时更新自己的知识和技能，适应产业发展的需要。

7. 国际交流与合作

建立与国际企业和高校的合作关系，推动国际交流项目，使学生能够在全球范围内了解不同产业发展的特点和趋势，提升学生的国际竞争力。

（五）面临的挑战与应对策略

1. 快速变化的产业需求

产业需求快速变化，高校难以及时调整课程体系。应对策略是建立灵活的课程更新机制，与企业建立战略合作伙伴关系，及时了解产业动态，调整课程内容。

2. 跨学科教学的难度

跨学科融合需要教师具备多领域的知识，但传统学科专业化较强。应对策略是鼓励教师参与跨学科研究项目，定期培训以提升教师的跨学科教学能力。

3. 实践性教学资源不足

实践性教学需要大量的实践资源和实验设备，但很多高校受资金和场地的限制。应对策略是与产业合作，共享实践资源，建设虚拟实验室，并利用在线教学平台进行远程实践。

4. 创新创业平台的建设困难

创新创业平台的建设需要大量的资金和资源支持。应对策略是通过政府支持、企业赞助等途径，建立创新创业基金，支持学生的创新创业项目。

5. 国际交流合作的推进

国际交流合作需要面对语言、文化等多方面的障碍。应对策略是加强英语教育，提供跨文化交流培训，拓展国际交流项目，促进学生的国际视野。

产业需求引导课程体系的构建是高等教育体制不断改革的必然要求。通过深入理解产业发展的实际需求，高校可以更好地为学生提供具有实用性、前瞻性的知识和技能，培养更具竞争力的人才。面对快速变化的产业环境，高校需要保持灵活性，建立紧密的产业联系，不断优化课程体系，为学生提供更好的教育体验，同时为社会和产业发展注入更多创新力量。通过实施切实可行的应对策略，高校能够克服诸多挑战，有效推动产业需求引导课程体系的构建。在这一过程中，高校与产业、政府、社会等各方面的紧密合作是关键，共同推动人才培养体系的升级和创新。

二、课程设置的灵活性与变革

随着社会、经济和科技的飞速发展，教育体系需要不断调整和更新，以适应不断变化的需求。课程设置的灵活性与变革成为高等教育的当务之急。

（一）背景与挑战

1. 多样化的学生需求

学生群体日益多元，其背景、兴趣、学科偏好等差异巨大，传统的课程设置可能无法满足所有学生的需求，因此，需要更具灵活性的课程设计。

2. 快速变化的职业要求

技术的飞速发展和产业结构的变革带来了职业要求的快速变化，传统的课程设置可能滞后于实际需求，需要更灵活的机制以应对职业领域的不断变化。

3. 全球化和国际竞争

全球化使得人才市场更具竞争性，为了培养具备国际竞争力的人才，需要调整课程设置，引入更多国际化的元素。

4. 新兴技术与跨学科需求

新兴技术的涌现和产业界对跨学科人才的需求增加，要求高校课程设置更加贴近现实，能够培养具备多学科知识的学生。

（二）课程设置的灵活性

1. 选修课与专业方向

引入更多选修课程，让学生根据个人兴趣和职业规划选择适合自己的课程。同时，设置不同的专业方向，使学生更有针对性地深入学习特定领域。

2. 弹性学分制度

实行弹性学分制度，让学生能够更自由地选择课程，不仅能够减轻学生的学业压力，还能够更好地适应个体差异化的学习需求。

3. 在线学习和混合学习

利用现代技术手段，提供更多在线学习的机会。通过混合学习模式，学生可以更加灵活地安排学习时间。

4. 实践性项目

强调实践性项目课程，让学生能够通过实际项目应用所学知识，与产业界建立合作关系，提供更多实习和实践机会，增强学生的实际操作能力。

5. 个性化辅导

设立个性化辅导制度，为学生提供更个性化的学业规划和职业指导。通过与专业辅导员的沟通，帮助学生选择适合自己发展的课程。

（三）课程变革的方向

1. 跨学科融合

促进不同学科之间的融合，设计跨学科的课程，培养学生具备多领域知识。例如，在工程领域引入商业管理课程，使工程专业学生也能够理解商业运作。

2. 创新和创业教育

引入创新和创业教育，让学生在课堂中接触创新思维和实际创业操作。通过创新项目、创业比赛等形式，培养学生的创业意识和实际操作经验。

3. 实用性强化

课程设置应更加注重实用性，确保学生能够在毕业后更容易融入职场，与企业密切合作，了解实际工作需求，调整课程内容以提高实际操作能力。

4. 全球视野

引入更多国际化元素，例如，国际课程、交流项目、双学位项目等，培养学生具备国际竞争力，提供外语课程和国际实习机会，拓展学生的国际交流和合作机会。

5. 社会责任和可持续发展

强调社会责任和可持续发展的理念，设计相关课程，培养学生对社会和环境的责任感。例如，推动社会实践项目、社区服务项目等，使学生了解社会需求。

（四）应对挑战的策略

1. 教师培训与发展

提供教师培训计划，使教师更好地适应新的课程设置和教学模式，培养教师的跨学科能力，使其能够更好地引导学生进行综合性学习。

2. 学科与产业对接

加强学科与产业的对接，建立产业咨询机制，确保课程设置紧密贴合实际工作需求，产业专业人士参与课程设计和更新，提供实际案例和经验分享。

3. 学生参与决策

建立学生参与课程决策的机制，通过学生反馈、调查等方式了解他们的需求和兴趣，将学生视为课程设计的重要参与者，使课程更符合学生的期望。

4. 与社会组织合作

与社会组织、非营利机构等建立紧密合作，将社会实践、志愿服务等纳入课程设置。通过社会合作，提高学生对社会问题的认识和解决问题的能力。

5. 持续评估与调整

设立持续评估机制，定期对课程设置进行评估，了解课程的实际效果和学生的学习体验。根据评估结果，灵活调整课程设置，确保其与社会需求和学生需求的一致性。

课程设置的灵活性与变革是高等教育体系发展的必然趋势。通过增强课程设置的灵活性，可以更好地满足学生多样化的需求，提高教育的质量和实用性。课程的变革需要教育机构与产业、学生、社会等多方面的密切合作，共同推动教育的创新和进步。只有不断调整和优化课程设置，才能培养出适应未来社会需求、具备创新能力和国际竞争力的人才。因此，高校应本着适应性、实用性和创新性的原则，积极推动课程设置的灵活性与变革，为学生提供更为丰富、实用、有前瞻性的学习体验。

第三节　教育内容调整的原则与方法

一、根据产业需求进行教育内容的调整原则

随着社会经济的不断发展和产业结构的调整，教育系统面临着更为复杂和多样的产业需求，为了培养更符合社会实际需要的人才，教育内容的调整变得至关重要。

（一）灵活性与适应性

1. 敏感性

教育体系应当具备对产业变化的敏感性，及时获取产业发展的最新信息，调查了解新技术、新业务模式、新职业的兴起，确保教育内容跟上产业变革的步伐。

2. 弹性机制

教育内容应设有灵活的机制，使得课程可以迅速调整和更新，弹性机制包括更新周期短、模块化的课程设计，使得新的知识和技能能够迅速融入教学。

3. 实践导向

强调实践性教学，将理论知识与实际工作场景结合。通过实习、实训、项目等方式，使学生在学习过程中更深入地理解产业的需求，并能在实际项目中发挥自己的作用。

（二）全球视野与国际化

1. 国际经验借鉴

教育内容的设计应借鉴国际经验，尤其是那些在特定领域取得成功的国家或地区的教育实践。通过学习国际先进的产业实践，有助于培养具备国际竞争力的人才。

2. 外语能力培养

鉴于全球化的趋势，培养学生的外语能力变得尤为重要。教育内容应包括强化外语教育，使学生具备良好的跨文化沟通和合作能力。

3. 国际化课程

引入国际化的课程，涵盖国际经济、国际法、全球市场等方面的知识，帮助学生更好地理解全球产业环境，为未来的国际职业发展做好准备。

（三）前瞻性与技术应用

1. 技术前沿

教育内容应围绕产业技术的前沿进行设计，引入最新的科技知识，涵盖人工智能、大数据、物联网等新兴技术领域，以确保学生毕业时具备行业最新的技术素养。

2. 创新思维

强调创新思维的培养，课程内容应该包括创新理论、创新方法和实际创新案例，培养学生具备发现问题并提供创新解决方案的能力。

3. 技术应用能力

强化学生的技术应用能力。不仅要学习理论知识，还需要通过实际项目和实践活动，让学生能够将技术知识应用到实际工作中。

（四）综合素养与跨学科融合

1. 全面发展

教育内容应着重培养学生的综合素养，不仅要关注专业知识，还要注重培养学生的团队协作能力、沟通能力、创业精神等。

2. 跨学科融合

促进不同学科之间的融合，设计跨学科的课程，使学生能够在多学科的视角下思考问题，具备更全面的知识结构。

3. 终身学习

强调终身学习的理念，培养学生具备自主学习的能力，教育内容应该包括学习方法、信息获取与筛选的技能等方面的内容，使学生能够适应不断变化的就业环境。

（五）社会责任与可持续发展

1. 社会责任意识

教育内容应注重培养学生的社会责任感。通过课程，使学生认识到自己在未来职业发展中所承担的社会责任，鼓励他们参与社会公益和志愿服务。

2. 可持续发展理念

引入可持续发展的理念，涵盖环保、经济可持续等方面的知识。通过教育内容，使学生认识到产业发展需要与社会、环境的和谐共生。

3. 伦理道德培养

培养学生的职业伦理和社会道德。通过课程内容，引导学生正确处理职业道德和社会伦理问题，使其在职业发展中能够胸怀责任。

（六）产学研结合与实践融合

1. 产业合作

教育内容的设计要与产业需求紧密结合，建立起与产业的紧密合作关系，与企业签订合作协议，共同制定实际的课程大纲，由产业专业人士参与教学，确保学生学到的知识更符合实际用途。

2. 实践项目

强调实践项目的开展，将实际项目纳入课程内容，使学生能够在真实的项目中应用所学知识，提高他们的实际操作能力。

3. 研究导向

促进产学研结合，学校应该支持教师开展产业研究，将最新的研究成果及时融入教学内容中，同时鼓励学生参与研究项目，提高他们的研究能力。

（七）实时反馈与不断优化

1. 用人需求调查

定期进行用人需求调查，了解产业对人才的实际需求。通过与企业、行业协会等建立沟通渠道，及时获取用人市场的信息，以便调整和优化教育内容。

2. 学生反馈机制

设立学生反馈机制，鼓励学生对课程内容提出建议和意见。通过问卷调查、座谈会等方式，及时了解学生对教育内容的满意度和改进建议，以便不断进行优化。

3. 社会评估

进行社会评估，邀请产业专家、社会组织等进行对教育内容的评估。通过外部评估的方式，获取更客观的反馈，帮助学校更全面地了解教育内容的实际效果。

（八）政策支持与机制建设

1. 政策支持

政府应当通过政策支持，鼓励高校根据产业需求进行教育内容的调整。

制定相关政策，为高校提供更多的灵活性和激励，使其更好地适应产业发展的变化。

2. 机制建设

学校内部要建立完善的机制，将产业需求与教育内容调整紧密结合。设立专门的产业咨询团队，建立产学研实践基地，形成一个良好的产学研机制。

3. 资源投入

教育内容的调整需要投入大量资源，包括人才、设备、科研经费等。政府和学校应当共同投入更多资源，确保教育内容的调整得以顺利进行。

（九）面临的挑战与应对策略

1. 产业变革速度快

面对产业变革速度快的挑战，学校可以建立更加灵活的教育体系，采用短期培训、在线课程等方式，迅速调整教育内容。

2. 师资力量不足

部分学校可能面临师资力量不足的问题，解决方法可以通过引进产业专业人才、与企业建立合作关系，提升教师的产业背景。

3. 学科传统束缚

一些学科传统可能阻碍了教育内容的更新，学校需要鼓励教师参与跨学科研究，打破学科界限，促进知识的融合。

4. 学生选择偏好

学生的选择偏好可能成为教育内容调整的一大挑战，学校可以通过引入选修课、专业方向等方式，满足不同学生的需求。

5. 资源有限

部分学校可能面临资源有限的问题，政府和学校应该共同努力，通过合作、共享资源等方式解决这一问题。

教育内容的调整是高等教育体系适应产业需求、培养适应未来社会的人才的必然要求，根据产业需求进行教育内容的调整不仅需要学校内部的努力，更需要政府、产业界等多方合作。通过灵活性与适应性、全球视野与国际化、前瞻性与技术应用、综合素养与跨学科融合、社会责任与可持续发展、产学研结合与实践融合、实时反馈与不断优化、政策支持与机制建设等原则的综合运用，高校可以更好地满足产业需求，培养更具竞争力的人才。在面对各种挑战时，坚持不断创新、与时俱进的精神，将教育内容调整与实际产业需求相结合，势必能够更好地适应社会变革的需要，为未来社会培养更多、更好的人才。

二、教育内容调整的具体方法与实践

随着社会的不断发展和变化，教育内容的调整成为确保教育体系与时俱进、满足产业需求的关键。

（一）课程设计的灵活性与创新

1. 产业导向课程设计

将产业需求纳入课程设计的首要任务，与企业、行业协会等合作，深入了解产业发展趋势，通过专业调研，为学生提供更贴近实际需求的课程。

2. 模块化设计

采用模块化设计，将课程内容划分为不同模块，使得学生能够根据自己的兴趣和发展方向选择相应的模块。这有助于提高学生学习的自主性和针对性。

3. 实践项目整合

将实践项目融入课程设计，使学生在学习过程中能够参与真实的项目，通过实际操作提高实际应用能力，这有助于培养学生的实践性思维和解决问题的能力。

4. 跨学科融合

通过跨学科的课程设计，使不同学科之间的知识得以融合。例如，在工程专业中引入商业管理的课程，培养学生的多学科综合素养，更好地适应产业发展的复杂性。

（二）教学手段的创新与多样性

1. 在线教育和远程学习

利用现代科技手段，推动在线教育和远程学习。通过网络平台，将高校的优质课程传递给更广泛的学生群体，提高教育资源的利用效率。

2. 教学团队的构建

建立多学科的教学团队，由不同领域的专家组成。通过团队协作，将不同学科的知识融入课程，提供更全面、更有深度的学科内容。

3. 问题驱动教学法

采用问题驱动教学法，通过提出实际问题，引导学生进行独立思考和解决问题的实践，这有助于培养学生的创新思维和解决问题的能力。

4. 案例教学

引入案例教学，通过真实案例分析，使学生更深入地了解产业的运作和实际问题。学生可以通过讨论和解析案例，提高分析问题的能力。

（三）实践项目的开展与产业合作

1. 产业实习

设置产业实习项目，让学生有机会在真实的产业环境中进行实践，与企业建立合作关系，提供学生实习机会，使他们能够更好地了解产业运作过程。

2. 创业项目

鼓励学生参与创业项目，提供相关的资源和支持。通过创业实践，学生可以将所学知识应用到实际中，培养创新创业精神。

3. 产学研合作

建立产学研合作机制，通过与产业界、研究机构的合作，开展实际项目研究，这有助于将学术研究与实际应用相结合，提高教育的实效性。

4. 行业导师制度

设立行业导师制度，邀请产业界的专业人士担任学生的导师，导师可以提供行业内部的经验和指导，帮助学生更好地理解产业需求。

（四）学科知识的更新与前沿研究

1. 学科前沿讲座

定期邀请产业领域的专家进行学科前沿讲座，专家分享最新的产业发展趋势和技术动态，使学生能够了解产业的最新动态。

2. 学科研究项目

鼓励学校和教师参与产业相关的研究项目，将研究成果及时应用到教育内容中，确保学生学到的知识是最新、最前沿的。

3. 学科实验室建设

更新和建设学科实验室，引入最新的实验设备和技术工具。通过实验室的实际操作，学生能够更深入地理解学科知识的应用。

4. 学科竞赛

鼓励学生参与学科相关的竞赛活动，参与竞赛可以激发学生的学科兴趣，提高他们对产业需求的认识。

（五）学生参与决策与个性化辅导

1. 学生代表参与决策

设立学生代表团队，使学生能够参与课程设置和决策过程。通过学生的参与，可以更好地了解他们的需求和兴趣，确保教育内容的调整符合学生的期望。

2. 个性化学习计划

制订个性化学习计划，根据学生的兴趣、能力和职业规划，为其提供个性化的教育服务，这可以通过导师制度、选修课程等方式实现，满足学生多样化的学习需求。

3. 学业辅导和职业规划

加强学业辅导和职业规划服务，为学生提供定期的辅导，帮助他们解决学业中的问题，并进行职业规划，使其更好地适应产业发展的需要。

4. 学习成果展示

鼓励学生进行学习成果展示。通过学术论文、项目报告、实习经历等形式，让学生有机会展示他们在课程学习中所获得的知识和技能。

（六）实时反馈与调整机制

1. 学生反馈机制

建立学生反馈机制，定期收集学生对课程的反馈意见。通过问卷调查、小组座谈等方式，了解学生对教育内容的满意度和提出的改进建议。

2. 企业反馈机制

与企业建立反馈机制，获取企业对毕业生的评价和需求。通过与企业的沟通，了解毕业生在实际工作中的表现，及时调整教育内容以适应实际用人需求。

3. 教师团队评估

对教师团队进行定期评估，包括教学水平、课程设计等方面。通过评估结果，及时调整教师的培训计划和教学方法，提高教学质量。

4. 社会评估机制

建立社会评估机制，邀请社会专业人士参与教育质量的评估。通过外部专业评估，获取更客观的反馈，推动教育内容的不断优化。

（七）资源投入与建设

1. 教师培训

加大教师培训的投入，确保教师具备更新的知识和教学方法，培训内容可以包括新兴技术、产业趋势、教育理念等方面，提高教师的综合素养。

2. 实验室和设施建设

加强实验室和设施的建设，引进先进的实验设备和技术工具。通过提供先进的学科设施，提高学生的实际操作能力。

3. 产业合作基金

建立产业合作基金，用于支持与产业界的深度合作，这可以包括实践项目的经费、学术研究的资金支持等，促进学校与产业界更紧密的合作。

4. 在线教育平台

投资在线教育平台的建设，建立高质量的网络课程资源。通过在线平台，学校可以将教育资源拓展到全球范围，提高资源利用效率。

（八）政策支持与合作机制

1. 政策支持

争取政府的政策支持，鼓励高校根据产业需求进行教育内容的调整、政府可以通过制定激励政策，为教育创新提供更多的支持。

2. 产学研政策

制定产学研一体化的政策，鼓励高校与产业和研究机构深度合作，政府可以提供相关的资金和项目支持，推动产学研的有机结合。

3. 跨学科研究

鼓励和支持跨学科研究，打破学科壁垒。政府可以设立专项资金，支持跨学科研究项目，促进知识的融合与创新。

4. 国际合作政策

制定国际合作政策，鼓励高校与国际教育机构、产业企业建立紧密联系。政府可以提供相应的政策支持，促进国际化的教育合作。

（九）持续评估与调整

1. 定期评估机制

建立定期的评估机制，对教育内容的调整效果进行评估。通过学生就业率、毕业生反馈、产业合作深度等指标，及时了解教育内容的实际效果。

2. 专业评估团队

邀请专业的评估团队进行外部评估，专业团队可以从教育质量、产业对接情况、创新能力培养等多个方面进行全面评估，提供客观的评价意见。

3. 社会认可度

关注社会的认可度，通过与用人企业、社会组织的沟通，了解社会对毕业生的认可程度，社会认可度是教育内容调整是否成功的一个重要的衡量标准。

4. 追踪调查与校友网络

进行毕业生追踪调查，了解他们在职业发展中的表现和反馈。同时，建立校友网络，通过校友的经验分享和反馈，获取更为直观和实际的信息。

（十）面临的挑战与应对策略

1. 教师抵触情绪

部分教师可能对教育内容的调整产生抵触情绪，应通过培训和教育，使教师深入了解产业需求的重要性，并参与调整过程，增强其参与感和责任心。

2. 学生接受度

一些学生可能对新的教育内容产生抵触情绪，在教育过程中，应通过及时的沟通、解释，并在实施阶段积极接受学生的反馈，进行适度的调整，提高学生的接受度。

3. 资源不足

部分学校可能面临资源不足的问题，包括人力、物力和财力，可通过与产业界合作、争取政府支持、优化资源配置等方式，缓解资源不足的状况。

4. 产业变革速度

产业的变革速度可能快于教育内容的调整速度，为解决这一问题，学校可以采用敏捷的管理体系，强化与产业界的沟通，及时调整教育内容。

5. 文化和体制障碍

学校的文化和体制可能成为教育内容调整的障碍，应鼓励学校改革管理体制，建立灵活、开放的文化氛围，推动教育创新的实施。

教育内容调整是高等教育适应产业需求、培养适应未来社会需求人才的必然要求。通过灵活的课程设计、多样的教学手段、实践项目的开展、产业合作的深化等方法和实践，高校可以更好地满足产业需求，培养更具竞争力的人才。在实践中，需要关注学生的个性化需求，强调实时反馈和调整机制，积极争取政府和产业界的支持，不断改进资源投入和建设，建立持续评估的机制，解决可能出现的困难和挑战。

教育内容调整的过程是一个不断创新、不断优化的过程，需要学校、教师、学生、产业界及政府等多方共同参与，形成合力。只有通过更加积极的努力，不断适应社会的变革和产业的发展，才能更好地实现高等教育的使命，培养更加符合时代需求的人才。通过不断总结经验，深化改革探索，可以为教育内容的调整提供更为有效的方法和实践路径。

三、教育内容创新与跨学科融合

随着时代的变迁和社会的发展，教育领域也面临着巨大的变革和挑战，教育内容的创新与跨学科融合成为推动高等教育适应社会需求的重要手段。

（一）教育内容创新的意义

1. 适应社会需求

教育内容创新旨在使教育更贴近社会需求，更符合产业发展的要求。通过引入新兴知识、技能和方法，培养适应社会变革的人才，使教育更具实际价值。

2. 激发创新思维

创新的教育内容能够激发学生的创新思维和实践能力，培养学生解决问题的能力，使其具备独立思考和创新的动力，更好地适应未来社会的发展。

3. 提高综合素养

教育内容创新有助于提高学生的综合素养。通过跨学科的设计，学生能够更全面地理解问题，具备解决复杂问题的能力，培养综合性的人才。

4. 促进个性发展

通过多样化的教育内容，满足学生个性化的学习需求，每个学生都有独特的兴趣和优势，教育内容创新有助于激发学生的学习热情，提高学习的积极性。

（二）跨学科融合的定义与意义

1. 跨学科定义

跨学科是指超越传统学科边界，将不同学科的知识、理论和方法有机结合的一种学科模式。通过跨学科的融合，可以更全面地解决问题，创造出更大的创新价值。

2. 知识整合

跨学科融合能够促使不同学科之间的知识相互整合，在面对现实问题时，通过整合来自不同领域的知识，可以提供更全面、多层次的解决方案。

3. 培养综合思维

跨学科的学习过程有助于培养学生的综合思维，学生在不同学科的交叉学习中，能够形成更为完整的思考方式，具备解决复杂问题的能力。

4. 促进创新

跨学科融合为创新提供了更广泛的视野。通过不同领域的融合，可以

107

激发新的思想和理念，推动创新的发生与传播。

（三）教育内容创新与跨学科融合的关系

1. 互相促进

教育内容创新和跨学科融合是相互促进的关系，教育内容的创新需要跨学科的支持，而跨学科融合也需要创新的教育内容作为支撑。

2. 共同服务于综合素养

教育内容创新和跨学科融合共同服务于学生的综合素养。通过融合不同学科的知识和创新的教育内容，培养学生更全面的能力。

3. 实现目标的手段

教育内容创新是实现跨学科融合的手段之一。通过创新的教育内容，可以更灵活地引入跨学科的元素，激发学生的学科兴趣。

4. 共同服务于社会需求

教育内容创新和跨学科融合都旨在更好地服务于社会需求。通过培养具有创新能力和跨学科思维的人才，更好地适应社会的发展和变革。

（四）教育内容创新的实践路径

1. 模块化课程设计

采用模块化课程设计，将传统学科划分为不同的模块，学生可以根据自己的兴趣选择不同模块的课程，实现个性化学习。

2. 实践项目导向

将实践项目融入课程设计，使学生在实际项目中应用所学知识，这有助于提高学生的实际操作能力，培养解决实际问题的能力。

3. 问题驱动教学法

采用问题驱动的教学法，通过提出实际问题引导学生学习，学生在解决问题的过程中涉足不同学科，培养综合思维。

4. 跨学科项目合作

鼓励不同学科之间的项目合作，例如，工程学和商业管理的学生可以共同参与一个项目，从而将不同学科的知识和技能融合应用，实现跨学科的合作。

5. 创设跨学科课程

设计专门的跨学科课程，将不同学科的内容整合到一个课程中。通过这样的课程，学生可以深入了解不同领域的知识，培养全球化视野和创新思维。

6. 引入新兴技术

教育内容创新可以通过引入新兴技术来实现，如人工智能、大数据分析等，这不仅可以丰富教育内容，还能培养学生将知识应用于科技领域的能力。

7. 推动教育改革

教育内容创新需要在制度层面推动教育改革，调整课程设置、改革评价体系、优化师资结构等方面的改革都是实现创新的重要步骤。

（五）跨学科融合的实践路径

1. 跨学科课程设置

设计专门的跨学科课程，将不同学科的知识有机融合。这有助于打破学科壁垒，促进不同学科之间的交流和合作。

2. 跨学科研究中心

建立跨学科研究中心，提供一个交流平台，鼓励教师和学生跨学科合作，共同开展研究项目，促进学科之间的融合。

3. 跨学科交叉培训

提供跨学科交叉培训机会，让学生接触和学习其他领域的知识，这有助于培养学生的广泛兴趣，激发跨学科学习的兴趣。

4. 跨学科实践项目

鼓励学生参与跨学科的实践项目，例如，工程专业的学生可以与社会学专业的学生合作，共同解决城市规划中的问题，实现学科的融合。

5. 建立跨学科研究团队

教师和研究人员可以组建跨学科的研究团队，共同开展针对复杂问题的研究，这有助于深度挖掘不同学科的优势，形成创新性的研究成果。

6. 鼓励学科组合专业

设计支持学科组合的专业设置，例如，数字媒体与人工智能，将计算机科学、设计艺术等学科结合，培养跨领域的专业人才。

（六）挑战与应对策略

1. 学科壁垒

学科壁垒是跨学科融合的一大挑战，应通过加强学科间的沟通与合作，建立跨学科的交流平台，推动学科间的融合。

2. 评价体系不适应

传统的评价体系无法有效评估跨学科融合的学习效果，需要调整评价体系，采用更灵活、多元的评估方法，注重学生的跨学科综合能力。

3. 师资队伍不足

缺乏具备跨学科教学经验的教师是一个难以克服的问题，学校可以通过培训计划、引进外部专业人才等方式，提升师资队伍的跨学科教学水平。

4. 学生接受度

学生可能会对跨学科融合的学习模式感到陌生，产生抵触情绪，可以通过开展宣传教育、设置示范课程等方式提高学生对跨学科融合的接受度。

（七）未来展望

教育内容创新与跨学科融合是高等教育面临的重要课题，未来，随着社会对具备综合能力的人才的需求不断增加，教育内容创新和跨学科融合将成为教育改革的重要方向。

1. 个性化学习

教育内容创新和跨学科融合将更加注重个性化学习，通过技术手段，为学生提供个性化的学习路径，满足不同学生的学科偏好和兴趣。

2. 全球化视野

未来的教育将更加强调全球化视野，跨学科融合将更多地涉及不同国家和地区的学科体系，培养具备国际竞争力的综合型人才。

3. 科技创新的推动

科技创新将成为教育内容创新和跨学科融合的重要推动力量，新兴技术的引入将使教育更具前瞻性和实践性，培养学生适应科技发展的能力。

4. 社会与产业合作

未来，教育将更加紧密地与社会和产业合作，高校将与企业、研究机构等建立更为紧密的合作关系，共同探索解决实际问题的路径，推动教育内容更好地适应产业需求。

5. 跨学科融合的深度发展

随着对综合素养需求的提高，跨学科融合将得到更深层次的发展，不仅是在课程设置上进行简单的组合，而是在研究、实践、创新等多个层面实现跨学科的深度融合。

6. 数字化教育的推进

数字化教育将为教育内容创新和跨学科融合提供更为广阔的空间，在线教育、虚拟实验室、远程合作等技术手段将成为推动教育变革的有力工具。

7. 全面教育理念

教育将更加注重培养学生的全面素养，包括智力、情感、品德等多个方面，跨学科融合将有助于培养学生的全面素养，使其在各个方面都具备优秀的能力和品质。

8. 社会参与与服务学习

教育内容创新和跨学科融合将更强调学生的社会参与和服务学习。通过参与实际问题的解决，学生将更好地理解社会需求，培养责任感和实践能力。

教育内容创新与跨学科融合是高等教育迈向未来的必然趋势。通过教育内容的不断创新，学校能够更好地适应社会和产业的发展需求，培养更具实际应用能力的人才，而跨学科融合则为打破学科壁垒、促进知识整合提供了有效途径，使学生更具全球视野和创新思维。

未来，高校需要在教育理念、课程设计、师资队伍建设等方面进行更深层次的改革，推动教育内容创新与跨学科融合的全面发展，这需要学校、教师、学生和社会各界的共同努力，共同推动高等教育更好地服务社会、促进知识传播和创新实践。只有在不断探索和实践中，教育内容创新与跨学科融合才能更好地服务于时代的发展和人才培养的需求。

第四节　课程融合的评估体系

一、建立全面的课程融合评估指标

随着教育领域不断发展和社会需求的变化，课程融合作为一种创新教育模式逐渐受到重视。然而，要实现课程融合的有效实施，需要建立全面的评估指标体系，以确保教学目标的实现和质量的提高。

（一）课程融合评估的意义

1. 提升教学质量

通过建立全面的课程融合评估指标，可以更全面、客观地评估教学质量，这有助于及时发现问题，促使教师优化教学设计，提高教学效果。

2. 适应社会需求

评估指标的建立使课程更贴近社会需求。随着社会的不断变化，通过评估，可以及时调整课程内容，使之更符合社会和产业的发展趋势。

3. 推动教育创新

课程融合评估指标的建立促进了教育的创新。教育不再仅关注传统学科边界，而是注重跨学科融合，评估指标的制定推动了教育模式的创新。

4. 提高学生综合素养

通过全面的评估，可以更好地培养学生的综合素养，评估指标的设计应该涵盖知识、技能、情感等多个层面，使学生得到全方位发展。

（二）关键评估要素

1. 教学目标与成果

评估课程融合的第一步是明确教学目标和预期成果，这包括确定学科知识、跨学科能力、实践技能等多个方面的目标，确保评估是有针对性的。

2. 跨学科融合度

衡量课程融合度的高低是评估的核心要素之一，这包括了解课程是否真正实现了不同学科的整合，是否在教学设计中体现了跨学科的理念。

3. 学生参与与反馈

评估还需要考虑学生的参与程度和对课程的反馈，学生的参与不仅包括课堂活动，还应该考虑实践项目、小组合作等形式。通过学生的反馈，可以了解教学的效果和问题。

4. 教学方法与资源

教学方法和使用的教学资源有助于课程融合的成功，对其进行评估要关注教学方法的多样性，以及是否充分利用了跨学科的资源。

5. 社会影响力

评估不仅关注于学科内部的成就，还要考虑课程对社会的影响，这包括学生的社会责任感、解决实际问题的能力等方面。

（三）建立全面的课程融合评估指标

1. 学科知识涵盖度

评估课程融合的第一项指标是学科知识的涵盖度，这包括学科基础知识和核心概念是否得到充分涵盖，以确保学生在跨学科学习中不会失去本学科的基础。

2. 跨学科整合效果

评估跨学科整合效果的指标应包括学科之间的关联性和融合交流深度，这可以通过学科间知识的交叉引用、共同实践项目的开展等方式进行评估。

3. 教学设计和组织

教学设计和组织是课程融合的重要环节，评估指标应考查教师是否设计了能够促进跨学科融合的课程结构和组织形式，以及是否在教学过程中充分引导学生进行跨学科思考。

4. 学生参与度

学生参与度是评估课程融合效果的关键。评估指标应包括学生在跨学科项目中的参与程度、小组协作的贡献、实践经验的积累等方面，学生参与度的高低反映了课程是否能够激发学生的兴趣和主动参与学习的动力。

5. 学生综合能力

评估指标需要考查学生在跨学科学习中是否获得了全面的能力发展，这包括了解学生在跨学科项目中是否能够运用多学科知识解决问题，是否具备创新思维和实践技能等方面的综合能力。

6. 实际问题解决

评估课程融合效果还需要考查学生是否能够将所学知识应用于实际问题的解决中，这可以通过学生参与的实践项目、课程中设置的案例分析等方式进行评估。

7. 反馈与改进机制

评估指标应关注课程的反馈与改进机制，这包括教师是否及时收集学生和同行的反馈，是否根据反馈进行教学改进，以确保课程不断优化和适应学科发展的需要。

8. 教师专业发展

评估课程融合效果还需要关注教师的专业发展，教师是否通过跨学科培训、参与学术研究等方式提升了自身的跨学科融合能力，直接影响到课程质量的提升。

9. 社会影响与认可

评估指标应考虑课程在社会上的影响力和认可度，学生毕业后的就业情况、社会反馈、相关研究成果等都是衡量社会影响力的重要指标。

（四）具体评估方法

1. 学科知识测试

通过设计学科知识测试，检验学生对于不同学科知识的理解程度，这可以包括课程中的期中考试、期末考试等形式，以确保学生对于学科知识的全面掌握。

2. 跨学科项目评估

设计跨学科项目，并通过评估学生在项目中的表现来评价跨学科整合效果，可以采用评分表、学生自评、同行评价等方式，全面考查学生在项目中的表现。

3. 课堂观察和录像分析

通过教师和同行的观察，结合教学录像的分析，全面评估教学设计和组织的效果，这有助于发现教学中可能存在的问题，并及时进行调整。

4. 学生参与度调查

利用问卷调查、小组讨论等方式，收集学生对于课程的参与度和满意度的反馈，这有助于了解学生在跨学科融合课程中的感受和体验。

5. 实际问题解决能力评估

设计实际问题解决的任务或案例，通过学生的解决方案、报告等方式来评估学生的实际问题解决能力，这有助于检验学生是否能够将所学知识应用于实际情境。

6. 教师自我评估与同行评价

鼓励教师进行自我评估，并进行同行评价。可以通过教学设计方案、学生反馈、实际教学效果等方法，综合评价教师的专业水平和跨学科融合能力。

7. 社会影响力调查

通过校友跟踪、企业反馈等方式，了解课程在社会上的影响和认可度，这有助于评估课程是否满足了社会需求、是否达到了产业期望。

（五）挑战与应对策略

1. 评估标准的制定难度

制定全面的课程融合评估指标的难点在于如何建立科学、客观的评估标准，应通过广泛征求专家意见、借鉴国际经验等方式，确保评估标准具有科学性和实用性。

2. 数据采集和处理难题

评估需要大量的数据支持，但数据的采集和处理可能面临困难，应借助现代技术手段，如数据分析工具、在线调查平台等，简化数据采集和处理过程。

3. 教师专业发展需求

评估不仅是对学生的要求，也需要关注教师的专业发展，学校应制订相关的培训计划，提升教师的跨学科融合能力，确保他们能够有效地组织和实施融合课程。

4. 社会认可度不足

一些跨学科融合课程可能面临社会认可度不足的问题，学校可以通过与企业、社会组织的深度合作，引入行业专家参与评估，提高课程的社会认可度。

建立全面的课程融合评估指标是推动教育创新和提升教育质量的关键步骤，随着教育理念的不断发展和社会需求的不断变化，评估指标体系也需要不断创新和完善。未来，通过数字化工具的广泛应用、个性化评估方法的发展、国际化标准的制定等手段，课程融合评估将更加科学、全面、贴近实际需求，为培养具备跨学科思维、综合素养的人才提供有力支持。

二、课程融合评估的方法与工具

随着教育模式的不断演变和社会需求的不断变化，课程融合作为一种创新的教学模式逐渐受到关注。然而，如何有效地评估课程融合的效果成为一个迫切需要解决的问题。

（一）课程融合评估的方法

1. 定性评估法

教学设计分析：通过分析课程的教学设计，包括课程结构、教材选择、任务设计等方面，评估是否有助于促进不同学科的整合，这可以通过评估教学大纲、教案、教学材料等来实现。

课堂观察：实地观察教学过程，关注教师在实际教学中是否能够有效地引导学生进行跨学科思考和合作，这种方法可以通过专业观察员的观察、教师自我观察，以及同行评教等方式进行。

学生参与度调查：通过问卷、小组讨论等方式调查学生的参与度，了解学生在跨学科融合课程中的学习态度、学科兴趣，以及合作情况，从而评估课程对学生的吸引力和参与度。

2. 定量评估法

学科知识测试：设计学科知识测试，以了解学生对各学科知识的掌握程度。通过分析测试成绩，评估课程是否有效地传授了学科知识，同时也能检验学生在跨学科整合中的学科基础。

成绩分析：综合分析学生的各类成绩，包括期中考、期末考、作业等。通过学生成绩的趋势和差异，评估课程融合对学生成绩的影响，以及不同学科之间的协同效应。

实际问题解决评估：设计实际问题解决的任务，通过学生的解决方案、报告等方式评估其实际问题解决能力。这有助于检验学生是否能够将所学知识应用于实际情境，体现课程的实际应用价值。

3. 自我评估法

教师自我评估：鼓励教师对自己的教学进行反思和评估，教师可以通过教学反思日志、教学设计报告等方式，自觉地评估课程的融合效果，并提出改进建议。

同行评教：实施同行评教，即由其他教师对课程进行评估，这有助于引入外部专业意见，提供更客观、全面的评估视角，同行评教可以是定期的，也可以是突发的，以确保及时发现问题。

4. 学生反馈法

学生评价调查：利用问卷调查、面谈等方式，收集学生对课程的评价和反馈，学生反馈是评估的重要来源之一，可以了解学生对课程融合效果的主观感受，发现问题并及时进行调整。

学生作品展示：通过展示学生的作品，包括研究报告、项目成果、设计作品等，评估学生在跨学科融合课程中的实际表现，学生的作品往往能直观地反映其综合能力和创造力。

（二）课程融合评估的工具

1. 教学设计评估工具

教学设计评价表：设计评价表，对教学设计的关键要素进行打分，包括跨学科整合度、任务设置、资源利用等，评价表可以由专业评估团队、教务处等部门使用，也可以作为教师自我评估的工具。

教学设计分析软件：利用专门的教学设计分析软件，帮助教师系统地评估课程设计，这类软件可以提供对教学设计各个方面的量化评估，并给出改进建议，为教师提供可视化的教学设计分析报告。

2. 学生参与度调查工具

在线问卷工具：利用在线问卷工具设计学生参与度调查问卷。通过问卷收集学生对课程的反馈，了解学生在课堂中的互动情况、合作程度等。

小组讨论记录工具：在小组讨论环节，可以利用录音、视频等工具记录学生的讨论过程，这可以更直观地观察学生之间的互动情况，评估小组协作的效果。

3. 学科知识测试工具

在线测验平台：利用在线测验平台设计学科知识测试题目，这类平台可以提供灵活的题型，支持自动评分和数据分析，帮助教师迅速获取学生的学科知识掌握情况。

开放式题库：构建开放式题库，设计综合性、开放性的题目，用于评估学生对跨学科知识的理解和运用，这样的题库可以鼓励学生进行思辨性的学科整合。

4. 实际问题解决评估工具

综合项目评估表：设计专门的综合项目评估表，从不同角度评估学生在实际问题解决项目中的表现，包括项目规划、团队协作、解决方案创新等方面。

实际问题解决记录工具：利用记录工具，如学生报告、项目文档等，详细记录学生在实际问题解决中的过程和思考，这有助于更深入地了解学生的工作方式、理解问题解决策略。

5. 学生反馈工具

教学评价平台：学校可以建立专门的教学评价平台，供学生匿名提供对课程的评价和建议，这样的平台有助于收集学生的真实意见，帮助教师了解学生对课程的期望和需求。

开放式反馈渠道：在课程中设置开放式的反馈渠道，鼓励学生随时提出问题和建议，这可以通过在线平台、邮箱、课程讨论区等方式实现，促进及时反馈。

6. 同行评教工具

评估标准表：制定评估标准表，明确同行评教的评估要点和分值，这样可以确保评教过程更加客观和系统化。评估标准表可以包括课程设计、教学方法、学科整合等多个方面。

评教系统：一些学校和机构可以建立专门的评教系统，为同行提供方便的评教平台，这类系统可以提供在线评教表格、反馈模板等工具，简化评教流程。

（三）挑战与应对策略

主观性评估难题：由于评估涉及师生双方的主观感受，存在一定的主观性，为了解决这一问题，可以引入第三方评估机构，或采用多维度、多渠道的评估方法，综合考虑各方意见。

数据采集难度：一些评估工具需要大量的数据支持，而数据的采集和处理可能面临一定的困难，可以通过合理利用现代技术手段，如大数据分析、人工智能等，简化数据采集和处理的流程。

评估工具的针对性：不同的课程融合可能需要不同的评估工具，因此选择适用于具体课程特点的工具变得关键，可以根据课程目标、学科特点等因素，选择或设计合适的评估工具。

教师专业发展需求：教师在跨学科融合教育中可能面临新的挑战，需要不断提升自身的专业水平，学校可以设立相关的培训计划，支持教师的专业发展，使其更好地应对新的教育模式。

学生参与度测量难度：学生参与度是评估的重要指标之一，但其测量可能较为主观，可以结合多种方法，如问卷调查、小组观察、学生作品展示等，从不同角度全面评估学生的参与情况。

课程融合评估是推动教育创新和提升教育质量的关键一环。通过合理选择和应用评估方法与工具，可以更全面、科学地评估跨学科融合课程的质量，为培养具备综合素养、跨学科思维的学生提供有力支持。未来，随着技术的不断发展和教育理念的不断演变，课程融合评估将更趋向于智能化、综合化，并更好地服务于社会需求和产业发展。

三、评估体系的优化与更新

评估体系是教育质量保障的核心，它不仅反映了教育的有效性，也直接关系到学生的学习成果和社会对教育的期望。随着社会的发展和教育理念的演进，评估体系也需要不断优化与更新，以适应时代的需求。

（一）评估体系的重要性

评估体系是一套系统性的工具和方法，用于评价教育的质量、效果和可持续性。一个完善的评估体系可以对学校、教师和学生进行全方位的评估，为教育改革和发展提供有力支持。

1. 提升教育质量

评估体系通过对教育过程和结果的评价，可以揭示教学中的问题和不足，为提升教育质量提供指导。

2. 促进教育创新

通过对新的教育理念、方法和技术的评估，评估体系有助于推动教育创新，引导教育向更有效、更适应社会需求的方向发展。

3. 保障学生权益

评估体系可以确保学生接受到高质量的教育，同时为学生提供发展和竞争的机会，保障他们的权益。

4. 满足社会需求

评估体系应该与社会需求相契合，确保教育输出的人才符合社会的实际需求，促进产业结构和社会结构的升级。

（二）评估体系的优化

1. 明确评估目标和指标

设立明确的目标：评估体系的首要任务是明确评估的目标，这需要在体系设计初期明确，包括但不限于教学效果、学生综合素养、教师教学水平等。

建立科学的指标体系：针对各项目标，建立科学的评估指标体系。这些指标应该能够客观地反映教育的各个方面，同时能够量化或定性地衡量。

2. 综合运用多种评估方法

定量与定性相结合：评估体系应该综合运用定量和定性的方法，定量数据可以提供具体的数字支持，而定性数据则能更好地理解师生的真实感受和需求。

内部与外部评估结合：内部评估由学校内部进行，外部评估由独立的机构或专业人士进行。两者结合可以确保评估的客观性和独立性。

3. 强化教师参与和反馈机制

教师自评与同行评教：鼓励教师进行自我评估，同时引入同行评教机制。这有助于教师更好地发现自身的教学问题，提高专业水平。

教学反馈机制：设立学生和家长对教学的反馈机制，及时了解学生和家长对教学的评价，为教师提供改进的机会。

4. 整合信息技术手段

学科知识测试工具：利用在线测验平台，通过灵活的题型和实时的成绩反馈，帮助教师更好地评估学生对学科知识的掌握情况。

数据分析与大数据应用：利用数据分析和大数据技术，对学生学习轨迹、教学效果等方面进行深入分析，为决策提供科学依据。

5. 强化学科整合评估

跨学科项目评估：对于实施跨学科融合教育的学校，评估体系应该特别注重对跨学科项目的评估，这包括项目设计、学科整合效果、学生表现等方面。

跨学科指标体系：在评估体系中引入跨学科指标，确保评估能够全面反映学科整合的效果，这可以包括学科知识的交叉应用、创新思维的培养等方面。

6. 社会参与与需求导向

产业界评估参与：引入产业界专业人士参与评估，确保教育输出的人才符合产业的实际需求，这可以通过建立产学合作项目、实习机会等方式实现。

社会需求导向：评估体系要紧密关联社会需求，确保教育目标与社会发展保持一致，这需要与政府、企业、社会组织等多方面进行密切合作。

（三）评估体系的更新

1. 定期的评估体系审查

持续改进机制：建立定期的评估体系审查机制，确保评估体系能够及时反映需求的变化。这需要建立一个专门的评估体系改进小组，通过定期会议、调研等方式，收集各方反馈，不断进行改进和升级。

灵活的调整机制：评估体系需要具备灵活的调整机制，能够根据教育环境、政策变化等因素进行相应调整，灵活性使得评估体系能够及时应对不同情境下的挑战。

2. 持续引入新的评估工具和方法

创新评估工具：引入新的评估工具，包括但不限于在线教学评估系统、学科知识测验平台、虚拟实验室等，这有助于更全面地评估学生的学习情况和教师的教学水平。

多元化评估方法：继续发展多元化的评估方法，包括综合性评估、综合作品展示、学科能力测试等。多元化的方法可以更全面地了解学生和教师在不同方面的表现。

3. 加强数据治理与隐私保护

数据治理：随着评估体系中信息技术的广泛应用，加强数据治理越来越重要。建立健全的数据管理体系，确保数据的准确性、完整性和安全性。

隐私保护：强化隐私保护机制，确保学生和教师的个人信息得到保护。制定相关隐私政策，合规收集和使用数据，维护参与者的权益。

4. 社会参与机制的深化

拓展评估参与主体：将社会参与机制扩展到更多领域，包括非政府组织、企业、家长等。通过建立多元的参与主体，可以更全面、客观地评估教育的各个方面。

提高参与主体的质量：对参与主体进行培训，提高其评估能力和专业水平，确保参与主体的质量，使其能够为评估体系提供有力支持。

5. 强化教育研究的支持

建立研究基地：在学校内部或与研究机构合作，建立专门的教育研究基地。通过科研项目，深入研究评估体系的有效性、改进空间等问题。

推动评估研究成果应用：将评估研究成果更广泛地应用于实际教育中。通过推动教学改革、政策调整等途径，将评估研究的成果转化为实际行动。

（四）面临的挑战与应对策略

1. 数据安全和隐私问题

随着评估体系中数据的广泛应用，数据安全和隐私问题成为一个突出挑战。建议通过引入加密技术、建立权限控制系统等手段，加强对数据的安全保障。

2. 多元评估方法的整合难题

多元评估方法可能导致信息过载和评估结果的碎片化。建议通过建立评估综合分析模型，将各个评估方法的结果进行权衡和整合，形成综合评估报告。

3. 评估体系的公平性问题

评估体系的建立和实施可能存在一定的主观性，导致评估不公平。应建立完善的评估标准和程序，确保评估体系的公平性和客观性。

4. 社会参与主体能力建设

社会参与主体涉及多个领域，其评估水平不一，可能影响评估的客观性。建议通过开展培训、提供指南等方式，提高社会对参与主体的评估水平，确保其贡献的质量。

5. 评估体系与政策的衔接问题

评估体系的建立需要与相关政策相衔接，确保评估的结果得到政策的支持。建议建立政策沟通渠道，确保评估体系与政策之间的协同发展。

（五）未来展望

评估体系的优化与更新是一个持续发展的过程，未来应关注以下几个方向。

1. 智能评估体系的建立

随着人工智能技术的发展，未来的评估体系可能更加智能化。通过人工智能算法，实现对大量数据的快速分析和综合评估，提高评估的效率和准确性。

2. 学生参与度和学习体验的重视

未来的评估体系将更加注重对学生参与度和学习体验的评估，这包括对学生参与度的实时监测：引入实时监测技术，跟踪学生在课堂和在线学习中的参与度。通过数据分析，及时发现学生的学习兴趣和问题，为教师提供精准的指导。

3. 学习体验的多维度评估

不仅关注学生的学科知识掌握情况，还要注重学生在跨学科项目、实际问题解决中的体验。通过问卷调查、小组讨论记录等方式，综合评估学生在综合素养、团队协作等方面的表现。

4. 教师专业发展的衡量

评估体系应更全面地考量教师的专业发展。除了学科知识水平，还要评估教师的创新教学方法、团队协作能力等。通过定期的教学评估和培训计划，促使教师不断提升自身水平。

5. 课程融合和跨学科教育的专业标准

随着跨学科教育的普及，评估体系需要与之相适应，制定更具体的跨学科教育专业标准，这有助于明确跨学科教育的目标、方法和效果，为教育改革提供具体指导。

6. 全球化视野下的评估体系

面向全球化发展，评估体系需要更好地与国际标准接轨，促进国际间的教育合作，这包括国际化的课程设计、教学方法的比较与借鉴，以及全球范围内的教育质量认证。

7. 生涯规划与发展的评估

评估体系应更注重学生的终身发展，包括生涯规划、职业素养等方面的评估。通过学生档案、职业发展计划等，全面了解学生在学业和职业发展上的需求和进展。

评估体系的优化与更新是教育领域不断推进的一项重要任务。通过明确评估目标和指标、综合运用多种评估方法、强化教师参与和反馈机制、整合信息技术手段、强化学科整合评估、社会参与与需求导向等策略，评估体系可以更好地服务于教育质量保障和学生全面发展。

在未来，评估体系将面临更多的挑战，如数据安全和隐私问题、多元评估方法的整合难题、评估体系与政策的衔接问题等。为了更好地应对这些挑战，需要建立持续改进机制、持续引入新的评估工具和方法、加强数据治理与隐私保护、深化社会参与机制、强化教育研究的支持等。

通过这些努力，评估体系将更加科学、灵活、智能，更好地服务于教育的发展和学生的全面成长。评估体系的不断优化与更新将为培养更适应未来社会需求的人才提供有力支持。

第五节　融合的效果与问题

一、产教融合课程的实际效果与成果展示

产教融合是指产业界与教育机构之间建立紧密的合作关系，共同参与课程设计、实施和评估，以确保培养出更符合行业需求的人才。产教融合课程的实际效果与成果展示对于评估融合程度、提高教育质量及服务社会经济发展都具有重要意义。

（一）产教融合课程的实际效果

1. 就业率的提升

产教融合课程的一个显著效果是提升学生就业率。由于紧密结合行业需求，培养出来的学生更具备实际工作所需的技能和知识，更容易找到与专业相关的工作。

2. 实际应用能力的提高

产教融合课程注重培养学生的实际应用能力，使其能够更好地在实际工作中运用所学知识，这有助于缩小理论与实际应用之间的鸿沟，使学生更好地适应职场环境。

3. 创新和实践能力的培养

产教融合课程通常注重学生的创新和实践能力培养。通过参与真实项目、解决实际问题，学生能够锻炼创新思维和实际动手能力，提高解决问题的能力。

4. 教育资源共享

产教融合课程有效整合了产业界和教育机构的资源，包括专业人才、实验设备、实际案例等，这种资源共享使得学生能够接触到最新的行业信息和技术，有助于他们更好地跟上行业发展的步伐。

5. 师资队伍的提升

通过产教融合，教育机构能够邀请行业专业人士参与教学，提高师资队伍的水平，这不仅能够为学生提供更丰富的教学内容，也有助于教师深入了解行业动态，保持教学的实时性。

（二）产教融合课程的成果展示

1. 实际案例分析

通过对产教融合课程中的实际案例进行分析，可以展示学生在实际项目中的表现和解决问题的能力。这些案例通常来源于真实的企业项目，展现学生在实际情境中应对挑战的能力。

2. 学生作品展示

学生在产教融合课程中完成的作品，如设计方案、项目报告、创新产品等，是成果的直观展示，这些作品不仅能够反映学生的专业水平，还可以作为学校和企业间合作的实质性产物。

3. 实际项目展示

产教融合课程通常涉及与企业合作的实际项目，通过展示这些项目的成果，可以直观地展示学生在实际工作中的实际能力，这些项目可能包括产品开发、市场调研、解决实际问题等。

4. 学生实习报告

学生在产教融合课程中的实习经历是一个重要的成果，学生可以通过实习报告详细描述他们在企业实践中所学到的知识、技能，以及对职业发展的规划和认识。

5. 行业合作证明

与企业的合作协议、企业颁发的证书、实际项目的合作协议等都是产教融合课程的成果的证明，这些文件可以证明学校与企业的紧密联系，并为学生提供更多的发展机会。

（三）产教融合课程面临的问题与挑战

1. 沟通与协调难题

教育机构和产业界在目标、文化、运作方式等方面存在差异，因此沟通与协调可能面临困难，确保双方的期望和目标一致，建立良好的沟通机制是一个挑战。

2. 资源分配不均衡

不同企业的资源投入可能存在差异，一些学生可能因此得到更多机会，而其他学生可能面临资源不足的情况，这需要教育机构与企业之间建立公平的资源分配机制。

3. 产业变革带来的不确定性

随着科技和产业的快速发展，行业需求可能会迅速变化，使得教育机构很难及时调整课程内容。应对这一挑战，需要建立灵活的课程调整机制，确保教学内容与产业发展保持一致。

4. 评估体系的建设

对产教融合课程的实际效果进行评估是一项复杂的任务。传统的评估体系可能无法在实际项目中充分反映学生的综合能力。因此，需要建设一套更为灵活和全面的评估体系，包括学生的实际表现、企业的满意度、项目成果等多个方面。

5. 持续的师资培训

教育机构的教师需要不断更新自己的知识和技能，以适应行业的发展。产业界专业人士的参与需要配合相应的培训计划，确保他们具备良好的教学和导师能力。

6. 学科整合与跨学科教育

产教融合课程通常涉及多个学科领域，需要通过学科整合和跨学科教育来实现。这可能面临学科边界不明晰、教育资源分配不均等问题，需要综合考虑各学科的要求。

（四）应对策略与发展方向

1. 建立多层次、全方位的沟通机制

为了解决沟通与协调难题，可以建立多层次、全方位的沟通机制，包括定期的联席会议、项目管理组织、在线平台等，这有助于双方更好地理解对方的期望和需求，及时解决问题。

2. 构建灵活的课程体系

针对产业变革带来的不确定性，建议构建灵活的课程体系，可以采用模块化课程设计，使得课程内容能够更迅速地调整以适应行业的发展变化。

3. 实施学生导向的评估

除了传统的考试评估，引入学生导向的评估，包括学生自我评估、同行评估、企业导师评估等，这有助于全面了解学生在项目中的实际表现，更好地反映其综合素养。

4. 建设完善的师资培训体系

为教育机构的教师和企业导师建设一套完善的培训体系，包括专业知识更新、教学方法培训、导师指导等，这有助于提升教育者和企业导师的教学和辅导水平。

5. 促进跨学科教育研究

鼓励学术界和实际教育工作者进行跨学科教育研究，寻找更好的整合方式和教学方法，推动学科整合与跨学科教育的深入发展，为产教融合课程提供更丰富的教育资源。

产教融合课程的实际成果是教育改革与产业发展的有机结合。通过提升学生就业率、实际应用能力、创新和实践能力，以及建设师资队伍等方面的实际效果，产教融合课程为培养更具实际能力的人才提供了有效途径。

在成果展示方面，通过实际案例分析、学生作品展示、实际项目展示、学生实习报告等方式，能够直观地展示产教融合课程的成果。然而，产教融合也面临沟通与协调难题、资源分配不均衡、评估体系的建设等问题，需要通过多层次的沟通机制、灵活的课程体系、学生导向的评估、师资培训等策略来解决。

未来，应不断深化产教融合课程的理念和实践，推动教育与产业更加紧密地结合，以满足社会对多层次、高素质人才的需求。这需要各方共同努力，建设更加适应时代发展的教育体系，为学生的全面成长和社会的可持续发展提供坚实的基础。

二、产教融合面临的挑战与问题

产教融合是教育体系与产业界之间密切合作的一种模式，旨在更好地培养适应社会需求的人才。然而，这一模式在实践中也面临着一系列的问题与挑战。

（一）沟通与协调的挑战

产教融合过程中最显著的挑战之一是沟通与协调的问题，这主要体现在以下几个方面。

1. 文化差异

教育机构和产业界存在着不同的文化、价值观念和运作方式，这可能导致在合作过程中产生理解障碍。教育机构通常注重理论研究和学科体系，而企业更注重实际应用和市场需求。

2. 目标不一致

教育机构和产业界在培养人才的目标上可能存在不一致，教育机构更注重学科知识的传授，而企业更关注学生的实际应用能力和适应能力，这可能导致教学目标的不匹配。

3. 信息传递

教育机构和产业界需要大量的信息交流，以确保双方能够理解对方的需求和期望，信息传递不畅通可能导致合作中的误解和不顺畅。

对上述问题的解决方案如下。

1. 建立联席会议机制

定期召开教育机构和企业的联席会议，通过面对面的交流，促进双方更好地理解对方的文化和价值观，增进合作信任。

2. 设立沟通平台

利用在线平台或专门的项目管理工具，方便双方随时随地进行信息传递。确保信息的及时性和准确性，减少沟通误差。

3. 制定明确的合作协议

在合作初期，双方应制定明确的合作协议，明确各自的责任、目标和期望，这有助于避免合作过程中的不一致和纠纷。

（二）资源分配不均的问题

在产教融合中，资源的分配可能面临不均等问题，这主要表现在以下几个方面。

1. 企业资源不均

不同企业的规模、实力和投入程度不同，导致他们向教育机构提供的资源不均等。一些学生可能因此而得到更多的机会，而其他学生可能因为缺乏资源而面临竞争劣势。

2. 学校资源匮乏

一些教育机构缺乏足够的资源用于支持产教融合课程，包括实验设备、实际项目的开展、企业导师的聘请等，这可能导致融合课程的实施受到限制。

3. 资源利用效率不高

即使有资源，也可能存在利用效率不高的问题，一些资源可能没有得到充分发挥，导致产教融合的效果不尽如人意。

针对上述问题的解决方案如下。

1. 建立公平的资源分配机制

通过制定公平的资源分配政策，确保各个企业和学校在融合课程中能够获得相对均等的资源支持，这可能包括资源共享、定期轮换合作伙伴等方式。

2. 引入外部支持

寻求政府、行业协会，以及其他慈善机构等外部支持，为产教融合课程提供更多的资金和资源，这可以通过申请项目资助、建立产学研合作基金等方式实现。

3. 优化资源配置

定期进行资源配置的评估，确保资源得到高效利用。通过分析融合课程的实际需求，合理调整资源的分配，以提高资源的使用效率。

（三）评估体系不完善的问题

产教融合课程的实际效果往往难以通过传统的评估手段全面准确地反映。评估体系的不完善可能表现在以下几个方面。

1. 传统评估方式的局限

传统的考试和论文评估方式难以全面评价学生的实际能力和在实际项目中的表现，这种评估方式可能无法真实反映学生的综合素养。

2. 实际能力的量化难题

学生在实际项目中表现出的实际能力难以量化，这使得评估体系缺乏直观的、可量化的指标，难以为学生提供具体的发展方向。

3. 企业导师评估的主观性问题

企业导师在评估学生时可能受主观因素影响，评价标准可能因企业文化和个体观点的不同而存在差异。

针对上述问题的解决方案如下。

1. 多维度评估体系

建立多维度的评估体系，包括学生的学科知识水平、实际应用能力、团队协作能力、创新能力等多个方面。通过多方位的评估，更全面地了解学生的发展状况。

2. 引入学生自评与同行评估

引入学生自评与同行评估的机制，让学生对自己的学习过程和成果进行反思，同时通过同学之间的互评，促使他们在团队中更好地协作。

3. 制定明确的评估标准

为产教融合课程制定明确的、可操作的评估标准，确保评估过程具有客观性，这需要通过与企业共同研讨、总结实践经验来制定更切实可行的评估标准。

4. 建立评估结果反馈机制

建立学生与企业导师之间的评估结果反馈机制，通过双向的信息沟通，及时纠正和改进评估过程，确保评估体系的有效性。

（四）师资培训需求

产教融合需要教育机构和企业的导师共同参与，但这也带来了师资培训的挑战。

教育机构教师专业知识不足：一些教育机构的教师可能对行业最新发展和实际需求了解不足，无法有效地引导学生应对现实挑战。

企业导师通常是实际领域的专业人士，但他们可能缺乏教育方面的经验，不了解学生的学习需求和教学方法。

针对上述问题的解决方案如下。

1. 建设导师培训体系

设立专门的导师培训体系，为教育机构和企业的导师提供必要的培训，包括教育理念、教学方法、团队协作等方面的培训。

2. 跨界合作培训项目

教育机构与企业可以共同开展跨界合作的培训项目，让教育机构的教师深入企业了解实际运作，同时让企业导师了解学科知识和教育理论。

3. 经验分享与交流平台

设立教育机构与企业导师的经验分享与交流平台，促进双方的交流合作。通过分享成功案例和教学经验，提高双方的专业水平。

（五）产教融合的未来发展方向

为了解决产教融合中所面临的挑战与问题，需要从多个角度着手，包括教育机构、企业、政府和社会各方的共同努力，以下是产教融合未来发展的一些建议。

1. 建立产教融合的长期合作机制

教育机构和企业应建立长期的、稳定的合作机制，以确保合作的连续性和深度，长期的合作关系有助于建立互信，提高合作效果。

2. 加强教育机构与企业间的信息共享

通过建立信息平台，教育机构和企业可以及时地了解对方的需求和动态，为合作提供更有针对性的支持。

3. 推动产教融合法规和政策的建设

政府可以出台相关法规和政策，推动产教融合的发展，这包括为产教融合提供经费支持、激励企业参与合作、规范评估标准等。

4. 加大对学科整合和跨学科教育的支持

产教融合通常涉及多学科的整合，政府和教育机构应该加大对学科整合和跨学科教育的支持，为产教融合提供更加丰富的教育资源。

5. 强化学生的综合素质培养

产教融合不仅注重专业知识的传授，更应关注学生的综合素质培养，包括团队协作、创新能力、沟通能力等，这需要在课程设计中加入更多综合素质的培养要素。

6. 建设产教融合的质量保障体系

建立完善的产教融合质量保障体系，包括对课程设计、教学方法、评估体系等方面的监测和评估，确保融合课程的质量。

7. 加强社会各方面的理解与支持

社会各界应加强对产教融合的理解与支持，包括家长、媒体、社区等。这有助于形成更加良好的社会氛围，推动产教融合在更广泛范围内的发展。

8. 鼓励产业界的多元参与

为了解决资源分配不均等问题，鼓励产业界更广泛地参与产教融合，可以通过政策激励、行业协会的引导等方式，促使更多企业加入产教融合的合作中来。

9. 推动国际交流与合作

加强国际间的产教融合交流与合作，借鉴其他国家成功的经验，吸收先进的教育理念和实践，这有助于推动我国产教融合的不断创新与提升。

10. 建设产教融合课程的开放平台

建立产教融合课程的开放平台，使得更多的学校和企业能够参与进来。通过开放共享资源，促进产教融合的广泛开展。

11. 深化跨学科研究

加强跨学科研究，探索更灵活、更具前瞻性的产教融合模式，跨学科研究有助于在理论与实践之间找到更好的平衡点，推动产教融合的深入发展。

产教融合作为一种新兴的教育模式，面临着诸多挑战与问题，但也蕴含着巨大的潜力与机遇。通过解决沟通协调难题、资源分配不均、评估体系不完善、师资培训需求等问题，产教融合可以更好地发挥其优势，促进人才培养与产业发展的良性互动。

未来的发展方向包括建立长期合作机制、推动法规政策的建设、加大对学科整合和跨学科教育的支持、强化综合素质培养等。只有在全社会的共同努力下，产教融合才能真正实现其为社会提供高质量人才的宏伟目标，为经济社会的可持续发展注入新的动力。产教融合的未来将是一个与时代发展同步、不断创新的过程，需要各方通力合作，共同推动其不断向前发展。

三、产教融合持续改进与优化的策略

产教融合作为一种新兴的教育模式，不断面临着社会、经济、科技等多方面的变革，需要持续改进与优化以适应不断变化的环境。

（一）沟通机制的完善

产教融合的成功离不开教育机构与产业界之间的密切合作，而沟通是合作的基础，完善沟通机制是产教融合持续改进的第一步。

1. 建立联席会议机制

定期召开教育机构和企业的联席会议，提供一个面对面的平台，以促进更直接、高效的沟通。通过会议，双方可以及时解决问题、调整合作方向，增强合作的互信程度。

2. 在线平台的建设

利用现代科技手段建设在线平台，实现实时沟通、信息共享，这样的平台可以帮助双方随时随地了解对方的需求和动态，促进更便捷的合作。

3. 制定沟通指南

建立沟通指南，明确双方的沟通渠道、反馈机制、信息传递的流程等。这有助于规范沟通行为，避免信息传递的混乱和误解。

4. 设立专职沟通人员

在产教融合团队中设立专职沟通人员，负责协调、组织、推动沟通工作。

专业的沟通团队可以更有效地处理双方之间的沟通问题，提高工作效率。

（二）课程体系的灵活性与变革

产业环境的快速变化要求课程体系具备更强的灵活性，能够随时调整以适应市场和技术的新趋势，以下是一些优化课程体系的策略。

1. 模块化课程设计

将课程划分为独立的模块，每个模块都包含特定的技能和知识点，这样的设计使得课程更容易进行调整，根据市场需求和行业变化进行灵活组合。

2. 行业导向课程

课程内容应更紧密地围绕产业实际需求展开，强化实际案例和行业项目的引入。通过行业导向的课程设计，学生能更好地适应产业环境。

3. 定期课程评估

设立定期的课程评估机制，通过学生反馈、企业回馈等渠道，了解课程的实际效果和问题，并及时调整和更新课程内容。

4. 引入新兴技术

将新兴技术和产业前沿信息融入课程设计中，这包括人工智能、大数据、物联网等新兴技术，以确保学生在学习过程中接触到最新的行业动态。

（三）评估体系的不断优化

产教融合的评估体系是确保培养出合格人才的关键，不断优化评估体系可以更全面地了解学生的学习情况和实际能力。

1. 多维度评估

将评估从传统的考试分数扩展到多维度的方面，包括学科知识、实际应用能力、团队协作、创新能力等，这有助于更全面地了解学生的发展情况。

2. 引入学生自评和同行评估

学生应该参与到评估过程中，进行自我评估，同时通过同学之间的评估来促进彼此学习，这有助于培养学生的自主学习和团队协作能力。

3. 灵活的评估工具

不仅依赖于传统的考试和论文，还可以使用更灵活的评估工具，如实际项目报告、演示、作品集等，更好地反映学生的实际能力。

4. 定期评估反馈

定期向学生和企业提供评估反馈，及时指导学生的学习方向，同时也能让企业了解学生在实际项目中的表现。

（四）师资培训的深化

产教融合需要教育机构和企业的导师紧密协作，因此师资培训是持续改进的重要一环。

1. 建设导师培训计划

制订专门的导师培训计划，包括教育理念、团队协作、项目管理等方面的培训。

2. 跨界培训项目

实施跨界培训项目，让教育机构的教师深入了解企业运作，同时让企业导师熟悉学科知识和教育理论，这有助于打破传统的学术与实际项目之间的壁垒，促进更紧密的合作。

3. 经验分享与交流平台

建立教育机构和企业导师的经验分享与交流平台，通过定期的交流会议、研讨会，促进双方在教学方法、案例分享等方面的经验交流。

4. 引入外部专业培训机构

聘请外部专业培训机构为教育机构和企业导师提供专业的培训服务。外部专业培训机构通常能够提供更系统、前瞻性的培训内容，帮助导师更好地适应产教融合的要求。

（五）建立全面的课程融合评估指标

为了更全面地了解产教融合课程的实际效果，建立全面的课程融合评估指标是关键的一步。

1. 学生学业成绩

通过学生的学科成绩来评估课程的教学效果，包括课堂表现、作业和考试成绩等。

2. 实际项目表现

对学生在实际项目中的表现进行评估，包括项目管理、团队协作、解决问题的能力等。

3. 学生自主学习能力

评估学生是否具备自主学习的能力，包括独立思考、主动学习新知识的能力。

4. 团队协作能力

考查学生在团队合作中的表现，包括沟通能力、合作精神、解决冲突的能力等。

5. 创新能力

评估学生是否具备创新精神，包括创造性思维、问题解决能力、对新颖想法的接受度等。

6. 就业竞争力

考查学生毕业后的就业竞争力，包括就业率、薪资水平、受雇企业的认可度等。

7. 企业满意度

从企业角度评估产教融合课程的效果，包括学生实际应用能力、适应能力、对企业需求的匹配度等。

（六）课程融合评估的方法与工具

建立评估指标之后，选择合适的评估方法与工具同样至关重要。

1. 定期课程评估

定期组织学生和企业导师参与课程评估，通过问卷调查、小组讨论等方式收集反馈，及时了解课程的不足之处。

2. 项目展示与演示

鼓励学生在课程结束时进行项目展示与演示，展示他们在实际项目中的成果。通过项目展示，可以更直观地了解学生的实际能力。

3. 学生作品集评估

收集学生在课程中的作品，包括报告、设计、代码等，通过对作品的质量和创新性进行评估，反映学生的综合能力。

4. 实际案例分析

使用实际案例进行评估，考查学生对真实问题的解决能力，这有助于培养学生的实际应用能力。

5. 企业导师评估

向企业导师征求他们对学生的评价，了解学生在实际工作场景中的表现，企业导师的评估是对学生实际应用能力的有力证明。

（七）评估体系的优化与更新

评估体系是产教融合质量保障的关键环节，需要不断优化与更新以满足不断变化的需求。

1. 定期评估体系的效果

设立定期评估评估体系的效果，通过学生毕业后的实际表现、企业反馈等方式评估体系的有效性，及时发现问题并进行调整。

2. 利用数据分析技术

运用数据分析技术对评估数据进行深度挖掘，通过大数据分析了解学生学习过程中的关键节点和问题，为评估体系的调整提供科学依据。

3. 持续学习和改进

建立学习型评估体系，通过总结经验教训，及时引入新的评估方法与工具，不断优化体系结构，保持评估体系的前瞻性。

4. 与产业对接

定期与产业对接，了解产业发展的新需求和趋势，调整评估体系以确保产教融合课程与产业需求保持一致。

产教融合作为一种新兴的教育模式，取得了一系列的成功，但同时也面临着一些挑战与问题。通过不断优化与改进沟通机制、课程体系、评估体系、师资培训等方面，以及时应对各类问题，产教融合模式可以更好地适应不断变化的社会环境和产业需求。在面对资源不均、企业参与度不高、评估标准不一等问题时，资源整合与共享、企业宣传与合作推动、建立行业评估标准、学生就业导向教育、导师队伍建设等策略都是有效的手段。

　　通过不断学习和改进，建设学习型评估体系，与产业界保持密切联系，产教融合模式能够逐步优化自身，提高教育质量，培养更适应社会需求的高素质人才。同时，通过多种方式展示产教融合的实际效果，包括学生项目展示、学生成就发布会、合作企业报道等，可以向社会传递成功案例，提高产教融合的影响力与认可度。

　　在未来，为了更好地应对社会变革和产业发展，产教融合需要保持灵活性与创新性，不断更新教育理念和实践方法。同时，政府、企业、学校等各方应共同努力，形成合力，推动产教融合模式在更广泛范围内的推广与应用。

第四章　校企合作与实践基地建设

第一节　校企合作的模式与机制

一、校企合作的常见模式

校企合作是一种重要的产业与教育融合方式，通过学校与企业之间的密切协作，实现教育资源和产业需求的有机结合，促进人才培养和产业发展的良性互动。在不同国家和不同领域，校企合作呈现出多种多样的模式，旨在更好地满足社会对人才的需求。

（一）实习实训模式

实习实训模式是校企合作中最为常见的形式之一。通过实习实训，学生可以在真实的工作场景中应用所学知识，提高实际操作能力，同时使企业能更全面地了解学生的潜力和能力。

1. 企业提供实习岗位

学校与企业合作，企业为学生提供实习的机会，使学生能够在真实的工作环境中学到实际技能。

2. 学校制订实习计划

学校根据企业的需求，制订合理的实习计划，明确实习目标和要求，确保实习的质量。

3. 导师制度

企业为学生配备导师，指导学生进行实际工作，解答问题，提供实际经验，以帮助学生更好地适应企业环境。

4. 实习成果评估

学校与企业共同对学生的实习成果进行评估，包括学科知识的应用、工作态度、团队协作等方面，以帮助企业了解学生的潜力和发展方向。

（二）共建研究中心模式

共建研究中心模式是一种校企深度合作的形式，通过共建研究中心，学校和企业可以共同进行前沿科研项目，推动产业技术创新。

1. 共同投资建设

学校和企业共同投资建设研究中心，共享实验设备、研究资源，推动共同科研项目的开展。

2. 共同研究项目

学校与企业合作进行科研项目，共同研究解决实际产业问题的方案，推动技术创新。

3. 学术研究与实际应用结合

通过共建研究中心，学术研究与实际应用得以更好地结合，促使科研成果更快地转化为实际生产力。

4. 学生参与研究

学生有机会参与共建研究中心的科研项目，锻炼科研能力，同时能够更深入地了解产业需求。

（三）产学研结合模式

产学研结合模式是校企合作的一种综合性形式，涵盖了实习实训、共建研究中心等多个层面，通过多维度的合作，实现产业和教育的深度融合。

1. 实习与科研结合

学生在企业实习时，也参与企业的科研项目，将理论知识与实际操作相结合。

2. 跨学科合作

学校的不同学科专业与企业进行跨学科合作，促进不同领域间的知识交流，解决实际问题。

3. 技术创新与人才培养结合

通过产学研结合模式，企业能够更好地获取前沿技术，学校能够培养更具实际应用能力的人才。

4. 持续合作机制

建立长期的产学研合作机制，使学校与企业之间形成稳定的伙伴关系，促进深度合作。

（四）双元培养模式

双元培养模式强调对学生进行全方位的培养，既注重专业知识的传授，又注重实际工作能力的培养，使学生能够更好地适应未来职业发展的需求。

1. 学业与实践双轨制

学生在学校进行专业课程学习的同时，也在企业进行实际工作，形成学业与实践的双轨制。

2. 企业导师与学校导师结合

学生在企业有企业导师的实践指导，同时又有学校导师的学科指导，实现双元导师制。

3. 学分认定

学生在企业实习期间所获得的实际工作经验可以被认定为学分，成为学生毕业的一部分，这样既提高了学生的学业水平，又使企业实践得到了合理的学术认可。

4. 轮岗实习

学生在不同阶段轮岗到不同的企业部门，全面了解企业运作，并在各个领域积累实际经验，为将来的职业生涯做好充分准备。

（五）校企合作的优势与挑战

1. 优势

实际操作能力提升：学生通过实习、实训等形式接触实际工作，提升了实际操作能力，更好地适应职场需求。

产业需求对接：校企合作模式使学校能够更好地了解产业需求，调整课程设置，更好地培养符合市场需求的人才。

科研成果应用：通过共建研究中心等形式，学校的科研成果能够更迅速地应用于实际产业，促进了技术创新。

企业资源共享：学校与企业合作，能够共享资源，包括实验室设备、科研人才等，提高了教学与科研水平。

人才输送通道：企业通过校企合作，能够更便捷地获取符合自身需求的人才，解决了用人难题。

2. 挑战

信息不对称：学校与企业之间可能存在信息不对称的问题，学校未必能够及时准确地了解到企业的实际需求，企业也可能不了解学生对学科知识的掌握程度和能力。

导师配套问题：企业导师与学校导师之间合作的默契程度、专业背景等方面存在差异，可能导致学生在实践中遇到困难时获得的指导意见不一致。

长期合作机制：一些学校与企业难以建立长期稳定的合作机制，导致校企合作的深度和广度受到一定限制。

法律法规问题：校企合作会涉及一系列法律法规，包括学生的权益保障、知识产权等问题，需要建立健全的法律体系。

人才培养质量：由于学校和企业在培养目标、方法等方面存在一定的差异，可能导致人才培养的质量不一。

校企合作作为一种融合教育与产业需求的创新模式，不仅丰富了学生的实际经验，提升了教育质量，也为企业提供了更具竞争力的人才。通过实习实训、共建研究中心、产学研结合、双元培养等多种模式，校企合作在促进教育与产业的深度融合方面发挥着重要作用。

然而，校企合作也面临一系列挑战，如信息不对称、导师配套问题、法律法规不完善等，这些问题需要学校、企业、政府等多方面共同努力，建立更完善的合作机制，提高合作的质量和深度。

未来，随着社会的不断发展和产业的不断变革，校企合作将继续发展壮大。通过更加深入的合作，推动科研成果更好地服务产业，培养更全面、更具实际应用能力的人才。同时，校企合作也将不断拓展到国际化领域，为我国培养具备国际竞争力的人才，促进我国在全球经济舞台上更好地发挥作用。

在这个共建共享的时代，校企合作无疑是一种创新的教育模式，为学生提供更广阔的职业发展空间，为企业输送更符合实际需求的人才，为社会经济的可持续发展贡献力量。在各方共同努力下，校企合作将迎来更加美好的发展前景。

二、产教融合时代下的创新合作机制

随着社会经济的迅速发展和科技的飞速进步，产业结构不断演变，对人才的需求也发生了根本性的变化。在这一背景下，产教融合成为推动教育与产业深度融合的一种重要模式。

（一）数字化技术的运用

1. 虚拟实习实训

传统的实习实训模式受制于地域和时间的限制，而数字化技术的发展为虚拟实习实训提供了新的可能。通过虚拟现实（VR）和增强现实（AR）技术，学生可以在模拟的真实场景中进行实习，提高实际操作技能。这种方式不仅节省了成本，也拓宽了实践的边界。

2. 在线项目合作

产教融合时代，企业与学校可以通过在线平台进行实时的项目合作，学生可以参与企业提供的实际项目，与企业员工一同协作，通过在线协作工具进行远程交流，这种模式既能够培养学生的实际操作能力，又能够提高项目推进的效率。

3. 数据驱动的人才培养

利用大数据和人工智能技术，学校和企业可以更精准地了解学生的学习习惯、优势和不足。基于学生的个性化数据，可以订制个性化的培养计划，帮助学生更好地适应产业需求。同时，企业也可以根据数据分析，提前预知人才需求，有针对性地参与到人才培养中。

4. 远程导师制度

数字化技术的发展使得远程合作变得更加容易，企业导师不必亲临学校，通过视频会议、在线交流等方式，可以进行更加频繁和及时的指导。这种远程导师制度既有助于学生获取及时反馈，也能够解决企业专业人才难以到校的问题。

（二）跨学科融合

1. 跨学科课程设计

产业发展日新月异，对人才的要求也变得更加多元化，跨学科融合模式通过将不同学科的知识融合在一起，培养更具综合素养的人才，例如，在工程项目管理中，既需要工程技术专业的知识，也需要商业管理方面的技能，因此可以设置跨学科的项目管理课程。

2. 产业导向的跨学科研究

跨学科研究可以将学术研究与产业需求更紧密地结合在一起，学校的不同学科专业可以联合开展产业导向的研究项目，通过多学科的交叉，解决实际产业问题。例如，生物科学和信息技术的结合可以推动生物信息学的发展。

3. 企业内部培训项目

跨学科融合不仅限于学校内部，也可以拓展到企业内部。企业可以组织跨学科的培训项目，让不同领域的员工相互学习，提高整体团队的创新能力。这种培训不仅有助于员工的个人发展，也能够推动企业的创新。

4. 跨学科实践项目

通过设立跨学科实践项目，学生可以在实际项目中学到多学科的知识，例如，一个智能城市的项目既涉及信息技术，也包含城市规划、环境科学等多个学科的知识。学生在这样的项目中既能够锻炼专业技能，又能够拓宽视野。

（三）国际化合作

1. 跨国实习项目

通过建立国际化实习项目，学生有机会在跨国企业中进行实习，了解不同国家的产业发展和文化氛围。这有助于培养学生的国际化视野，提高其在全球范围内的竞争力。

2. 跨国企业合作研究

学校可以与跨国企业合作开展联合研究项目，共同解决全球性问题，例如，与多个国家的企业合作开展环境保护研究，形成共同研究团队，推动研究成果的全球化应用。

3. 国际化人才培养计划

学校可以制订国际化的人才培养计划，引入国际先进的教育理念和课程体系。通过与国际企业合作，结合全球产业趋势，培养具备国际竞争力的人才，这样的人才既具备本土产业需求的专业知识，又能够适应国际市场的变化，为企业在全球范围内的发展提供了更多可能性。

4. 跨国联合研发中心

学校与企业可以共同建立跨国联合研发中心，将全球范围内的科研资源整合起来，共同解决跨国企业面临的技术难题，这样的合作不仅有助于推动产业技术创新，也为学生提供了更广泛的实践平台。

（四）人才培养与用人机制的创新

1. 企业参与课程设计

在产教融合时代，企业可以更深度地参与到课程设计中，直接提供实际案例、问题和需求，这样可以保证课程更贴近实际产业，使学生在学习过程中直接接触到真实的业务挑战，提高他们解决问题的能力。

2. 企业导师与学校导师深度合作

为了更好地对接产业需求，学校导师与企业导师之间需要建立更深度的合作机制，可以通过定期的联席会议、共同研究项目等方式，促使导师之间的沟通和合作更加密切，形成更有利于学生培养的机制。

3. 产业培训与学校学分挂钩

为了更好地适应产业的快速发展，学校可以与企业合作，将一些企业内部的专业培训课程与学校的学分挂钩，这样的做法可以使学生在学校期间就能够接触到最新的产业知识和技术，提前适应未来的职业需求。

4. 创新评价机制

在人才培养的评价机制上，可以引入更多的创新元素。除了传统的考试和论文评价，还可以采用项目评价、实习成果评价等方式，更全面地考查学生的综合素质。同时，通过与企业建立的紧密联系，引入企业对学生的评价，使评价更加客观和实际。

（五）产业需求引导课程体系的构建

1. 动态调整课程体系

产教融合时代，产业的发展速度较快，对人才的需求也在不断变化。因此，学校的课程体系应该具有一定的灵活性，能够随时根据产业情况进行动态调整，确保培养出来的人才更符合实际需求。

2. 专业与综合素质的平衡

在课程体系的构建中，不仅要注重专业知识的传授，还要兼顾学生的综合素质培养，培养学生的创新能力、团队协作能力、沟通能力等综合素质，使其在职业生涯中更具竞争力。

3. 跨学科综合课程的设置

为了培养更具综合素质的人才，可以在课程体系中设置跨学科的综合课程，例如，设计一个融合工程、商业管理和社会学的项目管理课程，让学生从不同角度理解和应对问题。

4. 产业实践与课程相结合

课程体系中应该融入更多的产业实践元素。通过实际项目、实习实训等方式，让学生在课程中能够更深入地接触到产业实际操作，提高他们的实际能力。

（六）教育内容创新与跨学科融合

1. 跨学科项目设计

在教育内容创新中，可以设计一些跨学科的项目，让不同专业的学生共同参与。通过跨学科的合作，学生能够更好地理解不同领域的知识，培养更全面的思维能力。

2. 问题驱动学习

采用问题驱动学习的方式，将真实产业问题引入教学内容中。学生通过解决实际问题，不仅能够掌握专业知识，还能够培养解决问题的能力，更好地适应未来工作的需求。

3. 利用新兴技术

教育内容创新可以借助新兴技术，例如，人工智能、大数据、云计算等。通过引入这些技术，可以更生动地呈现教学内容，提高学生的学习兴趣，同时也让他们更好地了解产业中新兴技术的应用。

4. 实际案例教学

教育内容创新可以通过引入更多实际产业案例，使学生在学习过程中能够更贴近实际情境。通过分析真实的产业案例，学生能够更深刻地理解理论知识的实际应用，培养解决实际问题的能力。

（七）建立全面的课程融合评估指标

1. 多元化评估方式

在建立课程融合评估指标时，应采用多元化的评估方式。除了传统的考试和论文评估，还可以结合项目成果、实际操作能力、团队协作等多个方面进行评估，更全面地了解学生的综合素质。

2. 学生反馈机制

建立学生反馈机制，收集学生对课程融合的感受和建议。通过学生的反馈，了解课程的实际效果，及时调整课程内容和教学方法，确保课程更符合学生和产业的需求。

3. 企业评估参与度

引入企业评估参与度作为课程融合评估的重要指标。通过企业的反馈，了解学生在实际项目中的表现，验证课程的实际效果，确保学生在课程中获得的知识和能力能够满足产业的需求。

4. 持续优化评估体系

建立一个持续优化的评估体系，定期对课程进行评估和改进。通过收集学生、企业和教师的反馈意见，及时调整课程设置、教学方法和评估指标，确保课程始终保持与产业需求的紧密对接。

三、校企合作中的利益平衡与合作共赢

校企合作是一种深度融合教育和产业需求的创新模式，通过学校与企业之间的紧密协作，旨在实现双方的利益平衡和合作共赢。在这个模式中，学校为学生提供实际操作和实践经验指导，同时满足企业对人才的需求。笔者将深入探讨校企合作中的利益平衡机制，以及如何实现双方的合作共赢。

（一）校企合作的背景

1. 产业升级与人才需求

随着社会经济的发展和产业结构的不断升级，企业对于高素质、实践能力强的人才需求不断增加。传统的教育模式难以完全满足这一需求，因此，校企合作应运而生。通过与企业合作，学校能更好地了解实际产业需求，有针对性地培养符合市场需求的人才。

2. 教育资源优势与企业需求对接

学校作为教育机构拥有丰富的教育资源，包括优秀的师资队伍、实验室设备、研究项目等。与企业合作，可以更好地利用这些教育资源，满足企业对于技术创新和人才培养的双重需求。同时，企业的实际需求也能够指导学校更好地进行教学设计和课程设置。

（二）校企合作中的利益平衡机制

1. 学校的利益平衡

资源共享与项目资助：学校通过与企业建立合作关系，可以分享企业的实际项目和技术资源。同时，企业可以提供资金支持，支持学校的科研和教学项目，促进学校的综合实力提升。

师资培训与实践经验提升：学校的教师有机会参与企业的实际项目，获得更丰富的实践经验。企业可以为学校提供专业培训，使教师更好地了解实际产业需求，提高教学水平。

学生就业机会提升：通过与企业建立联系，学校能够更好地帮助学生找到实习和就业机会，这不仅提高了学生的就业竞争力，也增强了学校在社会中的声誉。

149

2. 企业的利益平衡

人才供给与技术创新：企业通过与学校合作，可以获得更高素质的人才供给。学校培养的学生在实践中能够更好地适应企业的工作环境，同时，企业还可以与学校共同开展研发项目，获取新的技术创新。

员工培训与业务提升：学校可以为企业提供员工培训服务，使企业员工不断提升专业技能，这对于企业的业务发展和提升竞争力具有积极作用。

研发项目合作与资源共享：学校的研究团队与企业合作，共同开展研发项目。通过资源共享，企业可以更快速地获取前沿科技成果，推动企业的技术水平和市场竞争力的提升。

（三）实现合作共赢的关键因素

1. 沟通与合作文化建设

建立开放、高效的沟通机制是实现合作共赢的基础。学校与企业需要建立相互信任的关系，推动合作文化的建设，使双方更好地理解对方的需求和期望，定期召开会议、建立沟通渠道，促使信息流动，解决合作中的问题，是构建合作共赢关系的关键。

2. 协调管理机制

在校企合作中，需要建立协调管理机制，明确双方的责任与权利。学校和企业可以共同建设管理团队，合理利用双方资源，解决合作中的管理问题。此外，制定明确的合同和协议，规范合作关系，有助于避免潜在的纠纷。

3. 共同目标与长期规划

双方需要明确合作的共同目标，并制订长期规划。共同的目标能够凝聚双方的共识，使合作更有针对性和方向性。同时，长期规划有助于构建可持续的校企合作关系，形成双赢的局面。

4. 创新与适应能力

校企合作面临着不断变化的外部环境，双方需要具备创新和适应的能力。学校需要不断更新教学内容，适应产业的发展趋势；企业需要灵活调整人才需求，适应市场的变化。双方要共同努力，推动合作不断创新，保持适应性，以确保合作关系的持续稳定发展。

5. 双向输送与反馈机制

建立双向的输送与反馈机制，有助于实现合作的共赢。学校向企业输送人才的同时，也需要从企业获得实际需求的反馈，以调整培养计划和课程设置。企业可以向学校反馈实际项目的运行情况，提出人才培养的建议，形成双方互惠互利的良性循环。

（四）校企合作中的问题与挑战

1. 利益分配不均衡

在校企合作中，可能存在由于资源分配、项目收益等因素导致的利益分配不均衡问题，学校和企业需要在合作初期明确合作框架和利益分配机制，确保双方的权益均得到合理保障。

2. 信息不对称

信息不对称是另一个潜在的问题。学校可能难以准确了解企业的实际需求，企业也可能无法充分了解学校培养学生的水平，建立定期的沟通机制、共享信息平台，有助于解决信息不对称问题，促使合作更加顺畅。

3. 人才培养周期较长

人才培养是一个相对周期较长的过程，而企业在短期内可能需要更快速地满足业务需求，为解决这一问题，可以探索引入短期培训、实习等方式，满足企业短期内的用人需求，同时保持长期培养计划的稳定推进。

4. 人才培养与市场需求脱节

由于市场变化较快，学校在人才培养过程中可能存在脱节的情况，培养的人才与市场需求不完全匹配，为解决这一问题，学校需要更灵活地调整课程设置，引入实际项目，不断优化培养方案，以更好地适应市场需求的变化。

（五）校企合作的发展趋势

1. 深度融合科技创新

随着科技创新的加速发展，校企合作将更加深度融合科技创新，学校与企业将共同参与前沿科研项目，共同推动科技成果的转化及产业的创新发展。

2. 产学研一体化

未来，校企合作将更加强调产学研一体化，通过学校、企业和科研机构的紧密合作，形成全方位的合作网络。这有助于更好地整合各方资源，实现协同创新。

3. 国际化合作

随着全球化的发展，校企合作也将更多地走向国际化，学校与国际企业的合作将成为常态，国际化的教育资源和就业机会将更好地服务于学生的全球化职业发展。

4. 强调社会责任

未来的校企合作将更加强调社会责任，学校和企业不仅要满足自身的利益，还要关注社会的可持续发展，通过合作为社会培养更多的优秀人才，促进社会的进步。

校企合作是一种具有前瞻性的教育模式，通过实现利益平衡和合作共赢，既能满足企业对人才的需求，又能促使学校更好地适应产业发展。在面对问题和挑战时，双方需要建立有效的沟通机制、协调管理机制，注重共同目标和长期规划，以实现合作共赢的局面。未来，随着科技发展和全球化的深入，校企合作将进一步深化，为培养更具实际能力和创新精神的人才作出更大的贡献。

第二节　实践基地建设的原则与实施

一、实践基地建设的指导原则

实践基地是高等教育中不可或缺的一环，为学生提供了与实际工作环境相接轨的学习机会，实践基地的建设直接关系到教育质量、学生职业素养的培养，以及产学合作的深度。

（一）紧密结合产业需求

1. 深入了解产业特点

在建设实践基地之前，学校和企业需深入了解所涉及的产业特点，这包括了解产业的发展趋势、技术水平、用工需求等方面的信息。只有深入了解产业的实际需求，才能更有针对性地建设实践基地，使其真正符合产业发展的需要。

2. 与企业共同规划

实践基地建设不应是学校单方面的决策和规划，而是需要学校与企业之间共同参与规划的过程，双方应充分沟通，明确各自的期望和需求，形成共识，以确保实践基地的建设与产业发展方向相契合。

3. 整合行业资源

建设实践基地时，学校和企业应该充分整合行业内的资源，包括技术、人才、设备等。通过整合资源，实践基地能够更好地满足产业的实际需求，为学生提供更为真实的学习环境。

（二）创新教学模式与内容

1. 引入问题驱动的学习

实践基地的建设应注重引入问题驱动的学习模式。通过解决真实产业中的问题，学生能够更好地理解理论知识，并培养解决问题的能力，问题驱动的学习有助于将课堂知识与实际应用相结合，提高学生的实际操作能力。

2. 结合跨学科教育

实践基地的建设需要将不同学科的知识进行整合，实现跨学科教育，例如，在工程类专业的实践基地中，可以引入管理、经济、社会学等相关学科的知识，培养学生更全面的综合素质。

3. 开展项目式教学

采用项目式教学是实践基地建设中的有效教学方式。通过学生参与真实项目，不仅能够锻炼他们的实际操作能力，还能培养团队协作和项目管理的能力。项目式教学使学生更好地适应未来工作中的项目化需求。

（三）优化师资队伍与管理体系

1. 师资队伍的专业背景

实践基地的师资队伍需具备丰富的实际工作经验和深厚的专业背景，这要求学校与企业共同合作，引入企业专业人才作为实践基地的教学骨干，以保证学生能够获得真实产业中的专业知识和经验。

2. 建立有效的管理体系

实践基地建设需要建立一套有效的管理体系，确保基地的运营和管理能够顺利进行，管理体系应包括运营规章制度、项目管理机制、师资培训等方面，以保证实践基地的高效运作。

3. 引入企业管理经验

为提升实践基地的管理水平，学校可以引入企业的管理经验。邀请企业管理人员担任实践基地的管理顾问，通过分享企业管理经验，提升实践基地的运营效率和管理水平，企业管理经验的引入有助于学校更好地了解产业的管理模式，为学生提供更为实际的管理培训。

（四）注重实践基地硬件设施建设

1. 先进的设备与技术支持

实践基地的硬件设施建设需注重引入先进的设备和技术支持，这包括与产业领先水平相符的实验设备、信息技术支持等。先进的设备能够为学生提供更好的实践体验，使其更好地适应未来工作环境。

2. 实际工作场景的还原

实践基地的建设要力求还原真实的工作场景。通过模拟真实的工作环境，学生能够更好地理解和适应实际工作中的要求，这可能涉及搭建实际生产线、模拟企业办公室等。

3. 安全和环保设施

在实践基地建设中，安全和环保设施是不可忽视的因素，保障学生在实践活动中的安全，建设环保型实践基地有助于培养学生的环保意识，符合社会可持续发展的要求。

（五）建立完善的实践基地评估体系

1. 定期评估基地运作

建立定期的实践基地评估机制，对基地运作进行全面的评估，评估内容可以包括师资力量、设施设备、项目实施情况等方面。通过评估，及时发现问题，提出改进建议，确保实践基地的质量和水平持续提升。

2. 学生综合素质评估

除了对实践基地本身的评估，还应建立对学生在实践过程中综合素质的评估体系。这包括实际操作能力、团队协作能力、问题解决能力等方面。通过对学生的评估，了解实践基地对学生职业素养的培养效果。

3. 产学研效果评估

建立对实践基地产学研效果的评估机制。通过考察实践基地与企业的合作项目、研究成果等方面的表现，评估实践基地在产业研发中的实际贡献。

（六）促进产学研深度融合

1. 加强产业导向研究

实践基地建设要与产业研究深度融合，学校可以通过实践基地进行产业导向的研究项目，解决实际产业问题，促进学术研究与产业发展的深度结合。

2. 共建研究中心

学校与企业可以共建研究中心，整合双方的研究资源，共同开展前沿科研项目。通过共建研究中心，实现产学研的有机结合，提升双方在科研方面的实际影响力。

3. 推动科技成果转化

实践基地的建设要促进科技成果的转化，学校与企业可以通过实践基地将研究成果快速转化为实际应用，推动科技创新成果的商业化。

（七）推动国际化合作

1. 引入国际合作资源

实践基地的建设要注重引入国际合作资源。通过引入国际企业的先进管理经验、国外专业人才的培训等方式，促进实践基地的国际化水平提升。

2. 建立国际化团队

实践基地的建设可以考虑建立国际化团队，引入国际化的师资力量，组建国际合作项目，培养具备国际视野和竞争力的学生。

3. 推动学生国际交流

鼓励学生参与国际实践交流项目。通过与国际企业、研究机构的合作，使学生能够更好地融入国际产业环境，提升其全球化素养。

实践基地的建设是高等教育体系中的重要组成部分，对于学生的职业发展和产业的创新发展都具有重要意义。在实践基地建设过程中，紧密结合产业需求、创新教学模式与内容、优化师资队伍与管理体系、实践基地硬件设施建设、建立完善的实践基地评估体系、促进产学研深度融合、推动国际化合作等原则都是至关重要的。只有在这些原则的指导下，实践基地才能更好地服务于学生的实际需求，为产业的创新和发展提供有力支持。

二、实践基地的分类与特点

实践基地作为高等教育的重要组成部分，是学生实际操作和实践经验的场所，承担着培养学生实际能力、提升职业素养的重要任务。实践基地的分类与特点涉及不同专业领域、不同类型企业及不同实践需求的考量。

（一）实践基地的分类

实践基地根据不同的分类标准，可以被划分为多个不同的类型。以下是几种常见的分类方式。

1. 按所属行业领域分类

根据所属行业领域的不同，实践基地可以分为以下几种。

工程技术类实践基地：包括工程实验室、生产车间等，主要用于工程技术专业的学生进行实际操作和实验。

商业管理类实践基地：涉及商业管理、市场营销等专业，包括企业实习基地、模拟商店等。

医学类实践基地：主要用于医学、护理等专业，包括医院实习基地、临床实验室等。

2. 按企业性质分类

根据实践基地所属企业的性质，可以分为以下几种。

公立企业实践基地：与政府或公共机构合作，提供与公共服务相关的实践机会，如公立医院、科研机构等。

私立企业实践基地：与私营企业或非营利组织合作，提供与私人企业相关的实践机会，如私立医疗机构、非营利性社区服务机构等。

3. 按专业需求分类

根据专业课程和学科需求，实践基地可以分为以下几种。

专业实训基地：重点提供学生专业领域的实际操作和实训，以满足其专业技能的培养需求。

综合实践基地：面向多个专业的实践基地，旨在提供跨学科的实践机会，促进不同专业之间的交叉合作。

4. 按地理位置分类

根据地理位置的不同，实践基地可以分为以下几种。

本地实践基地：位于学校所在地或周边地区，更加便于学生参与实践活动，也更贴近学校的教学资源。

远程实践基地：位于较远地区，可能需要学生进行实地实践，促使学生适应多样化的工作环境。

（二）实践基地的特点

1. 实践性强

实践基地的主要特点之一是实践性强，与传统的课堂教学相比，实践基地为学生提供更为真实、直观的实践机会，使他们能够在实际操作中应用所学知识，增强专业技能。

2. 职业导向

实践基地的设置是为了更好地满足职业发展的需求。通过在实践基地中的实际操作，学生能够更全面地了解自己所学专业的工作特点，提前适应职业环境。

3. 跨学科交叉

在综合实践基地中，不同专业的学生可能会共同进行实践活动，这促使了跨学科的交叉合作，这样的实践机会有助于学生了解其他专业领域的知识，培养跨学科思维。

4. 产学研融合

实践基地的建设通常需要学校与企业合作，使产学研相互融合。学校通过实践基地能够更好地将理论知识与实际应用相结合，企业则能够通过合作获取新的研发成果和人才储备。

5. 响应产业需求

实践基地的设置是为了更好地响应产业的需求。通过与行业合作，学校能够更好地了解当前产业的发展趋势，调整实践基地的设置，使其更符合市场需求。

6. 学生参与度高

实践基地的特点之一是学生的参与度较高，在实践基地中，学生能够亲身参与实际工作，提高学习的主动性，培养解决问题的能力和团队协作精神。

7. 反馈与改进机制

实践基地通常建立有反馈与改进机制，学校、企业和学生可以通过定期的评估和反馈机制，及时了解实践基地的运作情况，提出改进建议，从而不断优化实践基地的管理和服务。

8. 提升就业竞争力

实践基地的存在可以为学生提供更多的实际工作经验，从而提升其就业竞争力，学生在实践基地中所获得的实际操作技能和职业素养，使其对于用人单位更具吸引力。

9. 培养综合素质

实践基地不仅注重专业技能的培养，还强调学生的综合素质。通过实际操作，学生能够培养解决问题、沟通协作、创新思维等方面的综合素质，使其更好地适应未来的职业发展。

（三）实践基地的建设和管理经验

1. 与企业建立紧密合作关系

实践基地的建设需要与企业建立紧密的合作关系。通过与企业的深度合作，能够更好地了解产业的需求，使实践基地更贴近实际工作场景，提升学生实践操作能力。

2. 引入先进的技术和设备

为提升实践基地的教学水平，建议引入先进的技术和设备，先进的技术和设备有助于提供更真实的实践环境，使学生更好地适应未来的工作要求。

3. 设立专业化管理团队

为了更好地管理实践基地，可以设立专业化的管理团队，该团队负责实践基地的日常运营、项目管理、学生指导等工作，确保实践基地的高效运作。

4. 建立有效的评估体系

建立有效的评估体系是实践基地管理的重要一环，定期进行实践基地的评估，包括学生的参与度、企业的反馈等，有助于发现问题并及时进行改进。

5. 促进师资队伍的专业发展

实践基地的师资队伍是保障实践教育质量的关键，为了提升师资水平，需要促进师资队伍的专业发展，鼓励教师参与产业研究、实际项目，保持与行业的紧密联系。

6. 鼓励学生创新实践

实践基地的建设要鼓励学生进行创新实践。通过组织创业比赛、科技竞赛等活动，激发学生的创新精神，培养他们在实际工作中解决问题的能力。

7. 加强与地方政府的合作

与地方政府的合作对于实践基地的建设和发展也十分重要，政府可以提供相关政策支持、经济资助等方面的支持，同时学校也能够更好地融入当地产业发展的整体规划。

实践基地作为高等教育的重要组成部分，不仅承载着培养学生实际操作能力和实践经验的任务，同时也为产学研深度融合、学生就业竞争力提升、综合素质培养等方面提供了有力支持。通过分类与特点的深入分析，我们可以更好地了解实践基地的本质和功能，为不同学科领域的实践基地建设提供合理指导。在实践基地的建设和管理过程中，不断总结和借鉴相关经验，加强与企业、政府等多方面的合作，能够更好地满足学生和产业的实际需求，推动实践基地的不断创新和发展。

第三节　实践基地的运营与管理

一、实践基地的日常运营机制

实践基地是高等教育中的重要组成部分，为学生提供实际操作和实践经验的场所，扮演着联系学校与产业的纽带。为了保证实践基地能够顺利运营，发挥其最大的教育和培训功能，需要建立科学合理的日常运营机制。

（一）实践基地的管理体系

1. 管理机构设置

为了确保实践基地的高效运作，需要建立清晰的管理机构。该机构应该包括实践基地主管领导、管理人员、专业教师、技术人员等。不同职能的人员协同工作，共同推动实践基地的各项工作。

2. 规章制度建设

建立科学合理的规章制度是管理实践基地的基础，这包括实践基地的日常管理流程、学生进出机制、设备使用规定等。规章制度的建设要充分考虑实践基地的特点，确保规章制度的贯彻执行。

3. 信息化管理系统

借助信息化手段，建立实践基地的信息管理系统。通过系统化的信息管理，能够更方便地掌握实践基地的运作情况，实现对实践活动的及时监督和管理。

4. 定期评估机制

建立定期的评估机制，对实践基地的运作进行全面评估，评估内容可以包括师资力量、设施设备、项目实施情况等方面。通过评估，及时发现问题，提出改进建议，确保实践基地的教学水平持续提升。

（二）师资队伍建设与培训

1. 师资队伍结构

建设合理的师资队伍是实践基地的关键。师资队伍应包括有丰富实际经验的专业教师、产业界人才、技术人员等。各类人员协同合作，能够更好地满足实践基地的多元化需求。

2. 师资培训

定期组织师资培训，提高教师的实践教学水平，培训内容可以包括最新的技术知识、实践教学方法、产业发展趋势等。通过培训，教师能够更好地适应实践基地的需求，提高学生的实际操作水平。

3. 行业导向研究

鼓励师资队伍进行与行业相关的研究项目。通过深度的产业研究，教师能够更好地理解产业的发展趋势，将最新的产业动态融入教学内容，使学生接触到最前沿的知识。

4. 与企业专家合作

建立与企业专家的合作机制，邀请企业专家作为实践基地的兼职教师，企业专家能够为学生提供最新的产业资讯和实际经验，帮助学生更好地了解产业的真实情况。

（三）学生参与机制

1. 实践项目设计

通过精心设计实践项目，激发学生的兴趣和主动性，项目设计应紧密结合产业需求，具有一定的实际挑战性，能够锻炼学生的综合素质和解决问题的能力。

2. 学生管理机制

建立学生管理机制，包括学生的进出机制、实践活动的组织和指导等，学生参与实践基地的活动需要有明确的流程，确保学生的安全和学习效果。

3. 学生评估体系

建立学生的综合素质评估体系，评估内容可以包括实际操作能力、团队协作能力、创新思维等方面。通过对学生的评估，了解实践基地对学生职业素养的培养效果。

4. 实践经验分享

鼓励学生分享实践经验，通过演讲、论文、展示等方式，使学生能够总结和分享在实践基地中获得的知识和经验，这不仅有助于学生的自我成长，也能够激励其他同学更积极地参与实践活动。

（四）与企业的合作机制

1. 产学研合作项目

建立产学研深度合作的项目机制，学校可以与企业签署合作协议，共同开展实践项目、研究项目等，使学生更好地参与产业实践。

2. 企业导师模式

建立企业导师制度，邀请企业专业人员担任学生的导师，企业导师可以向学生传授实际工作经验和行业知识，指导学生在实践基地中更好地适应企业工作环境。

3. 实习就业渠道

建立实习就业渠道，通过与企业的深度合作，为学生提供更多的实习和就业机会，学校可以通过与企业建立长期的合作伙伴关系，促进双方资源共享。

4. 产业需求调查

定期进行产业需求调查，了解企业对人才的需求，调整实践基地的设置和课程内容。通过与企业的密切合作，确保学生获得的知识和技能符合实际用人需求。

（五）设备与硬件保障机制

1. 先进设备的引入

实践基地的设备与硬件保障是日常运营中不可忽视的一环，建议引入先进的设备和技术，确保学生在实践中能够接触到最新的行业技术，提高其实际操作水平。

2. 设备维护与更新

建立设备维护与更新机制，确保实践基地设备的正常运转，定期进行设备的检查和维护，及时更新老化设备，以保证实践基地的实用性和安全性。

3. 实践场地规划与利用

合理规划实践场地的使用，确保不同专业的实践活动能够有序进行，根据不同实践项目的特点，进行场地的合理配置，提高场地的利用效率。

4. 安全与环保保障

建立安全与环保保障机制，确保学生在实践基地中的安全，包括制定安全操作规范、提供必要的安全设备和培训，以及建立环保意识，促使学生养成良好的实践习惯。

（六）信息化管理与数据分析机制

1. 信息化管理系统

采用信息化手段，建立实践基地的信息管理系统。通过系统化的信息管理，可以更方便地掌握实践基地的运作情况，及时了解学生的实践活动和校企合作的进展。

2. 数据分析与挖掘

利用数据分析技术，对实践基地的运作数据进行分析与挖掘。通过分析学生的参与情况、活动效果等数据，及时调整和改进实践基地的运营机制，提高教学质量。

3. 学生学业发展跟踪

建立学生学业发展的跟踪机制，利用信息化手段记录学生在实践基地中的学业发展情况，这有助于学校更好地了解学生的学习状态，及时给予指导和帮助。

（七）质量监控与改进机制

1. 定期质量评估

建立定期的质量评估机制，对实践基地的运作进行全面评估。评估内容可以包括学生的参与度、企业的反馈等，通过评估结果找出问题，提出改进建议。

2. 及时反馈机制

建立及时反馈机制，鼓励师生和企业及时反馈实践基地的运作情况。通过有效的沟通机制，及时了解实践基地中的问题和困难，以便及时解决相应问题。

3. 持续改进机制

建立持续改进机制，将评估和反馈的结果纳入实践基地的管理和运营中。

通过不断地改进和优化机制，使实践基地更好地适应教学需求和产业发展。

实践基地的日常运营机制是实现高效教学和培训的关键。通过建立科学合理的管理体系、加强师资队伍建设、规范学生参与机制、深化与企业的合作机制、保障硬件设备和信息化管理等方面的工作，能够更好地发挥实践基地的作用，为学生提供更优质的实践学习环境，促进产学研深度融合。在实践基地的日常运营中，不仅需要注重规章制度的制定，更需要不断总结和改进，与产业和学科的发展趋势保持紧密联系，及时调整运营机制，使之更好地适应不断变化的社会和产业需求。

在实践基地的日常运营中，需要有机结合各方面的工作，形成一个相互支持、协同运作的系统。管理者应具备一定的敏锐性，及时调整运营机制，确保实践基地始终保持活力和创新力。与此同时，实践基地的运营需要学校、企业和学生共同努力，形成合力，共同推动实践基地的可持续发展。

总体而言，实践基地的日常运营机制应该是灵活、高效、可持续的。通过精心设计的管理体系、师资队伍建设、学生参与机制、与企业的合作机制等方面的工作，实践基地可以更好地发挥其在学科培养、职业素质提升和产业服务等方面的重要作用。在这一过程中，不断的改进和创新是保持实践基地活力的关键，也是实现高质量教育的基础。

二、学校与企业的协同管理

随着社会的不断发展和变革，学校和企业之间的合作与协同管理变得愈发重要。学校和企业一直被看作是两个独立的领域，各自有着不同的目标和职责。然而，随着知识经济的兴起和职业需求的变化，学校和企业之间的联系日益密切，协同管理也成为一种现代化的管理模式。

（一）协同管理的重要性

1. 培养适应未来职场需求的人才

随着科技的飞速发展和全球化的深入，职场需求发生了巨大的变化，学校和企业需要共同努力，确保培养出具备创新能力、团队协作精神、跨文化沟通技能等多方面素养的人才，协同管理能够促使学校更好地了解企业的实际需求，调整教学内容和方法，以更好地适应未来职场的发展趋势。

2. 提升学生就业竞争力

学校与企业的协同管理有助于构建更加紧密的产学合作关系，使学生能够更好地融入职场。通过实习、实训、校企合作项目等方式，学生能够获得更丰富的实践经验，提高在职场中的竞争力。同时，企业也能更早地了解学生的潜力，为其招聘和培养提供更为精准的方向。

3. 促进知识共享与创新

学校与企业协同管理有助于知识的共享与创新。学术界通常具有丰富的理论知识，而企业则有着实践经验和市场洞察力。通过协同管理，双方可以共同研究解决实际问题的方法，推动科研成果的应用，促进产学研合作，推动创新与发展。

（二）协同管理的方式

1. 实习与实训

学校与企业可以通过提供实习机会和实训项目来锻炼学生的实践能力。这种方式不仅让学生在真实的工作环境中学到知识和技能，同时也让企业能够更早地发现和培养人才。

2. 校企合作项目

学校与企业可以共同开展项目，通过合作研究、技术开发等方式来促进双方的合作，这种方式既可以满足企业的需求，也可以为学校提供实际案例和数据，促进理论与实践的结合。

3. 产学研合作

通过建立产学研合作平台，学校、企业和研究机构可以共同参与项目的研究与开发，这种方式有助于集聚各方优势资源，推动科研成果的转化和应用，促进产业升级和创新发展。

4. 职业导师制度

建立职业导师制度，吸引将企业中的专业人士进入学校，为学生提供更为贴近实际的职业指导。导师可以通过分享自己的经验、指导学生的学业规划，帮助学生更好地融入职场。

（三）协同管理的挑战

1. 利益分歧与合作难题

学校和企业在利益、目标和管理模式上存在差异，可能导致合作时的利益分歧和合作难题。为了有效协同管理，双方需要建立共同的目标和价值观，制订清晰的合作方案。

2. 信息不对称

学校和企业之间存在信息不对称的问题，可能导致合作时沟通困难等问题。双方需要建立起有效的信息共享机制，确保双方对对方的期望和需求有清晰的了解。

3. 人才培养与需求匹配难题

学校在培养人才时可能无法及时了解企业的实际需求，导致培养的人才与市场需求不匹配。为了解决这一问题，学校和企业需要建立定期沟通的机制，确保人才培养与市场需求保持一致。

4. 制度体系不完善

学校和企业协同管理需要有一套完善的制度体系来进行支持。在一些地区和行业，由于相关政策和法规的不完善，协同管理可能受到一些限制。因此，需要不断完善相关的法规和政策，为协同管理提供制度保障。

（四）未来发展趋势

1. 强化跨学科合作

未来，学校和企业的协同管理将更加强调跨学科合作。随着科技的发展和行业的多元化，许多问题需要跨越多个学科领域的专业知识来解决。学校与企业可以建立跨学科的合作团队，通过整合不同领域的专业知识，共同解决复杂的问题，推动创新和发展。

2. 加强数字化教育与技术创新

数字化教育和技术创新将成为学校与企业协同管理的重要发展趋势。利用先进的技术手段，例如，虚拟现实、人工智能等，可以提供更具创新性和实用性的教育和培训方式。学校与企业可以共同投资和探索这些技术的应用，以满足未来职场对于数字化和技术创新的需求。

3. 推动全球化合作

随着全球化的推进，学校与企业之间的合作将越来越趋向国际化。学校可以与跨国企业建立合作关系，开展国际性的实习项目、研究合作等。这有助于培养具有跨文化沟通能力和全球视野的人才，更好地适应全球化背景下的职场需求。

4. 强调可持续发展与社会责任

未来的协同管理将更加注重可持续发展和社会责任。学校与企业应共同关注环境、社会和经济的可持续性，通过合作推动创新、研究与发展，为社会作出更为积极的贡献。这也有助于提升企业的社会形象，吸引更多有社会责任感的人才加入。

5. 建立长期稳定的合作关系

为了克服协同管理中的挑战，学校与企业应当建立长期稳定的合作关系。通过建立战略伙伴关系，制定长期规划，双方可以更好地协同规划、执行和评估合作项目，实现互利共赢。

总的来说，学校与企业的协同管理是适应社会发展和提升人才培养质量的必然趋势。通过深化合作，双方可以共同应对未来的挑战，推动教育与产业的良性互动，实现人才培养和经济发展的双赢局面。在这个过程中，需要克服一系列的难题，建立更加紧密的合作机制，以促进学术研究、技术创新和社会责任的有机结合，为社会的可持续发展作出积极贡献。

三、实践基地的评估与改进

随着高等教育和职业培训的不断发展，实践基地在学校教育体系中的地位日益攀升。实践基地是学生将理论知识应用于实际工作场景的重要平台，也是培养学生实际操作能力和职业素养的关键环节。然而，为了确保实践基地的质量和效果，需要进行系统的评估并及时进行改进。

（一）实践基地评估的重要性

1. 提高实践教学的质量

实践基地评估是确保实践教学质量的一项重要手段。通过对实践基地进行全面、科学的评估，可以及时发现存在的问题和不足之处，有针对性地进行改进，从而提高实践教学的质量。

2. 保障学生实际操作能力的培养

实践基地是学生将在课堂上学到的理论知识付诸实践的场所。通过评估实践基地，可以确保学生在实际操作中得到充分锻炼，培养他们的实际操作能力，使其更好地适应未来的职业要求。

3. 促进产学合作的深度发展

实践基地通常与企业或实际工作场景紧密相关，通过评估实践基地，可以促进学校与企业之间的产学合作。合作双方可以通过评估的反馈信息，更好地理解对方的需求，进一步深化合作关系，实现互利共赢。

4. 落实教育教学改革方案

随着教育教学改革的深入，实践基地的评估也成为教育教学改革的一个重要环节。通过评估，可以了解改革方案的实施效果，为教育教学改革提供有力的数据支持，推动改革的深入发展。

（二）实践基地评估的方法与指标

1. 评估方法

（1）定性评估

定性评估主要通过对实践基地的环境、设施、师资力量等进行综合性的描述和分析，评估实践基地的整体状况。可以采用访谈、观察、文献分析等方法，获取定性数据，帮助评估者全面了解实践基地的特点。

（2）定量评估

定量评估通过数据的量化和统计分析，从多个角度客观地评估实践基地的运行情况。常用的定量评估方法包括问卷调查、实际操作技能测试、学生满意度调查等。这些数据能够为评估者提供具体的、可比较的信息，更有利于进行科学分析。

2. 评估指标

（1）基础设施

评估实践基地的基础设施，包括实验室、工作场所、设备等方面的设施是否齐备、先进，是否满足实际操作的需要。

（2）师资力量

师资力量是实践基地的核心资源之一，评估时需要考察实践基地的教学团队，包括师资结构、专业水平、教学经验等。

（3）教学质量

评估实践基地的教学质量，主要包括实践教学内容的合理性、实践活动的设计与组织、学生实践能力的培养等方面。

（4）学生满意度

通过学生满意度调查，了解学生对实践基地的整体满意度、对实际操作能力培养的感受等，为进一步改进提供有力的反馈。

（5）产学合作

考察实践基地与企业的合作情况，包括合作项目的开展情况、企业的反馈等，以评估实践基地在产学合作方面的成效。

（三）实践基地评估的过程

1. 制订评估计划

在进行实践基地评估前，需要制订详细的评估计划，计划中应包括评估的目标、评估的方法和指标、评估时间表、评估人员的安排等内容。

2. 收集评估数据

根据评估计划，采用定性和定量的方法，收集实践基地相关的数据，这一步需要全面、系统地了解实践基地的各个方面，获取准确的信息。

3. 数据分析与整理

将收集到的数据进行分析与整理，通过统计学方法，将定量数据进行比较和综合分析，形成科学、客观的评估结果。同时，对定性数据进行整理，形成对实践基地各方面状况的综合性描述。

4. 生成评估报告

基于数据分析结果，生成评估报告。评估报告应包括对实践基地各个方面的评价，明确实践基地的优势和不足，提出改进建议。报告要清晰、详细地呈现评估的过程和结论，为实践基地的改进提供明确的方向。

5. 反馈与改进

将评估报告反馈给实践基地管理人员、教师和企业合作方。在反馈过程中，可以进行深入的讨论，明确改进方向和措施。实践基地应根据评估报告提出的建议，及时调整运行策略，进行改进和优化。

（四）评估中可能遇到的问题

1. 数据获取困难

有些实践基地可能存在信息不对称或者数据不易获取的问题，导致评估时难以全面了解实践基地的状况。解决这一问题需要建立更加畅通的信息交流机制，确保评估数据的准确性和完整性。

2. 评估主体主观性

评估人员的主观性可能影响评估结果的客观性。为了降低这一问题的影响，评估过程中应采用多元化的评估方法，引入多方面的意见和建议，确保评估结果更为客观和全面。

3. 评估指标选择不当

选择不当的评估指标可能导致评估结果不准确。在评估前，需要慎重选择评估指标，确保其能够全面、科学地反映实践基地的运行状况。

4. 反馈不及时

评估结果的反馈不及时可能影响改进措施的实施。评估人员需要在评估完成后及时向实践基地提供评估报告，并进行深入交流，确保改进建议得到及时的关注和实施。

（五）改进实践基地的策略与方法

1. 定期培训实践基地教师

通过定期的培训，提升实践基地教师的专业水平和教学能力，培训内容可以涵盖教育教学理念、实践案例分享、新技术应用等方面，使教师更好地适应教育变革和实践需求。

2. 建立健全的管理机制

实践基地需要建立健全的管理机制，包括明确的管理责任、科学的管理流程、有效的信息反馈机制等。通过规范化管理，能够提高实践基地的运行效率和教学质量。

3. 引入先进的技术设备

及时更新实践基地的技术设备，引入先进的实验仪器和工作工具，这有助于提高实践基地的实验水平，使学生能够接触到最新的工业技术和实践方法。

4. 拓展产学合作项目

加强与企业的合作，拓展产学合作项目。通过与企业的深度合作，实践基地可以更好地了解实际工作需求，提升实践教学的实用性，为学生提供更广阔的职业发展机会。

5. 鼓励学生参与实践基地建设

鼓励学生参与实践基地的建设和管理，提供他们在实践基地中的建议和意见。学生是直接受益者，他们的参与能够为实践基地改进提供独特的视角和建议。

总的来说，实践基地评估与改进是一个动态的、循环的过程。通过科学、全面的评估，发现问题并及时改进，可以不断提升实践基地的教学质量，满足学生的实际需求，促进产学合作的深度发展。实践基地的不断改进也将有助于培养更加符合社会实际需求的优秀人才。

第四节 校企合作的评估与调整

一、校企合作效果的评估指标

校企合作是学校与企业之间建立紧密合作关系，共同推动人才培养、科研创新和产业发展的一种重要模式。评估校企合作的效果对于确保合作关系的可持续发展、提升教育质量和促进产业创新至关重要。

（一）校企合作的定义和背景

1. 校企合作定义

校企合作是指学校与企业之间建立的一种紧密合作关系，旨在促进教育与产业的深度融合，实现人才培养、科研创新和产业发展的共赢局面，这种合作关系通常包括实习实训、校企合作项目、共建实验室、双向导师制度等形式。

2. 校企合作的背景

校企合作在全球范围内逐渐成为高等教育和产业发展的新趋势。随着社会经济的发展和科技的进步，产业对于高素质人才的需求日益增长，而学校则面临着培养学生适应现实工作需求的挑战。校企合作通过搭建学校和企业之间的桥梁，使双方能够更紧密地合作，实现优势互补，推动人才培养和产业创新。

（二）校企合作效果的评估指标

1. 学生培养效果指标

（1）就业率

学生的就业率是衡量校企合作是否有效的重要指标之一。高就业率不仅反映了学校培养出的学生在就业市场上的竞争力，也证明了校企合作对于提升学生就业能力的积极作用。

（2）职业素养提升

通过校企合作，学生在实际工作场景中能够培养出更全面的职业素养，包括团队协作能力、沟通能力、解决问题的能力等。通过观察学生参与实际项目或实习实践的表现，评估他们在职业素养方面的提升。

（3）技能水平

校企合作是否有效体现在学生技能水平是否提高。学生在企业实践中能否熟练运用专业知识和技能，是否具备解决实际问题的能力，这些都是评估学生技能水平的重要指标。

2. 科研与创新效果指标

（1）科研项目数量和质量

校企合作能否有效促进科研创新，关键在于科研项目的数量和质量。合作项目的数量反映了双方合作的深度，而项目的质量则关乎科研成果的实际应用和影响力。

（2）科技成果转化率

校企合作是否成功也需要看科研成果的转化率。科技成果转化率高表示合作的研究具有实际应用和市场潜力，有助于促进产业升级和经济发展。

（3）专利申请数量

专利是科研创新的重要成果之一，通过校企合作促进专利申请数量的增加，体现了合作关系在知识产权方面的共赢。

3. 产业发展效果指标

（1）企业效益提升

通过校企合作，企业是否能够实现效益的提升是评估合作效果的重要指标。合作项目是否带动了企业的创新和发展，对企业产生了积极影响。

（2）产业升级与创新

校企合作是否有助于企业产业升级和创新也是一个关键的评估指标。通过合作，企业是否能够引入新技术、新产品，提高产业附加值，实现可持续发展。

（3）共建研发中心或实验室

通过共建研发中心或实验室，学校和企业能够更深入地合作，推动产业技术水平的提升，这是评估校企合作深度和广度的关键指标之一。

4. 合作关系持续性指标

（1）合作项目数量和层次

合作关系的持续性需要看合作项目的数量和层次。合作项目的增多和涉及的领域更广泛，说明双方合作关系越来越深入。

（2）合作框架协议更新

合作框架协议的更新频率也是评估合作关系持续性的指标之一。合作框架协议的更新反映了双方对合作关系的认可和愿望进一步深化合作的意愿。

（3）双向人才流动

双向人才流动是衡量合作关系持续性的另一个关键指标。学校和企业之间是否能够实现人才的双向流动，即学生实习就业和企业员工进入学校深造，反映了双方合作的紧密程度。

（4）双方投入程度

双方投入程度是评估合作关系持续性的重要标志。学校和企业是否愿意继续投入资源、时间和精力，共同推动合作项目的实施，是判断合作关系是否能够持续发展的关键因素。

（三）校企合作效果评估的方法与流程

1. 评估方法

（1）定性评估

通过定性的方法，如访谈、深度访谈、焦点小组讨论等，了解学校和企业合作的感受、合作过程中的问题和挑战，评估双方的合作体验和合作关系的深度。

（2）定量评估

通过定量的方法，如问卷调查、数据分析等，收集合作过程中的具体数据，包括合作项目数量、学生就业率、科研成果转化率等，以量化合作效果。

2. 评估流程

① 制订评估计划

② 数据收集

③ 数据分析与整理

④ 生成评估报告

⑤ 反馈与改进

（四）可能遇到的问题及解决策略

1. 数据不足或不准确

可能遇到学校和企业提供的数据不足或不准确的情况。解决这一问题需要建立更加畅通的信息交流机制，确保评估数据的可靠性和完整性。

2. 主观性评价的影响

评估人员的主观性可能影响评估结果的客观性。为了降低这一问题的影响，评估过程中应采用多元化的评估方法，引入多方面的意见和建议，确保评估结果的客观性和全面性。

3. 合作项目涉及领域狭窄

有时候校企合作的项目涉及领域较为狭窄，缺乏多样性。解决这一问题可以通过拓展合作项目领域、引入新的合作伙伴等方式，丰富合作内容，提高合作的全面性和深度。

4. 缺乏长期合作计划

缺乏长期的合作计划可能导致合作关系的不稳定。解决这一问题需要学校和企业共同规划长期的合作计划，明确双方的合作目标和未来发展方向，增强合作的可持续性。

（五）结论与展望

校企合作是推动高等教育和产业发展的重要模式，通过科学、全面的评估，可以更好地了解合作效果，发现问题并及时改进。评估指标包括学生培养效果、科研与创新效果、产业发展效果，以及合作关系持续性等多个方面，通过定性和定量的方法进行综合评估，确保评估结果客观、全面。

在评估过程中，学校和企业应共同参与，建立开放的沟通机制，分享信息、交流意见，共同探讨合作中的问题和挑战，形成共识。评估结果应被视为改进和发展的重要参考，为双方提供进一步深化合作的方向和策略。

未来，随着社会和产业的发展，校企合作将继续面临新的挑战和机遇。因此，不断完善校企合作的评估体系，引入更为科学和前瞻的评估方法，将更有助于推动合作关系的不断深化与优化。

二、持续改进与调整的方法

持续改进与调整是组织在不断变化的环境中保持竞争力和适应性的关键，这一过程涉及识别问题、采取措施及评估效果，然后根据反馈进行调整。在组织的各个方面，包括管理、运营、战略规划等，都需要实施持续改进和调整的方法。

（一）PDCA 循环法

PDCA（Plan-Do-Check-Act）循环法是一种经典的持续改进方法，它源于质量管理领域，后来被广泛应用于组织的各个领域。该方法包含以下四个步骤。

1. 计划（Plan）

在这一阶段，组织需要明确目标、确定问题、制订计划和策略。这包括了识别需要改进的领域、设定可衡量的目标，并制订实现这些目标的具体计划。

2. 执行（Do）

在这个阶段，组织按照制订的计划执行操作。这可能涉及新政策的实施、流程的调整、团队培训等。执行阶段的关键是确保计划的实施。

3. 检查（Check）

在执行阶段完成后，需要评估结果，以了解计划是否取得了预期的效果。这可能涉及数据收集、绩效评估、客户反馈等。检查阶段的目的是识别潜在的问题和成功的因素。

4. 调整（Act）

基于检查阶段的结果，组织需要调整计划，采取措施以进一步改进，这可能包括修改流程、调整策略、提供额外培训等。调整后，整个 PDCA 循环重新开始。

PDCA 循环法强调了连续性和逐步改进，使组织能够快速适应变化并优化其运作。

（二）六西格玛方法

六西格玛是一种通过减少过程中的变异性，从而提高质量和效率的管理方法。它基于数据驱动和度量的原则，强调通过不断改进流程来减小过程中的变异性，使其接近零缺陷。六西格玛方法通常包括以下步骤。

1. 界定（Define）

确定改进的范围和目标。这一步骤明确了问题的定义、项目的目标，以及涉及的过程。

2. 测量（Measure）

收集相关数据，分析过程的当前性能水平。通过测量来了解问题的本质，确定哪些因素可能影响了过程的性能。

3. 分析（Analyse）

分析数据，识别可能的原因，并确定改进的方向，这一步骤帮助确定影响问题的关键因素，以便制定有针对性的解决方案。

4. 改进（Improve）

基于分析的结果，制订和实施改进计划，这可能包括调整流程、优化资源利用、改进培训等。

5. 控制（Control）

设立控制措施，确保改进的效果能够持续，这包括制定标准操作程序、监测过程绩效、培训团队成员等。

六西格玛方法强调通过数据和度量来指导决策，以确保组织持续提高其运营效率。

（三）敏捷方法

敏捷方法起源于软件开发领域，但现已被广泛应用于其他组织领域。敏捷方法的核心理念是通过小而灵活的团队，通过迭代和协作的方式，不断适应变化。敏捷方法的一些关键特征包括以下几个方面。

迭代开发：将大型项目分解成小的、可管理的部分，通过迭代的方式逐步完善和改进。

强调沟通与协作：鼓励团队成员之间的沟通和合作，通过持续的反馈来调整工作计划。

快速响应变化：敏捷方法强调适应性，能够快速响应变化的需求和市场条件。

客户导向：注重满足客户需求，通过与客户的密切合作来理解和调整项目目标。

敏捷方法可以应用于组织的各个层面，包括项目管理、产品开发、运营等，以促进组织更灵活、高效地应对不断变化的环境。以下是一些实践敏捷方法的关键原则和技术。

Scrum 框架：Scrum 是一种敏捷的方法框架，被广泛用于项目管理，它强调分阶段的迭代开发，每个阶段称为一个"冲刺（Sprint）"，通常为 2～4 周。Scrum 鼓励团队在每个冲刺结束时回顾和调整，以确保持续改进。

Kanban 方法：Kanban 是一种视觉化的方法，通过看板展示工作流程，帮助团队实现更好的可视化、流程控制和持续改进。Kanban 方法允许团队根据需求灵活地调整工作优先级。

迭代开发：敏捷方法强调小规模、迭代的开发。通过将大型项目分解为小任务，并在每个迭代中逐步完成，可以更灵活地适应变化、降低风险，并更及时地交付有价值的成果。

持续集成和持续交付（CI/CD）：CI/CD 是一种软件开发实践，旨在通过自动化测试和持续集成，确保代码的高质量，并通过自动化部署实现快速、可靠的交付，这有助于缩短开发周期，快速响应变化。

团队协作和反馈：敏捷方法注重团队成员之间的密切协作和不断的反馈。通过定期的协作会议、迭代评审和持续的沟通，团队能够更好地理解需求、解决问题，并及时调整计划。

快速适应变化：敏捷方法的一个核心原则是适应变化胜过遵循计划。团队被鼓励对新的需求和反馈快速作出调整，以确保项目的成功。

（四）总质量管理

总质量管理（TQM）是一种全面的质量管理方法，旨在通过组织内所有成员的参与，实现全面质量的提升。TQM 强调的是管理体系、过程改进、员工参与和客户满意度。以下是 TQM 的一些核心原则和实践。

连续改进：TQM 强调组织应通过不断地识别和解决问题，实现过程的连续改进。这包括对流程、产品和服务的不断审查和调整。

员工参与：TQM 认为员工是组织中最重要的资源之一，鼓励员工参与决策、提出改进建议，并通过培训和发展提高员工的能力。

客户导向：TQM 将客户满意度作为核心目标。组织应通过了解客户需求、提供高质量的产品和服务，以确保客户满意度。

数据驱动决策：TQM 鼓励组织基于数据和事实作出决策，而非主观判断。数据分析有助于发现潜在问题，并指导改进措施。

流程管理：TQM 强调整体流程的管理，而不是单个部门或环节。通过优化整体流程，组织可以提高效率、降低成本，并提供更高质量的产品和服务。

供应链管理：TQM 认为供应商是组织成功的重要组成部分，强调与供应商建立良好的合作关系，确保供应链的高效运作。

通过 TQM，组织能够建立一种质量至上的文化，不仅关注产品和服务的质量，也关注组织内部的管理和员工的发展。

（五）反馈机制的建立

持续改进的关键之一是建立有效的反馈机制。反馈机制有助于组织了解当前状态、发现问题、收集意见和建议，并及时作出调整。以下是一些建立有效反馈机制的方法。

定期组织反馈会议：定期组织反馈会议，让团队成员分享他们的观点、问题和建议，这有助于形成团队的共识，促进信息的传递。

员工调查：定期进行员工调查，了解员工的满意度、期望和关注点，这可以帮助组织发现潜在问题，改善工作环境，提高员工参与度。

客户反馈：定期收集客户反馈，了解客户对产品和服务的评价。客户的意见可以为产品改进和创新提供宝贵的信息。

数据分析：利用数据分析工具对组织内部和外部的数据进行分析，发现潜在问题和趋势，这有助于组织基于事实作出决策。

社交媒体和在线平台：利用社交媒体和在线平台建立反馈渠道。通过监控社交媒体上的评论、评价和反馈，组织可以更直观地了解公众的观点和期望。

项目回顾：在项目完成后进行回顾会议，让团队成员分享项目经验，探讨成功因素和改进点，这有助于将项目经验应用于未来的项目中。

关键绩效指标（KPI）：设定和监控关键绩效指标，以评估组织的整体表现。这些指标可以涵盖质量、效率、客户满意度等多个方面。

360 度反馈：实施 360 度反馈机制，让员工获取来自同事、上级和下属的反馈，这种全方位的反馈有助于全面了解个体和团队的表现。

投诉处理机制：设立有效的投诉处理机制，确保客户或员工能够方便地提出问题或不满意的地方，并及时予以解决。投诉处理过程中的反馈有助于改进服务和产品。

以上这些反馈机制不仅有助于发现问题，还可以促使组织及时调整和改进。有效的反馈机制应当注重及时性、全面性和透明度，确保信息流通畅、问题能够被及时解决。

第五节　校企合作的未来发展方向

一、产教融合时代下校企合作的趋势

产教融合是指产业界和教育界之间在知识、技术、人才培养等方面的深度合作与融合。在当今社会，随着科技和产业的不断发展，校企合作正进入一个全新的时代，产教融合成为校企合作的主要趋势。

（一）产教融合的背景

1. 技术与产业变革

随着科技的不断进步和产业结构的调整，新兴技术如人工智能、大数据、云计算等在各个行业中的应用日益广泛。这些新技术的出现不仅改变了产业的生产方式，也对相关领域的人才需求提出了新的挑战。为了适应技术和产业的变革，学校和企业需要更加紧密地合作，共同培养适应新时代需求的专业人才。

2. 人才培养的需求变化

传统的教育模式往往难以及时适应产业发展的变化，毕业生与企业对接存在信息不对称的问题。而产教融合时代下，企业更加期望毕业生具备更实际的工作能力，而不仅是理论知识。因此，学校需要更加关注对学生实际技能的培养，更好地满足企业对于人才的需求。

3. 政策扶持与倡导

各国纷纷出台政策，鼓励产业界和教育界加强合作。政府为校企合作提供的支持，包括财政支持、法规和政策的制定等，都推动了产教融合的发展。政策环境的积极变化为校企合作提供了更为有利的条件。

4. 全球化发展趋势

全球化使得产业界面临更加激烈的竞争，同时也为学生提供了更广阔的就业机会。在全球化的时代，学校与企业的合作需要更强调国际化视野，培养具备全球竞争力的人才。

（二）产教融合时代下校企合作的趋势

1. 深度融合与共建共享

产教融合时代，校企合作将更加强调深度融合，不再仅限于实习和实训环节。学校与企业将在课程设计、实践项目、科研合作等多个层面进行深度合作。共建共享成为关键词，双方资源互补，实现优势互补和共同发展。

2. 产业导向的课程设置

为了更好地满足产业的需求，学校将更加注重产业导向的课程设置。这包括根据产业发展趋势调整专业设置，将企业实际项目引入课程设计，使学生在学习中更好地接触和理解实际工作需求。

3. 实践性强化的人才培养模式

在产教融合时代，人才培养将更加强调实践性。学校将通过与企业合作，为学生提供了更多的实际工作机会，实践性强化的人才培养模式将成为主流。这有助于提高学生的职业素养和实际应用能力。

4. 产业创新与科研合作

产教融合时代下，学校与企业将更加深入地开展科研合作，共同参与产业创新。这种合作不仅有助于解决实际问题，还推动了产业的创新发展。企业可以通过与学校的科研团队合作，更好地利用学术研究成果。

5. 数字化支持的校企合作平台

为了更好地支持校企合作，数字化平台将在产教融合时代得到更广泛的应用，这种平台可以包括在线实习平台、课程资源共享平台、校企联合研发平台等，为校企合作提供更便捷、高效的工具支持。

6. 全球化人才培养与合作

随着全球化的发展，学校与企业的合作将更加全球化。跨国公司与全球领先学府的合作将更为密切，国际性的实习项目和联合培养计划将促进全球范围内人才的流动与合作。

7. 社会责任感的强调

在产教融合时代，企业与学校的合作将更加强调社会责任感。企业在校企合作中除了关注自身利益外，还会注重对社会的贡献，包括环境保护、社会公益等方面。学校与企业在合作中将共同探讨如何更好地履行社会责任，培养具备社会责任感的专业人才。

8. 持续的师资培训机制

为了适应产业的发展和变化，产教融合时代下，学校将更加注重师资队伍的培训和发展。定期的行业培训、企业实践经验的分享，以及与企业专业人才的交流将帮助教师更好地理解产业需求，提高他们的教学水平。

9. 技术创新与人才结合

产教融合时代，技术创新和人才培养将更加紧密结合。企业将更积极地参与学校的技术创新项目，共同推动科技创新。同时，学校将更加关注培养具备创新能力的人才，使其能够在产业创新中发挥重要作用。

10. 持续的评估与反馈机制

在产教融合时代，校企合作将更加注重持续的评估和反馈机制。通过定期的合作评估，双方可以及时发现问题、调整合作方向，并确保合作的质量和效果。这种反馈机制有助于不断优化合作模式，实现共赢。

11. 灵活的职业发展路径

在产教融合时代，学生的职业发展路径将更加灵活多样，学校与企业的合作将有助于学生更好地了解不同行业，获得实际工作经验，从而更有针对性地选择自己的职业发展方向。企业也将更加重视对于员工职业发展的支持。

12. 跨学科的人才培养

随着产业的交叉与融合，校企合作将更加注重跨学科的人才培养，这意味着不同专业的学生可能会在一个项目中合作，从而更好地适应产业界的复杂性。跨学科的合作有助于培养更具综合能力的专业人才。

13. 数据驱动的决策与优化

在产教融合时代，数据的应用将成为校企合作的重要手段。通过收集、分析各类数据，双方可以更好地了解合作的效果，作出基于数据的决策，并不断优化合作的模式和方向。

14. 社交媒体与在线平台的应用

社交媒体和在线平台在产教融合时代的校企合作中将发挥重要作用。通过社交媒体，双方可以更加便捷地分享信息、交流意见，建立更紧密的合作关系。在线平台也有助于提供更多便利的合作工具和资源。

15. 应对未来不确定性的能力

在产教融合时代，不确定性将成为常态，学校与企业需要共同培养学生和员工具备应对不确定性的能力，包括创新、适应性、问题解决等方面的素养。这种能力的培养有助于应对未来产业发展的变化。

（三）产教融合时代下校企合作的影响

1. 变革人才培养模式

在产教融合时代，人才培养模式将发生显著变革，传统的课堂教学模式将逐渐被强调实践性和产业导向的培养模式所取代，学校将更加注重对学生的实际工作能力培养，培养更适应产业需求的人才。

2. 提升企业创新能力

产教融合将推动企业创新能力的提升。通过与学校深度合作，企业能够更好地吸收新知识、新技术，促进内部创新，从而提升其在市场竞争中的地位。学校的科研成果和创新能力也能够为企业提供更多的技术支持和解决方案。

3. 增加实际工作经验

产教融合时代下，学生将更容易获得实际工作经验。通过参与校企合作项目、实习、实训等活动，学生能够更早地接触实际工作场景，提前适应职场，增加就业竞争力。

4. 增加就业机会

由于学生在校期间已经获得了更多的实际工作经验和相关技能，他们更容易找到符合自己专业背景和兴趣的工作，企业更倾向于招聘有经验的毕业生，从而拓宽了学生的就业机会。

5. 促进产业结构升级

校企合作的深度融合将促进产业结构的升级。通过与高校的合作，企业能够更好地借助高校的研发能力、创新思维，推动产业向高端、智能化、绿色化方向发展。

6. 履行企业社会责任

产教融合时代下，企业将更加积极地履行社会责任。与高校合作不仅有助于培养未来的人才，还能够通过支持学校的研究项目、社会公益活动等方式，为社会作出更多积极的贡献。

7. 提升教育质量

学校与企业深度合作将促进教育质量的提升。通过结合实际需求调整课程设置、引入实际项目、加强师资培训等方式，学校能够更好地适应产业发展的需求，提供更高质量的教育服务。

8. 营造创业氛围

产教融合时代下，校企合作有助于营造创业氛围。学生通过参与创新项目、创业实践等活动，更容易培养创业精神和实际创业能力，为未来创业或企业内部创新提供更为坚实的基础。

9. 促进全球化人才交流

校企合作将促进全球化人才的交流。企业与学校的合作不再受限于地域，通过国际性的校企合作，可以更好地吸引全球优秀的人才，促进国际间的人才流动与合作。

10. 提高产业智能化水平

深度融合的校企合作将推动产业智能化水平的提高。通过引入先进的技术和智能化解决方案，企业能够更好地提升生产效率、降低成本，推动整个产业向智能化转型。

11. 员工终身学习的文化建设

在产教融合时代，员工终身学习将成为一种文化。企业将鼓励员工通过不断参与培训、学习新知识、参与产学研项目等方式，保持对产业发展的敏感性和适应性。

12. 大众创业、万众创新的发展

校企合作的深度融合有助于推动大众创业、万众创新的发展。通过与高校的合作，不仅能够培养更多创新人才，也为创业者提供更多资源和支持，促进创新创业的蓬勃发展。

13. 培养具备跨界知识的人才

校企合作将有助于产业人才的跨界培养。企业需要的人才不再仅限于单一专业，而是需要具备跨领域的知识和技能。深度融合的校企合作可以促使学生在不同领域中拓宽视野，培养更全面的人才。

14. 促进企业文化与教育理念交流

校企合作为企业和高校提供了一个共同的平台，使得企业文化和教育理念得以交流，这有助于企业更好地理解年轻一代的期望和价值观，同时也促使学校更好地适应产业的发展趋势。

15. 催生社会创新

深度融合的校企合作将有助于催生社会创新。通过学校与企业共同开展社会创新项目，解决社会问题，推动科技和产业发展，创造更多社会价值。

综上所述，产教融合时代下校企合作的趋势体现在深度融合、产业导向、实践性强化、数字化支持、全球化人才培养等多个方面。这一趋势对于教育体系和产业发展都带来了深远的影响。在这一新时代，学校和企业需要更加紧密地携手合作，共同推动人才培养、科技创新、社会责任等多个方面的发展，实现优势互补、资源共享、共同成长的目标。只有通过不断的合作与创新，才能更好地迎接未来社会和产业的挑战，实现可持续发展。

二、创新合作模式的探索与实践

随着社会的不断发展和变革，企业和学校之间的合作关系也在不断演变。传统的校企合作模式难以适应快速变化的市场需求和科技发展，因此，创新合作模式成为迫切需要的发展方向。

（一）背景介绍

1. 传统校企合作面临的挑战

传统的校企合作模式存在一些挑战，包括以下几点。

信息不对称：学校难以充分了解企业的实际需求，企业也难以获取学校毕业生的真实能力。

课程脱节：学校课程设置与企业实际需求脱节，毕业生能力难以匹配用人单位的需求。

灵活性不足：合作模式较为僵化，无法灵活应对市场和行业的变化。

2. 创新合作的重要性

创新合作模式的提出源于对传统合作模式的反思。创新合作能够更好地满足双方的需求，实现优势互补，推动产学研深度融合，促使人才培养更加贴近实际需求。

（二）创新合作模式的理论基础

1. 开放创新理论

开放创新理论强调企业通过与外部合作伙伴（包括学校）共同创新，实现更好的创新效果。这一理论认为创新不仅在企业内部发生，还需要借助外部的智慧和资源。因此，校企合作可以被看作是一种开放创新的实践，通过引入外部的知识和实践经验，共同推动创新。

2. 生态系统理论

生态系统理论将企业和学校看作是一个生态系统中的不同组成部分，相互依存、相互影响。在这个生态系统中，信息、资源及人才可以自由流动，实现生态系统的平衡和共赢。创新合作模式可以被视为一种构建更健康、更具弹性的生态系统的尝试。

3. 共享经济理念

共享经济理念强调资源的共享和优化利用。在校企合作中，可以借鉴共享经济的思想，通过共享教育资源、实践机会、研发成果等，实现双方资源的最大化利用，从而提高合作效益。

（三）创新合作模式的实践案例

1. 产业导向的课程设置

创新合作的一个关键方向是产业导向的课程设置。企业通过与学校合作，参与课程设计，分享实际项目经验，确保课程内容与行业实际需求保持一致。这种模式下，学生在学习过程中能够更好地理解和掌握实际工作中需要的知识和技能。

2. 创新型实习与就业培训

传统的实习模式往往只是单纯地将学生派往企业进行实际操作，缺乏系统性的培训和引导。创新合作中，实习模式更加注重创新性的实践和培训，以提高学生的实际工作能力。

3. 产学研一体化创新项目

创新合作模式的核心之一是推动产学研一体化，通过共同参与创新项目，将学术研究与实际应用相结合。

4. 灵活性的校企双向人才流动

创新合作模式强调校企之间的双向人才流动，通过建立更灵活的人才培养与流动机制，实现人才的共享。

5. 数字化平台支持

创新合作模式借助数字化平台提供更高效便捷的合作支持，包括在线实习平台、课程资源共享平台、校企联合研发平台等。

（四）创新合作模式的关键要素

1. 开放沟通机制

创新合作模式需要建立开放的沟通机制，确保双方能够及时、准确地传递信息，这包括定期的会议、信息发布平台、双向反馈机制等。

2. 共同利益共赢

创新合作模式的核心在于实现共同利益和共赢。学校与企业需要共同明确合作的目标，确保合作过程中双方都能够获得实际的利益。

3. 法律与政策支持

创新合作模式需要得到法律和政策的支持，相关的法规和政策应当鼓励学校与企业进行深度合作，提供相应的支持和奖励机制。

4. 人才培训机制

创新合作模式需要建立相应的人才培训机制，确保双方能够共同提高实际工作能力。这包括定期的培训计划、知识共享、技能提升等。

5. 风险共担机制

由于创新合作涉及双方的核心利益，因此需要建立风险共担的机制。在合作协议中应当明确各自的责任和义务，以及在合作过程中可能发生的风险与应对措施。

（五）创新合作模式的挑战与未来发展方向

1. 文化差异与适应难题

企业与学校拥有不同的文化和运作机制，这可能导致在合作中出现理念不合、沟通不畅等问题。创新合作需要解决文化差异造成的问题，建立起相互适应的合作文化。

2. 信息不对称的挑战

即使在创新合作模式中，信息不对称问题仍然存在。学校难以充分了解企业的内部运作，企业也可能不了解学校的实际教学情况。通过建立信息共享机制，有助于推动双方更好地了解对方、解决信息不对称问题。

3. 法规和政策的不足

有些地区的法规和政策对创新合作的支持力度较小，甚至存在一些限制。在未来，需要加强相关法规的建设，提供更多的政策支持，鼓励学校与企业进行更深层次的合作。

4. 数字化平台的建设与维护

建设和维护数字化平台需要投入大量的资金和精力，而且随着技术的不断发展，平台的升级和更新也是一个挑战。建设高效、安全且易用的数字化平台是未来需要持续解决的问题。

未来，创新合作模式将朝着更加深度、高效、全面的方向发展。数字化技术的广泛应用、全球化背景下的跨境合作、不断完善的法规政策都将推动创新合作不断突破困境，实现更为良性的发展。同时，校企双方也需要更加开放、包容、创新的心态，积极拥抱合作的变革，共同推动教育和产业的协同发展。

三、校企合作在未来社会发展中的角色

随着社会的不断发展和变革，校企合作在未来将扮演更加重要和多元化的角色。校企合作不仅是教育体系与产业之间的桥梁，更是推动社会发展的关键力量。

（一）在人才培养方面的角色

1. 实际能力的培养

校企合作将更加强调实际能力的培养，未来社会对人才的需求将更加注重实际操作能力和实践经验，校企合作提供了一个平台，使学生能够更早地接触实际工作场景，提高实际应用能力。

2. 跨学科的人才培养

未来社会的发展将更加依赖于跨学科的综合人才，校企合作能够促使不同专业的学生在实际项目中合作，培养他们具备多领域知识和综合能力，更好地适应未来社会的复杂性。

3. 职业发展路径的拓宽

校企合作将为学生拓宽职业发展路径，通过与企业的深度合作，学生能够更好地了解不同行业，获得实际工作经验，从而更有针对性地选择自己的职业发展方向。企业也将更加重视员工的职业发展。

4. 终身学习的理念培养

未来社会将更加强调终身学习的重要性，校企合作可以培养学生和员工具备终身学习的理念，通过不断参与培训、学习新知识、参与产学研项目等方式，保持对产业发展的敏感性和适应性。

（二）在创新推动方面的角色

1. 科技创新的推动者

校企合作将成为科技创新的推动者，通过学校科研能力和企业实际需求的深度结合，双方能够共同推动科技创新，加速新技术、新产品的研发与应用，为社会的科技进步提供强有力支持。

2. 创业和创新氛围的培育

校企合作有助于培育创业和创新氛围，学生通过参与创新项目、实习、实训等活动，更容易培养创业精神和实际创新能力。企业也将通过与学校的合作不断创新，促使员工在工作中更具创造性。

3. 知识产权的保护与应用

校企合作将更加注重知识产权的保护与应用，通过明确合作过程中的知识产权归属、合作双方对创新成果的权益等，促使双方更加积极地进行知识创新，推动科技成果的产业化应用。

4. 产业智能化水平的提升

深度融合的校企合作将推动产业智能化水平的提高，学校可以为企业提供智能化技术支持，而企业则能够为学校提供实际应用场景，推动人工智能、大数据等前沿技术的研发与应用。

（三）在产业升级方面的角色

1. 产业结构的升级

校企合作在未来社会发展中将成为产业结构升级的关键推动力，通过与高校的深度合作，企业能够更好地借助高校的研发能力、创新思维，推动产业向高端、智能化、绿色化方向发展。

2. 企业竞争力的提升

校企合作将提升企业的竞争力，通过引入学校的创新成果、人才培养模式，企业能够更好地适应市场变化，提高产品、服务的质量和创新水平，从而在激烈的市场竞争中脱颖而出。

3. 新兴产业的孵化

校企合作有望成为新兴产业的孵化器，学校与企业深度合作，可以共同探索新的产业方向，通过共同研发、推动新技术的应用，促使新兴产业的崛起。

4. 国际化发展的助推器

校企合作将助推企业国际化发展，通过与国际高校、研究机构的合作，企业能够更好地了解国际市场的需求和标准，提高在国际市场上的竞争力。

（四）在社会责任方面的角色

1. 社会人才培养的责任

校企合作在未来社会发展中将更加强调社会责任，通过与企业的深度合作，学校将更加注重培养社会责任感强、具备公民素养的人才。这些人才不仅具备专业知识，还具备解决社会问题的能力和愿望。

2. 可持续发展的推动者

校企合作将成为可持续发展的推动者，学校与企业的合作应当更加注重可持续发展的理念，通过引入环保技术、绿色生产方式，共同推动产业向可持续方向发展，减少对环境的负面影响。

3. 社区参与与服务

校企合作将更加注重社区参与和服务，通过与企业深度合作，学校能够更好地了解社区的需求，为社区提供相应的支持与服务，同时也培养学生的社会责任感。

4. 公益项目的推动

校企合作将推动公益项目的开展，通过共同参与公益项目，企业和学校能够更好地履行社会责任，为社会作出更多积极的贡献，推动社会公益事业的发展。

（五）未来校企合作的发展趋势

1. 深度融合的趋势

未来校企合作将更加趋向深度融合，不仅限于实习和项目合作，还包括共建实验室、共同研发创新项目等多方面的深层次合作。

2. 国际化合作的加强

随着全球化的发展，未来校企合作将更加注重国际化合作，企业将积极与国际高校、研究机构合作，共同推动全球范围内的人才培养和科技创新。

3. 数字化技术的广泛应用

未来校企合作将更加依赖数字化技术的广泛应用，包括建设智能化的合作平台、利用大数据分析优化合作流程等，提升合作的效率和效果。

4. 注重社会责任和可持续发展

未来校企合作将更加注重社会责任和可持续发展，企业和学校将更积极地参与社会公益活动，推动社会可持续发展，为社会作出更多积极贡献。

5. 创新人才培养模式

未来校企合作将不断探索、创新人才培养模式，这包括更加灵活的课程设置、强化实践能力培养、开展跨学科的联合培养等，以适应未来社会对人才的多元化需求。

校企合作在未来社会发展中将扮演更为重要和多元化的角色，从人才培养、创新推动、产业升级到社会责任等多个方面发挥着关键作用。面对挑战，双方需要加强沟通，解决信息不对称问题，共同克服文化差异，确保合作的顺利进行。未来的发展趋势将更加注重深度融合、国际化、数字化，以及社会责任和可持续发展。这将推动校企合作不断适应社会发展的新要求，实现更高水平的合作共赢。

第五章 师资队伍建设与培训

第一节 产教融合时代下对教育者素质的要求

一、产教融合对教育者的新要求

随着产业和教育的深度融合，教育者面临着新的挑战和任务。传统的教学方式和理念已经不能完全满足产业发展对人才的需求，因此，教育者需要适应产教融合的新形势，不断提升自身能力，更好地服务于学生的职业发展。本节将探讨在产教融合中，教育者面临的新要求及应对策略。

（一）实践经验与实际能力的重视

1. 深度理解产业需求

在产教融合中，教育者需要更深入地了解产业的发展趋势和需求，通过与企业保持密切的联系，参与产业研究与项目合作，教育者能够更好地把握行业动态，及时调整教学内容和方法。

2. 注重实践经验的培养

传统的理论教学已经不能满足学生职业能力的培养需求，教育者应当注重实践经验，引导学生参与实际项目、实习、实训等活动，让他们在实践中掌握专业知识，并培养实际解决问题的能力。

3. 激发创新意识

产业发展对创新能力的需求越来越高，教育者需要激发学生的创新意识。通过引导学生参与创新项目、组织创业活动，教育者能够培养学生的创新精神和实际创新能力。

4. 教育与职业发展的结合

在产教融合中，教育者需要更加注重教育与职业发展的结合，通过帮助学生规划职业生涯、提供职业发展指导，教育者能够更好地服务于学生的个体发展需求。

（二）跨学科教学与团队协作的能力

1. 跨学科教学的实施

产教融合要求不同专业领域的知识能够相互融合，教育者需要具备跨学科教学的能力。通过与其他学科教师合作，设计跨学科的课程，教育者能够促使学生更全面地理解问题，提高解决问题的综合能力。

2. 团队协作与项目管理

产业界更加注重团队协作和项目管理的能力，教育者需要培养学生的团队协作精神。通过组织团队项目、模拟实战演练等方式，教育者能够锻炼学生在团队中协同工作的能力。

3. 与企业建立紧密合作关系

教育者需要主动与企业建立紧密的合作关系，了解企业对人才的要求，积极参与产学研项目，将企业实际案例引入教学中，这有助于学生更好地适应未来的工作环境。

（三）教育信息化与数字技能的应用

1. 数字化教学资源的开发与利用

教育者需要利用数字化教学资源，包括在线教材、教学视频、虚拟实验等，提升教学的多样性和灵活性。同时，鼓励学生使用各类数字资源，培养其自主学习和信息获取的能力。

2. 数字化技术在课程设计中的应用

教育者应当熟练掌握数字化技术，将其应用于课程设计中，通过使用虚拟仿真技术、在线协作工具等，教育者能够提供更丰富的学习体验，增强学生的实际操作能力。

3. 培养学生的信息素养

在产教融合中，学生需要具备良好的信息素养，教育者应当培养学生的信息检索、分析和利用能力，使其能够更加熟练地运用各类数字工具解决实际问题。

（四）国际化视野与跨文化交流的能力

1. 引入国际课程与标准

产教融合要求学生具备更宽广的国际视野，教育者可以引入国际课程、标准，使学生了解国际先进的理念和技术，提高其在国际化环境中的竞争力。

2. 开设国际化课程与项目

教育者可以积极开设国际化的课程和项目，通过国际合作与交流，让学生与不同文化背景的人进行互动，提高他们的跨文化交流和合作能力。

3. 鼓励学生参与国际性的学术交流和项目合作

教育者可以鼓励学生积极参与国际性的学术交流和项目合作，这不仅能够拓宽学生的国际视野，还有助于培养他们的跨文化交流与合作的技能。通过参与国际性的活动，学生能够更好地适应全球化的职业环境。

4. 加强英语及其他语言教学

国际化的背景下，英语作为国际通用语言具有重要地位，教育者应当加强英语教学，培养学生良好的英语沟通能力。此外，也可以引入其他重要的国际语言，以满足不同学科领域的需求，促使学生更好地融入跨文化环境之中。

（五）职业伦理与社会责任的培养

1. 强调职业伦理教育

在产教融合中，教育者需要注重职业伦理教育，培养学生在职业生涯中能够遵循职业道德、具备良好职业操守的能力，这包括对于职业道德规范的深刻理解，以及在实际工作中能够正确处理职业伦理问题的能力。

2. 培养社会责任意识

教育者要培养学生的社会责任意识，通过开设社会责任课程、参与社会实践项目等方式，让学生认识到自己在职业生涯中应当承担的社会责任，促使他们在工作中更加注重社会和环境的可持续发展。

3. 项目中融入社会责任元素

在教学过程中，教育者可以在项目设计中融入社会责任的元素，例如，鼓励学生设计解决社会问题的项目、参与公益活动，使学生在实际操作中体会到社会责任的重要性。

（六）不断学习与自我提升

1. 紧跟产业动态

产业发展迅速变化，教育者需要保持对产业动态的敏感性，定期了解产业的新发展、新技术、新趋势，及时调整课程内容和教学方法，以确保教育与产业需求保持同步。

2. 参与专业培训与学术交流

教育者应当主动参与专业培训和学术交流，通过参加各类学术会议、行业研讨会，了解同行的最新研究成果和教学经验，不断提升自己的学科知识水平和教育教学水平。

3. 掌握新的教育技术

随着科技的发展，新技术不断涌现，教育者需要不断学习和掌握新的教学工具、在线教育平台等技术，以更好地适应数字化教育的发展趋势。

4. 开展教学实践研究

教育者可以积极参与教学实践研究，通过开展课程改革、教学方法的实证研究，不断总结和优化教学经验，提高教学效果，为学生提供更好的教育服务。

（七）促进学生终身学习观念

1. 培养学生主动学习意识

教育者需要培养学生的主动学习意识，通过启发学生自主思考、提出问题、主动探索解决问题的方法，培养其终身学习的兴趣和能力。

2. 提供学习资源与平台

教育者可以通过搭建学科网站、提供在线学习资源等方式，为学生提供更多的学习机会。引导学生充分利用数字化学习平台，实现随时随地的学习。

3. 鼓励学生参与实践项目

通过引导学生参与实际项目、产学研合作等实践活动，教育者可以促使学生在实际工作中不断学习、积累经验，形成终身学习的观念。

4. 指导学生规划职业发展

教育者要在教学中引导学生进行职业规划，明确个人发展目标和学习方向，这有助于学生在职业发展中保持学习的动力，不断提升自身素质。

（八）面临的挑战与应对策略

1. 产业快速变革的挑战

随着产业的快速变革，教育者需要时刻保持对产业动态的敏感性，定期参与产业研讨会、企业培训等，了解产业发展趋势，及时调整课程内容。此外，与企业建立紧密联系，与企业保持沟通，了解企业实际用人需求，以更准确地调整课程内容，确保教学与产业需求保持同步。

2. 跨学科教学的挑战

跨学科教学对教育者的综合素养提出了更高要求，教育者可以通过与其他学科领域的教师合作，共同设计和实施跨学科课程，互相学习，促进教学方法的创新。同时，学校可以建立跨学科研究团队，促进不同学科之间的深度合作。

3. 数字化教育的推广和应用

数字化教育的推广需要教育者具备丰富的教育技术知识，学校可以设立专门的数字化教育培训课程，为教育者提供相关的培训和支持。鼓励教育者积极参与在线教学平台的使用，提高数字化教育的普及率。

4. 国际化教育的挑战

国际化教育要求教育者具备较高的国际视野和跨文化沟通能力，学校可以引进国际化的教育资源，邀请国际学者举办讲座，为教育者提供更多的国际交流机会。鼓励教育者参与国际性的研究项目，提升其国际竞争力。

5. 职业伦理和社会责任教育的挑战

职业伦理和社会责任教育需要更深入地融入课程中，学校可以设置专门的职业伦理与社会责任教育课程，强调案例分析和实际项目中的伦理问题。鼓励教育者与企业合作，将真实的社会责任问题融入教学内容，提高学生对伦理和社会责任的认识。

6. 教育者自身终身学习的挑战

教育者需要保持对新知识、新技术的不断学习，学校可以为教育者提供参与各类培训和学术研讨的机会，鼓励其参与行业内的实际项目，保持对产业动态的感知。建立教育者的终身学习机制，确保他们在职业发展中能够不断提升自身能力。

教育者在产教融合中面临着多重新要求，需要不断提升自身的实践经验、跨学科教学与团队协作能力、教育信息化与数字技能、国际化视野与跨文化交流能力、职业伦理与社会责任教育水平，以应对不断变化的教育环境。未来的发展趋势将更加注重智能化教育工具的应用、全球化合作的深化、教育领域的数字化转型、职业伦理与社会责任教育的深入，以及教育者终身学习观念的树立。这些趋势将推动教育者更加积极地参与产业发展，为学生提供更贴近实际需求的教育服务。

二、产教融合对教育者专业素养的影响

随着社会的不断发展，产业与教育之间的联系变得日益密切，产教融合已经成为推动教育改革和人才培养的重要手段之一。产教融合模式要求教育者具备更高水平的专业素养，以更好地适应产业发展的需求，更有效地引导学生成长。

（一）知识结构的拓展与深化

产教融合要求教育者拥有更为广泛和深入的知识结构，传统的学科知识已经不能满足产业对人才的多元需求，教育者需要了解相关产业的前沿技术、市场趋势、管理模式等信息，这对教育者的学科广度和跨学科能力提出了更高的要求。

1. 跨学科知识的融合

产教融合要求教育者能够将不同学科领域的知识有机融合，构建跨学科的知识体系，例如，在工程领域的教学中，教育者可能需要融合工程学、管

理学、市场学等多个学科的知识，以培养学生更全面的能力。

2. 实际应用知识的强化

与传统教育相比，产教融合更注重实际应用知识的传授，教育者需要更深入地了解产业的运作机制、项目管理流程等实际操作层面的知识，以更好地指导学生在实际工作中的应用能力。

3. 紧密关联产业发展趋势

教育者需要时刻关注相关产业的发展趋势，及时调整教学内容，这要求教育者具备敏感的行业洞察力，能够预判产业未来的需求，帮助学生更好地适应未来职业发展。

（二）教育方法的创新与多样性

产教融合模式不仅对知识结构提出了挑战，同时也要求教育者在教学方法上进行创新，更好地满足学生的实际需求，这种创新涉及教学手段、实践环节的设计，以及个性化教学方法的应用。

1. 实践教学的强化

传统教育中，理论知识传授往往是主要形式，而在产教融合中，实践教学变得更为重要。教育者需要设计并引导学生参与实际项目、产业实践，以更好地培养学生的实际操作能力。

2. 项目导向的教学

产教融合中，项目导向的教学方法得到了广泛应用，教育者需要具备项目管理的知识和技能，引导学生通过参与项目解决实际问题，培养团队协作和问题解决的能力。

3. 在线教育和数字化工具的应用

随着信息技术的快速发展，产教融合中更多地采用在线教育和数字化工具，教育者需要熟练运用这些工具，设计在线课程、虚拟实验等教学活动，提高教学的灵活性和多样性。

4. 个性化教学的推进

每个学生的学科兴趣和职业规划都有所不同，因此，教育者需要更加注重个性化教学。产教融合中，教育者应通过了解学生的兴趣、特长和发展方向，为他们提供个性化的学习路径和支持，以更好地满足个体差异。

5. 产业导师的引入

在产教融合中，引入产业导师作为学生的指导者，能够使学生更好地融入产业环境。教育者需要与产业导师密切合作，共同制订学生的培养计划，确保教学与产业实践有机结合。

（三）职业发展观念的转变

产教融合模式对教育者的职业发展观念提出了新的要求。教育者不再仅是知识传授者，更应具备职业发展指导者的角色，关注学生的职业规划、实际需求及产业的发展动态。

1. 关注学生职业规划

教育者需要更深入地了解学生的职业规划，并在教学中融入相关的职业发展元素，通过指导学生规划职业发展路径，帮助其更好地选择课程和实践项目，以顺利融入产业。

2. 引导学生发展终身学习观念

在产教融合中，教育者要引导学生培养终身学习的观念，帮助学生明确自身发展目标，并提供学习方法和资源，使其在职业生涯中能够不断适应变化的知识和技能需求。

3. 建立产业联系与校友网络

教育者可以通过与产业建立紧密联系，了解企业对人才的需求，并将这些信息引入课程设计中。同时，建立校友网络，为学生提供更广泛的职业发展支持，包括实习机会、就业指导等。

4. 推动学术研究与实际应用的结合

教育者应当鼓励学生将学术研究与实际应用相结合，培养他们解决实际问题的能力，教育者本身也应更积极地参与产业项目，将学术研究成果转化为实际应用，促进学术与产业的有机结合。

（四）跨文化交流与国际化视野的提升

产教融合通常涉及跨国企业、国际项目合作等多元文化的交汇，对教育者的跨文化交流和国际化视野提出了更高要求。

1. 提高跨文化交流能力

产教融合模式中，教育者可能会与来自不同国家和文化背景的企业、合作伙伴进行交流合作。教育者需要具备良好的跨文化交流能力，理解不同文化中人们的思维方式、沟通方式，以更好地协调合作。

2. 引入国际化教育资源

为了拓宽学生的国际视野，教育者可以引入国际化的教育资源，包括国际教材、国际合作项目等，这有助于培养学生具备全球竞争力的综合素养，提升他们的国际化视野。

3. 参与国际性的学术交流

教育者应积极参与国际性的学术交流活动，与国际同行深入合作，分享教学经验、研究成果。通过国际性的学术交流，教育者能够不断拓宽自己的学术视野，提高自身的国际竞争力。

4. 鼓励学生参与国际实践项目

为了培养学生的国际化视野，教育者可以鼓励学生参与国际实践项目，这不仅可以让学生更好地了解不同国家的产业和文化，还能够锻炼他们在跨文化环境下的交流与合作能力。

（五）职业伦理与社会责任教育的强化

随着社会对职业伦理和社会责任的关注不断增加，产教融合模式要求教育者更加注重职业伦理和社会责任教育，引导学生在职业发展中注重道德和社会责任。

1. 强调职业伦理教育

在产教融合中，教育者需要更加强调职业伦理教育，通过案例分析、讨论等方式，引导学生深刻理解职业伦理的重要性，培养他们正确处理职业道德问题的能力。

2. 融入社会责任元素

教育者可以在教学过程中融入社会责任元素，引导学生关注社会问题，思考企业在社会中的角色和责任，通过参与社会实践项目，学生能够更深刻地理解企业承担社会责任的方式和意义。

3. 提高学生社会责任意识

教育者应当帮助学生树立正确的社会责任观念,使其在未来的职业生涯中能够主动关注社会问题,提供有益的解决方案。通过相关课程和项目,培养学生在职业发展中承担社会责任的自觉性。

4. 企业社会责任实践的指导

产教融合模式中,教育者还应当指导学生了解企业的社会责任实践,并分析其对企业和社会的影响。通过引导学生关注企业的社会责任报告、可持续发展战略等,使其深入理解企业在社会中的角色。

(六)教育者个人素养的提升

在产教融合模式中,教育者个人素养的提升是至关重要的。教育者需要不断提升自身的综合素质,以更好地履行其在教育体系中的角色,推动学生全面发展。

1. 跨学科能力的培养

为了更好地适应产教融合的需求,教育者需要培养跨学科的能力,这包括深入了解不同学科领域的知识,能够在多个学科领域中进行有机融合,提高自身的综合素养。

2. 数字化教育技能的提升

随着数字化技术在教育中的广泛应用,教育者需要提升数字化教育技能,这包括熟练使用在线教学平台、数字化教材等工具,以更好地支持学生的学习和发展。

3. 终身学习观念的树立

产教融合模式要求教育者具备终身学习的观念,能够不断适应社会、产业和科技的变化,教育者应当积极参与各类培训、学术研讨会,保持对新知识、新技术的敏感性。

4. 创新精神的培养

教育者需要培养创新精神,不断尝试新的教学方法和手段,积极探索适应产教融合模式的创新教育方式,这包括与企业合作开展创新项目、设计新颖的教学活动等。

5. 团队协作与沟通能力的提高

在产教融合中，团队协作与沟通能力变得尤为重要。教育者需要能够与企业、其他学科的教育者紧密合作，共同推动产教融合的深入发展。

（七）面临的挑战与解决方案

1. 教育体制的调整

挑战：产教融合要求教育体制更加灵活，但传统的教育体制往往较为僵化。教育者需要面对如何在体制内推动产教融合的挑战。

解决方案：教育者可以积极参与学校层面的决策和改革，提出符合产教融合理念的教育体制调整建议。同时，通过在实践中取得可复制的成功经验，逐步推动体制的调整。

2. 知识更新的压力

挑战：产教融合要求教育者不断更新自己的知识，以保持与产业的同步。然而，知识的快速更新可能给教育者带来较大的学习压力。

解决方案：学校可以建立完善的师资培训体系，为教育者提供定期的学科更新培训。教育者也应树立终身学习观念，主动参与行业研究和实践项目，以保持对产业动态的了解。

3. 跨学科合作的难度

挑战：跨学科合作需要教育者具备与其他学科领域专业人员合作的能力，但不同学科之间存在语言、理念等方面的差异，可能带来合作的难度。

解决方案：学校可以设立跨学科合作的培训课程，帮助教育者了解其他学科的基本知识和专业术语，促进跨学科团队更好地协作，鼓励教育者参与跨学科研究项目，提高合作经验。

4. 个性化教学的实现

挑战：个性化教学要求教育者更深入了解学生的个体差异，设计能够满足其需求的教学方案，但教育者可能面临难以满足所有学生需求的困境。

解决方案：利用先进的教育技术和数据分析工具，通过收集学生的学习数据和反馈信息，实现个性化教学，教育者可以借助人工智能系统，根据学生的学习风格、兴趣和水平，提供个性化的学习资源和活动。

5. 社会责任教育的融入

挑战：社会责任教育的融入需要教育者培养学生的社会意识和责任感，但在实际教学中可能面临难以引入社会问题的挑战。

解决方案：教育者可以通过开展社会实践项目、组织社会调研等方式，引导学生深入了解社会问题，并通过课堂讨论、反思等方式培养学生的社会责任感，学校还可以与社会组织、企业合作，将社会责任元素融入实际项目中。

产教融合对教育者专业素养的影响是全方位的，涉及知识结构、教育方法、职业发展观念等多个层面，教育者需要适应产业发展的需求，不断提升自身的综合素养，以更好地引导学生成长。

在未来，随着产教融合的不断深入，教育者将面临更多的挑战和机遇。应对这些挑战，需要教育体制、学校及教育者本人共同努力，推动教育模式的创新和提升。通过持续改进培训机制、加强跨学科合作、引入新技术等手段，教育者可以更好地适应产教融合时代的需求，为学生提供更优质的教育服务，培养更具竞争力的人才。

三、教育者创新与领导能力的培养

随着时代的发展和教育环境的变迁，教育者的角色也在不断演变。除了传统的知识传授，教育者还需要具备创新和领导能力，以更好地适应变革中的教育需求。

（一）创新能力的重要性

1. 教育创新的驱动

教育创新是推动教育事业不断发展的重要力量。在社会变革和科技进步的背景下，传统的教学模式和方法已经不能满足现代学生的需求，教育者需要具备创新能力，积极探索新的教学理念、教育技术和教学方法，以提升教学质量和效果。

2. 个性化教育的实现

创新能力使教育者能够更好地应对学生个体差异，推动个性化教育的实现。通过采用新颖的教学方法、引入个性化教育技术，可以更好地满足学生不同的学习需求，激发其学习兴趣和潜力。

3. 培养学生创新思维

教育者的创新能力对于培养学生的创新思维至关重要。通过在教学中注重启发性问题、鼓励学生独立思考、引导他们参与实际项目等方式，能够培养学生的创造性思维和解决问题的能力。

4. 适应科技发展

随着科技的不断发展，教育领域也在经历数字化、智能化的变革。教育者需要具备创新意识，善于运用新技术、在线教育平台等工具，提高教学的时效性和适应性。

（二）领导能力的重要性

1. 教育者的领导作用

教育者在教育机构中不仅是知识传授者，更是领导者，他们需要在教育过程中发挥引领、激励和组织协调的作用，对学生和团队进行有效的管理和引导。

2. 营造良好的学习环境

领导能力使教育者能够塑造积极、和谐的学习环境。通过有效的组织和管理，教育者可以营造出一个鼓励学生交流合作、积极参与的学术氛围，推动整个教育机构的发展。

3. 团队协作的推动

在教育机构中，教育者通常需要与其他教育者、管理人员、家长等多方合作。领导能力使教育者能够更好地组织和引导团队，协同合作，共同推动教育事业的发展。

4. 学生领导力的培养

领导能力还包括培养学生的领导力。通过激发学生的责任感、团队协作精神，教育者可以帮助学生培养其领导潜质，使其在未来的职业和社会中更具竞争力。

（三）创新能力的培养

1. 不断学习与更新知识

创新需要源源不断的知识输入，教育者应保持学习的激情，积极参与各类培训、学术研讨会，了解新兴的教育理念、技术和方法，不断更新自己的知识体系。

2. 鼓励教育实践中的尝试

创新需要教育者在实践中进行不断的尝试，教育者应鼓励自己和同事在课堂教学、教育管理等方面进行创新性实践，勇于尝试新方法，总结经验教训。

3. 建立创新文化

创新不是孤立的行为，而是需要在整个教育机构中建立创新文化，教育者可以通过组织创新工作坊、设立创新奖励机制等方式，激励教育机构成员参与创新活动。

4. 引入新技术和教学手段

现代教育已经进入数字化时代，新技术的应用成为创新的重要手段。教育者应主动了解并应用新的教学技术、在线学习平台等，提高教学效果和吸引力。

（四）领导能力的培养

1. 培养团队协作意识

领导能力的培养离不开团队协作能力的培养。教育者可以通过组织团队建设活动、制定明确的团队目标，培养团队成员的协作意识和团队合作能力。领导者的角色在于激发团队潜力，使每个成员都能充分发挥其优势。

2. 发展沟通与处理人际关系技能

领导者需要善于沟通，与学生、同事、家长等各方保持良好的人际关系。培养沟通技能包括清晰表达观点、倾听他人意见、有效解决冲突等，以建立积极的工作氛围和合作关系。

3. 学习有效的决策与问题解决

领导者需要在日常工作中不断面对各种决策和问题，培养有效的决策和问题解决能力，需要教育者具备分析问题、制定解决方案的能力。可以通过参与决策流程、学习决策理论等方式提升这方面的素养。

4. 激励团队成员

领导者的角色之一是激励团队成员，激发他们的工作热情和创造力，培养这一能力需要教育者具备了解团队成员需求、给予适当奖励和认可的能力，以及建立正向的团队文化。

（五）创新与领导力的融合培养

1. 制定明确的教育愿景与目标

创新与领导力的融合需要在教育中制定明确的愿景与目标，教育者应当具备对未来教育的清晰认识和规划，为学校、团队设定明确的发展方向，激发共鸣，引领整个教育机构朝着创新方向前进。

2. 鼓励团队成员提出建议和意见

领导者应当鼓励团队成员提出创新的建议和意见，建立一种开放、包容的沟通氛围，让每个团队成员都感到能够自由表达观点，促使团队的创新活力得到释放。

3. 建立创新的工作机制

为促进创新，教育者可以建立创新的工作机制，包括设立创新工作组、定期召开创新项目汇报会、制定创新奖励制度等，以确保创新成果的及时发布和推广。

4. 提供创新培训和资源支持

为了培养创新能力，教育者可以提供创新培训和资源支持，组织团队参与创新研讨会、邀请外部创新专家培训，为教育者和团队提供创新知识和方法的学习机会。

（六）挑战与应对策略

1. 文化惯性和抵触情绪

挑战：在推动创新与领导力的培养过程中，教育者可能会遇到组织文化的惯性和个体抵触创新的情绪，有些成员可能习惯于传统的教育方式，对创新持保守态度。

应对策略：通过开展培训、推动文化变革、倡导开放的沟通机制等方式，改变组织文化，建立支持创新的氛围。同时，引导个体克服抵触情绪，通过成功案例和实际效果的展示，使教育者逐渐接受并参与创新活动。

2. 资源限制和风险压力

挑战：推动创新与领导力培养可能需要投入更多的资源，包括时间、人力和财力。同时，创新带来的风险可能让一些教育者和领导者望而却步。

应对策略：在资源有限的情况下，教育者可以通过合理规划、灵活运用已有资源，逐步推动创新。在面对风险时，建立风险评估和管理机制，通过阶段性的小规模实验，逐步验证创新方案，降低实施风险。

3. 接受新技术和新理念

挑战：部分教育者可能由于对新技术或新理念的陌生和不适应而感到困惑或抵触，这可能影响到创新的推动。

应对策略：提供相关培训和支持，帮助教育者逐步熟悉和接受新技术和新理念。同时，鼓励教育者进行互相交流、分享经验，促进对新事物的共同理解和接受。

4. 长期持续的创新压力

挑战：在快速变化的教育环境中，教育者可能面临长期持续的创新压力，需要不断思考和实践新的教育方法和领导理念。

应对策略：建立创新的体制和机制，让创新不再是一时的压力，而是教育机构长期发展的一部分。通过定期的创新工作坊、团队建设等方式，保持教育者的创新动力和活力。

教育者的创新与领导能力的培养是教育事业持续发展的关键。通过不断提升创新能力，教育者可以更好地适应变革中的教育环境，提供更具吸引力和实效性的教育服务。同时，强化领导能力可以使教育者更好地引领团队、推动教育机构的整体发展，确保教育目标的顺利实现。

创新与领导能力的培养是一个系统性的工程，需要学校和教育机构从组织文化、人才培养、教学方法等多个方面入手，形成全员参与的培养体系。

此外，应对挑战时，教育者需要有持续学习、适应变化的心态，勇于面对并解决问题，不断调整创新与领导策略。

第二节　师资队伍建设的目标与任务

一、产教融合时代下师资队伍的新使命

产教融合是指产业和教育领域之间的深度合作与协同发展，是适应时代变革和培养适应未来社会需求的人才的重要路径之一。在这个时代背景下，教育的使命不仅是传授知识，更是培养学生的综合素养和实践能力。而师资队伍作为教育的核心力量，在产教融合时代面临着新的使命和挑战。

（一）师资队伍的新使命

1. 培养学生的实践能力

在产教融合时代，师资队伍的新使命之一是培养学生的实践能力。传统的课堂教学往往偏重理论知识的传授，而缺乏对实际问题的解决能力的培养。师资队伍需要更加关注实际应用，引导学生通过实践活动，锻炼解决问题的能力，使他们具备更好的适应职位要求的能力。

2. 促进学科和产业的深度融合

在产教融合时代，学科知识与产业需求的融合成为关键。师资队伍需要深入了解产业发展趋势，更新自己的学科知识，同时通过与企业的合作，将产业实践融入课程中，使学科知识更具实际应用性，这不仅需要师资队伍具备跨学科的知识视野，还需要他们积极参与产学合作项目，推动学科和产业的深度融合。

3. 培养创新创业精神

产教融合时代对人才提出了更高的要求，不仅需要具备专业知识，还需要具备创新创业的精神。师资队伍在培养学生时，应注重激发学生的创新潜能，鼓励他们在学习过程中提出问题、寻找解决方案，养成独立思考和创造性思维。师资队伍自身也要具备创新能力，通过参与创新项目、研究等方式

不断提升自己的创新水平，成为学生创新创业的榜样。

4. 培养跨文化沟通与合作能力

产教融合时代，国际化和全球化趋势日益明显，师资队伍需要培养学生具备跨文化沟通与合作的能力，包括了解不同文化背景下的教育理念和实践，能够在跨国合作项目中协同工作，具备全球化视野。师资队伍可以通过组织国际交流活动、引入国际合作项目等方式，提升学生的跨文化沟通与合作能力。

（二）师资队伍的发展策略

1. 专业发展与实践经验并重

师资队伍在产教融合时代需要保持对专业知识的持续学习，了解最新的产业动态和技术发展。与此同时，他们还应该注重实践经验的积累，通过参与产业项目、企业实习等方式，增强对实际工作的理解。学校可以设立专业发展奖励机制，鼓励教师积极参与产业实践和创新项目。

2. 产业导师与企业合作

为了更好地了解产业需求，师资队伍可以引入产业导师，即在企业有实际工作经验的专业人士，作为学科专业的咨询顾问。与企业建立紧密的合作关系，开展联合研究和项目，使师资队伍与产业实践更为贴近，为学生提供更丰富的学习资源。

3. 创新项目与实践基地建设

学校可以积极组织和支持教师参与创新项目，鼓励他们在实际项目中应用学科知识，提升学科与产业的融合度。同时，建设实践基地，为师资队伍提供更多的实践机会，使他们更好地了解产业运作和市场需求。

4. 跨学科培训与合作

师资队伍应接受跨学科培训，培养跨学科思维和合作精神，学校可以组织跨学科的研讨会、培训班，让不同学科的教师共同探讨问题，促进跨学科的合作与交流。跨学科的合作可以促使师资队伍更好地理解产业融合的复杂性，培养他们在团队合作中更灵活、高效的能力。

5. 制订个性化的发展计划

每位教师都有不同的专业背景、兴趣和发展需求，学校可以制订个性化的师资发展计划，根据教师的专业方向、研究兴趣和实践经验，提供有针对性的培训和支持。这有助于激发每位教师的潜力，使其更好地适应产教融合时代的需求。

（三）面临的挑战与应对策略

1. 学科与产业融合难度大

挑战：学科与产业融合需要教师具备广泛的知识和实践经验，对于某些学科而言，与产业的融合难度较大。

应对策略：学校可以设立专门的融合研究中心，汇聚跨学科的研究团队，提供专业的指导和支持。同时，鼓励教师组织学科交叉的研讨会和合作项目，促进学科与产业的深度融合。

2. 教育体制和评价机制不适应变革

挑战：传统的教育体制和评价机制主要以学科知识为导向，不够灵活，难以适应产教融合时代对实践能力和创新能力的要求。

应对策略：学校可以逐步改革教育体制和评价机制，引入更加灵活的评价方式，包括项目评价、实践成果评价等。同时，鼓励教师在评价标准中注重学生的实际能力表现，将实践和创新能力纳入评价体系。

3. 缺乏与企业的深度合作

挑战：一些学校缺乏与企业的深度合作，导致师资队伍难以深入了解产业需求和实际工作场景。

应对策略：学校可以加强与企业的合作，建立产学研合作平台，为师资队伍提供更多的产业实践机会，可以通过签订产学合作协议、设立产学研合作基地等方式，促进学校与企业的深度融合。

4. 跨学科培训难以实施

挑战：由于学科之间的差异，跨学科培训可能面临难以统一的问题，一些教师可能难以接受跨学科培训。

应对策略：学校可以根据教师的需求，制订不同层次、不同领域的跨学科培训计划。同时，可以鼓励教师参与跨学科研究项目，通过实际合作推动跨学科思维的形成。

产教融合时代，师资队伍的新使命既是挑战也是机遇。通过不断提升师资队伍的实践经验、专业知识、创新创业精神，以及跨文化沟通与合作能力，可以更好地满足学生的需求，促进学科与产业的深度融合。学校和教育机构应该在制度、评价机制、合作机制等方面进行创新，为师资队伍提供更好的发展环境和支持，共同推动教育事业朝着更加产业导向和创新型的方向发展。

二、教育者在校企合作中的角色定位

校企合作作为一种深度融合教育和产业的模式，已成为当今教育领域的热点话题。教育者在校企合作中的角色定位至关重要，直接关系到合作的有效性和学生的综合素养培养。

（一）教育者在校企合作中的核心职责

1. 促进学科知识与实际应用的融合

教育者在校企合作中的首要职责是促进学科知识与实际应用的深度融合。他们需要了解企业的实际需求，将学科知识与实际工作场景相结合，设计符合实际应用的课程内容和教学活动。通过这种方式，教育者可以帮助学生更好地理解和应用所学知识，提高其实际解决问题的能力。

2. 指导学生进行实践性项目

教育者在校企合作中的另一项关键职责是指导学生开展实践性项目，这包括组织学生参与实际的产业项目、实习和实训活动，使他们能够在真实的工作环境中应用所学知识、提升实际操作的能力。教育者需要成为学生实践活动的引导者，引导他们在实际项目中学到更多的实用技能。

3. 建立和维护校企合作关系

教育者在校企合作中扮演着桥梁和连接者的角色，需要积极参与建立和维护学校与企业之间的合作关系，这包括寻找潜在的合作伙伴、与企业沟通合作需求、制订合作计划等。教育者需要具备较强的沟通能力和商业意识，以便更好地促进校企之间的合作。

4. 监控和评估合作效果

教育者在校企合作中还需要监控和评估合作效果，他们应当建立有效的评估体系，定期对合作项目进行评估，收集学生和企业的反馈意见，及时调整合作方案。通过不断改进和优化合作模式，确保校企合作的长期稳定发展。

（二）教育者在校企合作中的能力要求

1. 跨学科知识和能力

教育者在校企合作中需要具备跨学科的知识和能力，校企合作往往涉及多个学科领域，教育者需要具备较强的跨学科视野，能够整合不同学科的知识，为学生提供更全面的培养。

2. 专业知识更新和实践经验

随着产业的不断发展和变化，教育者需要保持专业知识的更新和实践经验的积累，只有了解最新的行业动态，才能更好地指导学生适应变化多端的职业环境。

3. 创新和问题解决能力

在校企合作中，教育者需要具备创新和问题解决的能力，他们可能面临各种挑战和问题，需要有足够的创造力和解决问题的能力，找到更好的合作方式和解决方案。

4. 良好的沟通与团队协作能力

教育者在校企合作中需要与学生、企业，以及其他教育者之间进行良好的沟通与团队协作，这涉及与不同利益相关方的协调和合作，需要具备良好的沟通、协商和团队领导能力。

5. 商业意识与社会责任感

在校企合作中，教育者需要具备一定的商业意识，了解企业的运作模式和市场需求。同时，他们也需要保持社会责任感，确保合作项目的推进符合社会和教育的价值观。

（三）教育者在校企合作中的应对挑战的策略

1. 面对学科融合难题

挑战：学科融合可能面临学科差异性大、整合难度大的问题。

应对策略：建立跨学科的合作机制，促进不同学科的教育者深度合作，共同设计课程，推动学科融合。同时，建立跨学科的培训和研讨机制，提高教育者的跨学科素养。

2. 解决实践项目难题

挑战：实践项目可能面临资源不足、难以组织等问题。

应对策略：建立实践项目管理团队，专门负责项目的组织、协调和管理。教育者可以寻求外部资源支持，与企业建立更紧密的合作关系，共同解决项目中可能遇到的问题。此外，制订详细的项目计划和评估标准，确保项目的顺利进行和有效落地。

3. 处理校企关系问题

挑战：校企关系可能受到各种因素的影响，包括合作期限、合作目标的调整等。

应对策略：建立灵活的校企合作机制，能够适应双方的变化和调整，及时进行沟通与协商，营造良好的合作氛围，确保校企关系的稳定和持续发展。同时，建立双向的反馈机制，及时解决合作中可能出现的问题，保持双方的合作积极性。

4. 处理学生就业问题

挑战：学生在校企合作中的实践经历可能影响其就业前景，需要更好地解决这一问题。

应对策略：教育者可以与企业建立更紧密的联系，了解企业对学生的需求，提前介入学生的职业规划与就业指导，开展职业生涯规划课程，帮助学生更好地规划未来的职业发展，并与企业合作，为学生提供更多实际的就业机会。

5. 解决教育者培训问题

挑战：教育者可能缺乏校企合作的相关知识和经验，需要进行培训。

应对策略：学校可以开展专业的培训课程，培养教育者的校企合作能力。邀请行业专家分享成功案例和经验，提高教育者对校企合作的认识和理解。建立经验交流平台，让教育者之间相互学习和分享最佳实践。

在校企合作中，教育者的角色定位至关重要，直接关系到合作的成效和学生的综合素养培养成果。教育者既是知识的传递者，也是实践能力的培养者，更是校企关系的促进者和管理者。通过积极参与校企合作项目、不断提升自身的能力和素养，教育者能够更好地履行自己在校企合作中的职责，推动教育事业与产业深度融合，培养更具实践能力和职业素养的人才。同时，学校和教育机构也应该提供更多的支持和资源，为教育者在校企合作中的工作提供更好的条件和保障。只有通过共同的努力，校企合作才能更好地发挥其在教育体系中的重要作用，为培养具有实际能力的专业人才作出更大的贡献。

三、师资队伍建设的战略目标

师资队伍是高等教育的核心力量，直接关系到教育质量和对学生的综合素质培养。随着时代的不断发展和社会需求的变化，师资队伍建设成为学校和教育机构亟须关注的战略问题。

（一）师资队伍建设的战略目标设定

1. 适应产业发展需求

随着社会经济的不断发展和科技的迅速进步，产业结构和需求也在不断变化。师资队伍应当定位在适应产业发展需求的前沿，深入了解各个行业的新兴趋势和技术创新，将最新的产业知识纳入教学内容，为学生提供更为实用和前瞻的知识体系。

2. 培养创新创业精神

在当今社会，创新创业能力被认为是一种重要的素质，是适应社会发展和产业变革的关键。师资队伍建设的战略目标之一是培养教师的创新创业精神。教育者应该积极参与创新项目、科研活动，将创新理念融入教学，引导学生培养独立思考和解决问题的能力。

3. 提高教育者的综合素质

综合素质包括教育者的学科素养、教学能力、科研水平、实践经验等多个方面。师资队伍建设的战略目标应当包括提高教育者的综合素质，使其在各个方面都能够达到一定水平，这涉及定期的培训与进修、参与科研项目、实践经验的积累等多个方面。

4. 建设跨学科的师资团队

跨学科的师资队伍有助于更好地适应综合性的教育需求和跨学科的研究趋势。建设跨学科的师资团队是师资队伍建设的战略目标之一，旨在促进不同学科之间的合作与交流，提高师资队伍的整体水平。

5. 强化国际化视野

随着全球化的发展，国际化视野对于教育者来说越来越重要。师资队伍建设的战略目标应当包括强化国际化视野，鼓励教育者参与国际学术交流、合作项目，吸引国际优秀教育者加入，推动学校与国际高校、研究机构的合作。

（二）师资队伍建设的实施策略

1. 制订个性化的发展计划

为了实现上述战略目标，学校应当制订个性化的师资队伍发展计划。通过深入了解每位教育者的专业背景、兴趣和发展需求，制订有针对性的培训和发展计划，为其提供更好的发展支持。

2. 建立健全的培训体系

学校可以建立健全的培训体系，包括定期的内外部培训课程、专业技能培训、教学方法创新等。通过培训，提升教育者的教育理念、教学能力和实践经验，使其更好地适应新时代的教育要求。

3. 鼓励开展科研项目和实践活动

鼓励教育者积极参与科研项目和实践活动，为其提供更多实际操作和创新的机会。学校可以设立科研项目基金，鼓励教育者开展科研活动，推动教育者的科研水平不断提升。

4. 推动学科交叉和团队协作

为实现跨学科的师资团队建设目标，学校可以推动学科交叉和团队协作。组织学科之间的交流研讨会、合作项目，鼓励不同学科的教育者共同合作，促进知识融合和团队协作。

5. 加强国际化交流与合作

加强国际化交流与合作是推动师资队伍建设的关键策略之一。学校可以建立国际交流平台，组织教育者参与国际学术会议、合作项目等，引入国际优秀教育资源，提升教育者的国际视野和水平。同时，鼓励国际教育者加入本校师资队伍，促进国际与本土教育的融合。

6. 激励教育者持续学习和创新

为了培养教育者的创新创业精神，学校可以设立激励机制，鼓励教育者持续学习和创新。设立教学创新奖项、优秀科研成果奖等，激励教育者积极参与创新活动，推动教育者在教育实践中不断突破和创新。

（三）可能面临的挑战与应对措施

1. 学科交叉难度大

挑战：由于不同学科之间存在差异性，推动学科交叉可能面临困难。

应对措施：建立学科交叉的激励机制，鼓励教育者跨学科合作。同时，提供相关培训和资源支持，帮助教育者更好地理解其他学科，推动学科交叉合作。

2. 国际交流障碍

挑战：一些教育者可能面临语言、文化等方面的障碍，影响其参与国际交流与合作。

应对措施：提供语言培训和文化适应支持，帮助教育者克服国际交流中可能遇到的困难。建立国际化服务平台，提供信息和资源支持，促进国际合作的顺利进行。

3. 资金支持不足

挑战：师资队伍建设需要资金支持，但有时学校可能面临资金不足的情况。

应对措施：争取政府支持、行业赞助和校友捐赠等多方资金渠道，确保师资队伍建设的顺利进行。制订合理的资金分配计划，优先支持关键领域和战略目标。

4. 教育者自身素养不足

挑战：一些教育者可能在教学、科研等方面存在一定的不足，需要进一步提升自身素养。

应对措施：建立导师制度，由具有丰富经验的教育者指导新进教育者成长。开展定期的教育者互查与交流，推动教育者相互学习和提升。

5. 师资队伍多样性不足

挑战：师资队伍中可能存在学科结构单一、年龄层次较集中等问题，影响队伍的多样性。

应对措施：推动多学科合作，引入跨领域的教育者，丰富师资队伍的学科结构。同时，鼓励并支持年轻教育者的成长，形成年龄层次更为均衡的队伍。

师资队伍建设是学校教育事业的基础性工作，直接关系到教育质量和学生的综合素质培养。通过设定适应产业需求、培养创新创业精神、提高教育者的综合素质、建设跨学科的师资团队、强化国际化视野等战略目标，并采取制订个性化的发展计划、建立健全的培训体系、鼓励科研项目和实践活动、推动学科交叉和团队协作、加强国际化交流与合作、激励教育者持续学习和创新等实施策略，学校可以更好地应对时代变革和社会需求，提升师资队伍的整体水平。在面临挑战时，建立有效的应对措施，确保师资队伍建设的顺利推进。通过不断努力，师资队伍将更好地适应高等教育的发展要求，为培养具有创新能力和实践能力的人才作出更大的贡献。

第三节 教育者的培训与提升

一、教育者培训体系与内容设计

教育者培训是教育领域中的重要环节，直接关系到教育水平的提升、学生素质的培养及学校整体发展。为了满足不断变化的教育需求和提高教育者的专业水平，建立科学合理的教育者培训体系和内容设计至关重要。

（一）教育者培训体系的构建

1. 初中期与长期培训的结合

为建立完善的教育者培训体系，应该结合初中期培训和长期培训两个方面。初中期培训主要关注新进教育者的基本教育理念、教学方法和校园管理等方面的培训，使其迅速适应学校环境。而长期培训则是持续的、系统的培训过程，包括不断更新的学科知识、教学法、科研能力等方面，旨在提高教育者的专业水平。

2. 分层次、分类别的培训计划

教育者培训体系应该设计为分层次、分类别的培训计划，以满足不同层次、不同领域教育者的培训需求。可以根据教育者的工作年限、学科专业、管理岗位等因素划分不同层次，制订相应的培训计划。同时，根据不同领域，如幼儿教育、中小学教育、高等教育等，设计相应的培训内容，以确保培训的针对性和有效性。

3. 结合线上与线下培训

在培训体系的构建中，线上与线下培训应该相辅相成。线上培训可以通过网络平台进行，包括在线课程、网络研讨会、教学资源共享等形式，为教育者提供便捷的学习途径。而线下培训则可以包括研讨会、工作坊、实地考察等方式，提供亲身参与实践的培训体验。结合两者，可以使培训更加全面、灵活，满足不同教育者的学习习惯和需求。

4. 专业发展与职业晋升路径

教育者培训体系应该与专业发展和职业晋升路径相结合，为教育者提供明确的发展方向。通过设立专业发展框架，规划不同阶段的培训内容，帮助教育者在不同领域、不同层次上取得专业认证和职业晋升。这有助于激发教育者的学习动力，促使其持续提升个人素质和职业水平。

（二）教育者培训内容的设计原则

1. 与教育理念紧密相连

培训内容应与学校的教育理念和发展目标紧密相连，包括学校对于素质教育、创新教育等方面的理念。培训内容应通过理论学习、案例分享、实践操作等方式，帮助教育者深入理解学校的教育理念，并将其融入实际教学和管理中。

2. 以学科知识为基础

培训内容应以学科知识为基础，保证教育者具备扎实的专业背景，包括不断更新的学科知识、教材研发、教学设计等。通过提升学科素养，教育者能够更好地应对学科发展的新变化，提高教学质量。

3. 强调教育技能和方法

除了学科知识，培训内容还应强调教育技能和方法的培养，包括教学设计、课堂管理、评估与反馈等，旨在提高教育者的实际教学能力。特别是在现代技术应用方面，培训内容还可以包括信息技术在教学中的应用、在线教育平台的使用等。

4. 注重实践操作与案例分享

培训内容应注重实践操作和案例分享，通过实际操作和真实案例，使教育者更好地理解和应用培训内容，可以通过模拟教学、教育项目设计、校外实践等方式，提供实践机会，巩固培训效果。

5. 引入跨学科和国际化元素

培训内容应引入跨学科和国际化的元素，促进教育者的全球视野和跨学科思维，可以通过邀请国际专家举办讲座、组织国际合作项目、推动不同学科的交叉培训等方式，丰富培训内容，拓展教育者的专业视野。

6. 注重个性化需求

考虑到教育者个体差异，培训内容设计应注重个性化需求。通过设立选修课程、制订个性化发展计划、一对一辅导等方式，满足教育者在知识、技能、兴趣等方面的个性化需求，提高培训的针对性和个性化程度。

（三）培训实施过程中的关键因素

1. 良好的培训管理机制

培训实施过程中需要建立良好的培训管理机制，包括培训计划的制订、培训资源的调配、培训效果的评估等。通过科学的管理机制，能够确保培训的有序进行，增强培训效果。

2. 激励机制的建立

建立激励机制对于激发教育者的学习动力至关重要。可以设立培训成果奖励、优秀培训者评选、晋升通道等激励机制，鼓励教育者积极参与培训，提高其学习主动性。

3. 培训师资力量的提升

培训师资力量是保证培训质量的关键因素。需要不断提升培训师资的水平，包括引进专业培训机构、邀请行业专家、建立内外部培训师资库等方式，确保培训内容的专业性和权威性。

4. 及时反馈和调整

培训实施过程中需要建立及时的反馈和调整机制。通过听取教育者的培训反馈、定期组织评估和调研，及时发现问题，调整培训内容和方式，保证培训的灵活性和适应性。

5. 融入校本研修与实际工作

培训内容应当融入校本研修和实际工作中。通过与学校实际教学和管理工作相结合，使培训内容更加贴近实际，能够直接应用于教育者的工作实践中，提高培训的实效性。

（四）面临的挑战与应对策略

1. 技术应用的推广难题

挑战：随着科技的发展，教育技术的应用在培训中变得愈发重要，但教育者对技术的使用可能存在阻力。

应对策略：提供专门的技术培训，向教育者介绍新的教育技术和在线教学工具，并通过实际操作和案例分享，帮助教育者逐渐熟悉和接受新技术的应用。

2. 个性化培训需求的多样性

挑战：教育者的个性化培训需求十分多样，如何满足不同人的需求是一个挑战。

应对策略：建立个性化发展档案，了解每位教育者的学科背景、专业兴趣、发展方向等，制订个性化的培训计划。同时，提供多样化的培训资源和形式，以满足不同教育者的需求。

3. 持续投入的困难

挑战：教育者培训需要不断的资金和人力投入，学校可能在资源方面存在压力。

应对策略：通过建立培训基金、争取政府支持、与企业合作等方式，筹措培训经费。同时，建立高效的培训管理机制，确保资源的有效利用，提高培训的成本效益。

4. 传统观念的改变难题

挑战：一些教育者可能持有传统教育观念，对于新理念和新方法的接受存在一定阻力。

应对策略：通过组织教育理念的讨论、成功案例的分享、亲身实践等方式，引导教育者逐步接受和认同新的教育理念和方法。同时，设立示范班级和先进学科，让教育者亲身感受和体验新理念的实际效果。

教育者培训的体系与内容设计是学校教育工作中至关重要的一环。通过构建初中与长期培训的结合、分层次分类别的培训计划、线上与线下培训的结合，以及专业发展与职业晋升路径等方面的培训体系，可以更全面、系统地满足不同层次、领域教育者的培训需求。在培训内容的设计上，注重与教育理念紧密相连、注重以学科知识为基础、强调教育技能和方法、注重实践操作与案例分享、引入跨学科和国际化元素、注重个性化需求等原则，可以使培训更加有针对性和实用性。

在培训实施过程中，需要关注培训管理机制、激励机制的建立，培训师资力量的提升，及时的反馈和调整，以及融入校本研修与实际工作等关键因素，以确保培训的顺利进行并取得良好的效果。同时，面对技术应用推广难题、个性化培训需求的多样性、持续投入的困难和传统观念的改变难题等挑战，需要采取相应的应对策略，如提供专门的技术培训、建立个性化发展档案、争取多方面的支持等。

最终，通过不断优化和调整教育者培训的体系与内容设计，学校可以更好地适应变化的教育环境和需求，提升教育者的专业水平，为学校的整体发展和学生成长提供有力支持。

二、教育者实践能力的培养与提高

教育者实践能力的培养与提高是教育领域中的重要议题。随着教育理念的变革和社会需求的升级，教育者不仅需要具备扎实的学科知识和教学技能，还需要具备良好的实践能力，能够在复杂多变的教育环境中灵活应对，更好地服务学生的全面成长。

（一）教育者实践能力的含义

教育者实践能力是指教育者在实际工作中能够灵活运用学科知识和教学技能，有效解决教育实践中的问题，促进学生的全面发展的能力。具体而言，教育者实践能力包括但不限于以下几个方面。

1. 教学设计与实施能力

教育者需要具备优秀的教学设计与实施能力，能够根据学科特点和学生需求设计出富有启发性和互动性的教学方案，通过灵活实施教学方案达到预期的教学目标。

2. 课堂管理与组织能力

教育者应具备良好的课堂管理与组织能力，能够有效地组织学生学习活动，维护课堂秩序，激发学生学习的兴趣和热情，确保教学过程的高效进行。

3. 问题解决与创新能力

在实际教育工作中，教育者经常面临各种问题和挑战，包括学生的差异性、学科知识的更新、教育环境的变化等。教育者实践能力需要包含解决问题的能力，并具备创新意识，能够灵活应对各种情境。

4. 学科知识更新与应用能力

随着社会的不断发展，学科知识也在不断更新，教育者需要具备学科知识更新与应用能力，能够及时了解最新的学科发展动态，并将其应用于实际教学中。

5. 学生关怀与辅导能力

教育者不仅要关注学科知识的传授，还需要关注学生的全面发展。因此，具备学生关怀与辅导能力也是实践能力的一部分，能够有效地引导学生的成长，解决学生在学习和生活中遇到的问题。

（二）教育者实践能力培养的重要性

1. 适应复杂多变的教育环境

教育环境的复杂性和多变性是当前教育领域面临的普遍挑战。教育者实践能力的培养使其能够更好地适应这一变化，迅速调整教学策略和方法，保持教学的高效性和适应性。

2. 提升教学质量

实践能力的提升有助于提高教学质量，教育者在实际教学过程中能够更好地应用学科知识，设计更富创意和有效果的教学方案，提升学生的学习体验和成绩。

3. 增强问题解决和创新能力

教育者实践能力的培养有助于提高其解决问题和创新的能力，在教学过程中，可能会遇到各种问题，包括学生的学习障碍、教材不适应等，具备实践能力的教育者能够更好地应对并提出创新性解决方案。

4. 塑造积极的学习氛围

实践能力的培养有助于教育者在课堂中营造积极的学习氛围，通过巧妙的组织和引导，教育者能够激发学生的学习兴趣，提高学生的学习积极性。

5. 促进教育者个人发展

培养实践能力不仅有益于教育者的职业发展，还对其个人成长具有重要影响。实践能力的提高可以激发教育者对教育事业的热情，使其更有成就感和职业满足感。

（三）教育者实践能力培养的策略

1. 提供系统的教育培训

系统的教育培训是培养实践能力的基础。学校可以制订完善的培训计划，包括课程设计、教学技能培养、问题解决和创新能力培养等方面的内容。这些培训应该既注重理论知识的传授，又注重实际操作和案例分析，使教育者能够在培训中直接感受到实践能力的提升。

2. 鼓励实践性教学方法

为了培养实践能力，学校可以鼓励教育者采用实践性教学方法，包括项目制学习、实地考察、实验课程等形式，通过实践活动培养教育者解决问题和创新的能力。实践性教学方法能够使教育者更贴近实际教育情境，更好地理解学科知识与实践的结合。

3. 设立导师制度

引入导师制度是培养实践能力的有效途径。新的教育者可以由经验丰富、实践能力较强的老师担任导师，通过与导师的互动学习，新教育者可以更快地适应实际教学环境，了解实践经验，并逐步提高自己的实践能力。

4. 促进跨学科合作

实践能力的培养需要综合运用多学科知识，学校可以促进跨学科合作，鼓励不同学科领域的教育者共同设计和实施项目，通过合作中的交流与碰撞，提升实践能力，培养解决问题和创新的能力。

5. 提供实践平台

学校可以为教育者提供实践平台，例如，实验室、实习基地、科研项目等，通过参与实际项目和活动，教育者能够在实践中积累经验，不断提高实践能力。实践平台的提供还能够使教育者更好地了解学科知识在实际工作中的应用。

6. 建立教育者交流平台

建立教育者交流平台，促进教育者之间的互动与分享，也是培养实践能力的有效策略，通过定期开展教育者研讨会、教学案例分享会等，教育者可以互相学习借鉴，分享实践经验，提高解决问题和创新的能力。

（四）面临的挑战与应对策略

1. 课时紧张和教学任务繁重

挑战：教育者通常面临课时紧张和教学任务繁重的情况，难以抽出时间参与培训和实践活动。

应对策略：学校可以合理规划教学任务，给予教育者一定的时间和空间参与培训和实践。此外，可以采用灵活的培训形式，如线上培训、寒暑假专项培训等，以适应教育者的时间安排。

2. 传统教育观念的障碍

挑战：一些教育者可能持有传统教育观念，对于实践性教学方法和新颖教学策略存在一定的抵触情绪。

应对策略：通过开展教育者培训，引入先进的教育理念和成功案例，逐步改变教育者的传统观念。同时，可以设立示范班级和先进学科，让教育者亲身感受实践性教学的效果。

3. 个体差异的考虑

挑战：每位教育者的实践能力水平存在差异，一刀切的培训难以满足不同教育者的个体需求。

应对策略：建立个性化发展档案，了解每位教育者的学科背景、教学经验、兴趣爱好等，有针对性地为其提供个性化的培训计划和支持。

4. 教育资源不足

挑战：一些学校可能面临教育资源不足的问题，难以提供丰富多彩的实践平台和培训资源。

应对策略：学校可以寻求外部合作，与企业、社区、其他学校等建立合作关系，共享资源，拓宽教育者的实践渠道。此外，可以通过互联网等手段获取更多的教育资源，丰富培训内容。

教育者实践能力的培养与提高是教育发展的关键环节，通过系统的培训、实践性教学方法的应用、导师制度的建立、实践平台的提供等策略，可以有效地培养教育者的实践能力，提高其在复杂多变的教育环境中的适应性和应对问题的能力。然而，在实践中也会面临一些挑战，包括课时紧张、传统观念的障碍、个体差异的考虑和教育资源不足等。通过采取科学合理的策略和方法，这些挑战是可以克服的。

在应对课时紧张和教学任务繁重的挑战时，学校可以通过灵活的培训形式、合理规划教学任务、提供在线培训等方式，为教育者创造参与培训和实践的条件。对于传统教育观念的障碍，需要通过持续的培训、引入新颖的教育理念和方法，以及建立示范班级等手段，逐步改变教育者的观念。

针对个体差异的考虑，学校可以建立个性化发展档案，了解每位教育者的需求和特点，为其提供量身定制的培训计划。而在教育资源不足的情况下，可以通过与外部合作伙伴建立联盟、充分利用互联网等方式，获取更多的教育资源，丰富培训内容。

总体而言，教育者实践能力的培养是一个系统性、持续性的过程，需要学校和教育机构的共同努力。通过不断改进培训机制、提高教育者的专业水平，可以更好地满足当今复杂多变的教育需求，推动教育事业的发展。同时，教育者自身也要保持对新知识、新方法的学习，不断提升自身实践能力，更好地为学生的全面发展作出积极贡献。

第四节 专业知识与实践经验的更新

一、教育者专业知识更新的机制

随着社会的不断发展和科技的迅速进步，教育者面临着日新月异的教育环境和知识体系。为了更好地适应这一变化，提升教育者的教学水平和专业素养，建立一种科学有效的教育者专业知识更新机制显得尤为重要。

（一）教育者专业知识更新的必要性

1. 适应知识快速更新的社会环境

随着信息技术的迅速发展和知识的爆炸性增长，教育者需要不断更新自己的专业知识，以适应知识快速更新的社会环境。只有保持敏锐的学科嗅觉，了解最新的学科进展和研究成果，教育者才能更好地引导学生跟上时代步伐。

2. 提高教学质量和效果

专业知识的更新与教学质量密切相关。教育者通过学习最新的教育理论、教学方法和评价方式，能够更科学地设计教学方案，提高课堂教学效果，增强学生的学科兴趣和学科素养。

3. 增强解决问题和创新能力

专业知识的更新有助于提升教育者的问题解决和创新能力。在教学实践中，教育者可能会面临各种问题和挑战，只有具备最新的学科知识和教育理念，才能更好地解决问题，提出创新性的教育方案。

4. 适应多元化的学生需求

学生群体的多元化要求教育者具备更广泛、更深入的专业知识。通过不断更新专业知识，教育者能够更好地理解和满足不同学生的学科需求，提供更个性化、差异化的教育服务。

（二）教育者专业知识更新的机制构建

1. 制订明确的专业发展计划

教育者个体需要在专业知识更新上制订明确的专业发展计划，这个计划可以包括长期目标、短期目标、学科学习计划、研究方向等。通过有计划地进行学科知识的深化和拓展，教育者可以更好地适应专业知识的更新。

2. 建立学习社群和专业网络

建立学习社群和专业网络是促进教育者专业知识更新的重要手段，教育者可以通过参加学科研讨会、教育论坛、在线教育社群等方式，与同行交流、分享教学经验和学科研究成果，从而获得更多新知识和启示。

3. 提供专业培训和进修机会

学校和教育机构应该为教育者提供专业培训和进修机会，包括组织学科知识更新的培训课程、邀请专业领域的专家进行讲座，为教育者提供广泛的学科学习机会。这可以通过线上学习、线下研讨、国内外交流等形式实现。

4. 建立导师制度

导师制度是一种有效的专业知识传承和更新机制，学校可以通过建立导师制度，将经验丰富、专业水平高的老师指导和培养年轻的教育者，分享教学经验和最新的学科知识，帮助他们更好地更新专业知识。

5. 支持教育者参与科研项目

参与科研项目是一种深化专业知识的有效途径，学校可以支持教育者申请科研项目，提供必要的资源和支持，让教育者有机会深入研究学科前沿问题，提高专业水平。

6. 建设数字化学习平台

构建数字化学习平台是促进教育者专业知识更新的重要手段。学校可以通过建设在线学习平台，提供丰富的学科资源、在线课程、研讨会录像等，使教育者可以随时随地获取最新的学科知识。

（三）实施过程中的挑战及应对策略

1. 识别和解决个体差异

教育者在专业知识更新的需求上存在个体差异，有的可能更倾向于深度学科研究，有的更倾向于广泛学科拓展。学校需要识别并了解每位教育者的专业发展需求，因此应建立个性化的发展计划和培训机制。这可以通过定期的个体谈话、专业发展评估、学科兴趣调查等方式进行。通过了解每位教育者的兴趣和需求，可以更有针对性地提供相应的培训和支持。

2. 促进教育者的学习动机

教育者的学习动机对于专业知识更新至关重要，学校可以通过设立奖励机制、评优评先、提供职业晋升机会等方式，激发教育者的学习兴趣和动机。此外，与专业发展计划结合，让教育者明确个人发展方向，有助于提高其学习的积极性。

3. 教育资源的优化和整合

教育资源的优化和整合也是一个重要的挑战，有时学校可能面临资源分散、信息不畅等问题，导致教育者难以获取到最新的学科知识。因此，建设资源集约型的数字化学习平台、加强学科资源整合，确保教育者能够方便、及时地获取所需的学科信息。

4. 建立跨学科合作机制

教育者在专业知识更新中需要不断融合跨学科的最新研究成果，而建立跨学科合作机制可能会面临协调、沟通等方面的困难。学校可以通过设立跨学科研究团队、促进不同学科教师的合作，推动学科知识的交流与整合，使教育者更全面地更新专业知识。

5. 促进知识的实际应用

教育者专业知识的更新不仅停留在理论水平，更需要将知识应用到实际教学中。因此，学校应该建立与实际教学密切相关的培训模式，鼓励教育者将所学知识转化为实际的教学策略和方法，形成良性的循环。

6. 加强对专业知识更新成果的评估

对于专业知识更新的成果，学校需要建立科学的评估体系，通过考核教育者在实际教学中的应用情况、学科研究的成果、学科影响力等方面，全面评估专业知识的更新成果。这有助于激励教育者更加积极地参与专业知识的更新活动。

建立科学有效的教育者专业知识更新机制是提高教育质量、适应知识社会发展的必然要求。通过制订明确的发展计划、建立学习社群、提供培训和进修机会、建设数字化学习平台等手段，学校可以促使教育者更好地更新专业知识。同时，要注意解决实施过程中可能面临的挑战，如个体差异、学习动机、资源整合等问题，采取相应的应对策略，确保专业知识更新机制的顺利推进。这将有助于培养更具有创新能力、问题解决能力和适应能力的教育者，为学生提供更高质量的教育服务。

二、实践经验分享与教育者团队协作

在当今快速发展的教育领域，教育者的实践经验分享和团队协作已成为提高教育质量、推动学校发展的关键因素之一。

（一）实践经验分享的意义

1. 促进专业知识的传承与更新

实践经验分享是一种有效的专业知识传递方式。经验丰富的教育者通过分享自己在教学中积累的经验，能够为新教育者提供宝贵的教育实践经验，促进专业知识的传承与更新。

2. 提升教育者的教学水平

通过实践经验分享，教育者可以学习到各种不同领域的成功经验和教学策略。这有助于提升教育者的教学水平，使其能够更灵活、更富创意地应对教学挑战，提高课堂效果。

3. 增强教育者的问题解决和创新能力

实践经验分享是一种交流和互动的过程，有助于激发教育者的问题解决和创新能力。在分享中，教育者可以共同探讨教学中遇到的问题，并通过集体智慧找到解决方案，促使团队整体提升。

4. 打造学校的教育文化

实践经验分享有助于形成积极的教育文化，建立共同的价值观和教育理念。这种文化有利于形成有利于教育创新和发展的氛围，提升学校整体的教育质量。

（二）教育者团队协作的意义

1. 提高教学效果

团队协作有助于提高教学效果。团队中的成员可以共同分担教学任务，充分发挥各自的优势，提供更全面、更丰富的教学资源，从而创造更有活力和多样性的教学环境。

2. 促进教育创新

团队协作为教育创新提供了更多的机会。团队成员可以共同探讨和研究新的教学方法、课程设计、评估方式等，促进学校的教育创新，更好地适应时代的发展。

3. 优化资源配置

通过团队协作，可以更好地优化教育资源的配置。团队成员可以共享各自的教育资源，避免资源的浪费，提高资源利用效率，使得整个教育团队更具备竞争力。

4. 增加教育者的职业发展机会

团队协作有助于教育者更好地展示个人的专业能力，提高职业发展机会。在团队中，教育者可以通过与他人合作，拓宽自己的教育视野，提升职业发展的多元化能力。

（三）实践经验分享与教育者团队协作的重要性

1. 共建共享的学习氛围

实践经验分享和教育者团队协作共同构建了一个共建共享的学习氛围。在这个氛围中，教育者不再孤立地面对问题，而是可以通过分享和协作，共同进步，形成更为融洽的学习社群。

2. 激发教育者的学习动力

实践经验分享和团队协作能够激发教育者的学习动力。在与他人交流和合作的过程中，教育者能够感受到集体的力量，从而更加积极主动地参与到学习和教学改进中。

3. 促进教育者的专业发展

实践经验分享和团队协作是教育者专业发展的有效途径。通过与团队成员交流，教育者可以获取更多的教学经验和专业知识，从而更好地适应教育发展的需求，推动个人专业发展。

4. 提高学校整体教育水平

实践经验分享和团队协作的紧密结合有助于提高学校整体的教育水平。通过团队协作，学校可以充分利用教育者的集体智慧，推动学科交叉、教学创新，从而更好地适应复杂多变的教育环境。

（四）构建实践经验分享与教育者团队协作的机制

1. 制订明确的实践经验分享计划

学校可以制订明确的实践经验分享计划，鼓励教育者定期分享自己在教学实践中的经验和教训。这可以通过组织经验交流会、定期的教学分享活动、撰写教育案例等方式实现。同时，建立一个平台，使得教育者能够方便地上传、分享自己的教学资源和经验。

2. 建立跨学科的教育者团队

构建跨学科的教育者团队是促进团队协作的有效方式。在这样的团队中，不同学科领域的教育者可以进行深度交流与协作，促进学科知识的交叉和整合。通过定期的跨学科团队会议和研讨活动，推动教学方法和理念的创新。

3. 制订团队协作的目标和计划

建立团队协作的目标和计划，使团队成员能够明确共同的努力方向。这包括共同制定教学目标、规划团队研究项目、共建教学资源库等。通过定期的团队会议，评估和调整团队协作计划，确保团队协作的高效推进。

4. 提供专业发展培训和资源支持

学校可以为教育者提供专业发展培训和资源支持，以促进实践经验分享和团队协作的发展。这包括专业知识培训、团队协作技能培训、科研项目支持等。通过为教育者提供更多的资源和工具，鼓励其更积极地参与实践经验分享和团队协作。

5. 建立导师制度

导师制度是一种有效的促进实践经验分享和团队协作的机制。经验丰富的教育者可以担任导师，与新教育者建立良好的合作关系。通过导师的指导，新教育者能够更快速地融入团队，学习到更多的实践经验。

6. 创建在线平台和社群

建立在线平台和社群是促进实践经验分享和团队协作的便捷方式。学校可以创建专门的在线平台，供教育者发布教学资源、分享经验，进行跨学科的讨论与合作。这样的社群平台有助于弥补时间和地域的限制，促使更广泛的团队成员参与。

（五）应对实施中可能面临的挑战

1. 克服教育者个体差异

在实践经验分享和团队协作中，不同教育者有不同的学科背景、教学风格和个体差异。学校需要制订差异化的培训计划，充分考虑每位教育者的特点，提供个性化的支持。

2. 解决团队沟通问题

团队协作过程中可能面临的挑战之一是沟通问题。为了解决这个问题，学校可以采取定期团队会议、使用在线协作工具、建立团队社群等方式，促进团队成员之间的有效沟通。

3. 确保资源的合理分配

团队协作需要合理分配资源，包括时间、人力和财力。学校需要确保团队成员有足够的时间参与协作活动，同时提供必要的物质支持，以保障团队协作的顺利进行。

4. 激发教育者的积极性

实践经验分享和团队协作需要教育者的积极参与。学校可以通过奖励机制、表彰优秀团队、提供职业发展机会等方式，激发教育者的积极性，促进实践经验的分享和团队协作。

实践经验分享和教育者团队协作是推动教育领域发展的关键因素，有助于提升教学水平、促进教育创新。通过制订明确的计划和机制，提供培训和资源支持，解决团队协作中可能出现的问题，学校可以促进实践经验的分享和团队协作的有机结合。这将有助于构建更具活力和创新性的教育团队，提高整体教育质量，推动学校朝着更好的方向发展。

三、专业知识更新与校企合作的紧密结合

在当今迅速发展的社会中，教育者的专业知识更新成为提升教学质量的不可或缺的一环。而校企合作作为教育改革的一项重要举措，为教育者提供了更为广泛和实际的专业知识更新平台。

（一）专业知识更新的重要性

1. 适应知识爆炸的时代

随着科技和社会的不断发展，知识的更新速度呈爆炸式增长，教育者需要不断学习新知识，适应知识爆炸的时代，以更好地满足学生的需求，提供更高质量的教育。

2. 提高教学水平

专业知识更新是提高教学水平的关键因素之一，通过不断深化和拓展自己的专业知识，教育者能够更准确地把握学科前沿，更灵活地运用先进的教学方法，从而提高教学水平。

3. 培养创新能力

专业知识的更新有助于培养教育者的创新能力，教育者通过学习最新的研究成果和教育理念，能够更好地应对教学中的问题，提出创新性的教育方案，激发学生的创新潜能。

4. 适应学科交叉和融合趋势

当前，学科交叉和融合成为教育的新趋势，教育者需要具备跨学科的知识，了解不同领域的发展，才能更好地适应学科交叉和融合的趋势，为学生提供更全面的教育。

（二）校企合作的意义

1. 提供实际应用场景

校企合作为教育者提供了实际应用场景，使其能够将专业知识更好地应用到实际工作中。通过参与企业项目和实践活动，教育者能够深入了解行业需求，从而更有针对性地进行专业知识更新。

2. 拓宽教育者的职业视野

校企合作为教育者拓展了职业视野。通过与企业合作，教育者能够接触到行业内最新的发展动态、前沿技术和实际问题，使其对于所教授的学科有更深入的理解和把握。

3. 提供实践经验分享机会

校企合作为教育者提供了与实际业界从业者交流的机会，促进实践经验的分享。这种分享不仅是一种双向的沟通，还能让教育者从业界获得更为实际的案例和经验，丰富自己的教学内容。

4. 促进教育创新

校企合作为教育者提供了更广泛的合作和资源支持。通过与企业的合作，教育者可以获得更多的教学资源、实践机会和创新项目，从而促进教育创新，提高教学质量。

（三）实现专业知识更新与校企合作的紧密结合

1. 制订个人专业发展计划

教育者可以制订个人专业发展计划，明确自己的专业发展目标和方向。

在这个计划中，应充分考虑校企合作的机会，明确与企业合作的意愿和方向，使专业发展与校企合作有机结合。

2. 参与校企合作项目

教育者可以积极参与学校与企业合作的项目，融入实际应用场景。通过参与项目，教育者能够更深入地了解行业需求，获得实践经验，并将实际问题融入自己的教学中。

3. 建立校企合作网络

教育者可以通过建立校企合作网络，积极参与学校组织的校企合作活动，与企业从业者建立联系。通过这种网络，教育者可以获取更多的合作机会，了解实际行业的最新动态，促进自身专业知识的更新。

4. 制订跨学科的校企合作计划

教育者可以积极倡导学校制订跨学科的校企合作计划，这种计划可以涵盖多个学科领域，使得不同学科的教育者能够共同参与校企合作项目，促进知识的交叉和融合。跨学科的校企合作计划有助于打破学科壁垒，促进知识的综合运用，为教育者提供更全面的专业知识更新机会。

5. 建立校企合作平台

学校可以建立校企合作平台，为教育者提供更便捷的合作渠道。这个平台可以包括企业需求发布、教育者求才信息、合作项目信息等，使得校企合作更为透明和高效。教育者通过平台可以及时获取到行业需求，更好地调整专业知识的更新方向。

6. 鼓励教育者参与行业研究

学校可以鼓励教育者参与行业研究项目，深入了解行业发展趋势和前沿技术。通过与企业共同研究，教育者可以获取最新的行业信息，不仅为自己的专业知识更新提供支持，同时也有助于促进校企深度合作。

7. 设立奖励机制

学校可以设立校企合作的奖励机制，鼓励教育者积极参与合作项目。这包括提供项目经费、奖学金、学术荣誉等形式的奖励，以激发教育者的热情和积极性，推动他们深度参与到校企合作中。

（四）实施中可能面临的挑战与解决方案

1. 时间压力

教育者可能面临课程教学和科研任务的时间压力，难以腾出足够的时间参与校企合作。解决方案包括合理安排教学任务、优化工作流程，以及通过校企合作获取的实践经验与教学科研相结合，提高工作效率。

2. 学科壁垒

学科壁垒可能导致教育者在校企合作中难以跨越学科边界。解决方案是通过跨学科的培训和团队协作，促进不同学科领域的教育者之间的合作与交流。

3. 企业需求变化

企业需求可能随市场变化而发生变化，教育者需要及时调整自己的专业知识更新方向。解决方案包括制订灵活的专业知识更新计划，保持对行业发展动态的敏感性。

4. 学校与企业沟通不畅

学校与企业之间的沟通可能存在障碍，影响了校企合作的顺利进行。解决方案包括建立定期的沟通渠道，设立专门的沟通岗位，提高学校与企业之间的信息畅通程度。

5. 缺乏合作机会

一些教育者可能因所在学校缺乏与企业的合作机会而难以实现专业知识更新与校企合作的紧密结合。解决方案包括积极争取合作机会、主动参与行业研究项目，以及通过学术会议等途径扩大个人的合作网络。

专业知识的更新和校企合作在当今教育发展中都具有重要意义。它们相互之间存在着紧密的关系，互为支持、相辅相成。通过制订明确的个人发展计划、积极参与校企合作项目、设立奖励机制等手段，教育者可以更好地实现专业知识更新与校企合作的紧密结合。这将有助于提高教育者的教学水平和创新能力，同时也能促进学校与企业之间的深度合作，推动教育体系更好地适应社会发展的需求。

第五节　师资队伍建设的评估体系

一、建立全面的师资队伍评估指标

师资队伍是一个学校教育质量和发展的核心因素。为了全面了解和提升师资队伍的水平，建立全面的师资队伍评估指标显得尤为重要。

在现代社会，教育的快速发展和变革使得对师资队伍的要求越来越高。传统的教学方法和知识体系已经不能满足多元化的学生需求和不断变化的社会要求。因此，建立全面的师资队伍评估指标成为确保教育质量、推动教育创新的关键举措。

（一）全面的师资队伍评估指标的意义

1. 提升教育质量

全面的师资队伍评估指标可以帮助学校更好地了解教育者的教学水平、教育理念和专业素养。通过综合评估，学校能够制订有针对性的培训计划，提高教育者的教育质量和水平。

2. 促进教育创新

评估指标的建立有助于发现教育者的创新潜力和实践经验，为教育创新提供有力的支持。通过了解教育者在课程设计、教学方法和教学资源开发等方面的创新实践，学校可以为其提供更多的支持和奖励，激发更多创新活力。

3. 优化师资队伍结构

通过评估指标，学校可以深入了解师资队伍的结构和构成，包括教育者的年龄分布、学科背景、教龄等方面。这有助于学校合理配置资源，优化师资队伍的结构，提高整体的教育水平。

4. 推动专业发展

建立全面的师资队伍评估指标有助于推动教育者的专业发展，通过定期的评估，教育者可以了解自己在教学、科研、社会服务等方面的表现，为个人的专业发展制订更明确的目标和计划。

（二）设计全面的师资队伍评估指标的关键方面

1. 教育者的学术背景与专业素养

评估教育者的学术背景和专业素养是全面评估师资队伍的重要方面，包括教育者的学历、专业领域、学术研究成果等。通过了解教育者的学术背景，学校可以更好地匹配教育者与课程内容，提高教学质量。

2. 教学效果与教育质量

评估教学效果和教育质量是师资队伍评估的核心，包括对学生的学业成绩、课程评价、教学反馈等的评估。通过定期的教学评估，学校可以全面了解教育者在教学方面的表现，发现问题并及时进行改进。

3. 科研和创新能力

师资队伍应具备一定的科研和创新能力，评估指标可以包括教育者的科研项目、发表的学术论文、参与的创新项目等。这有助于推动教育者在学科领域的深度发展，提升整体的科研水平。

4. 教育者的教学发展计划和专业培训

了解教育者的教学发展计划和参与的专业培训是评估指标的重要方面。通过了解教育者是否定期制订教学发展计划、参与哪些专业培训，学校可以为教育者提供更有针对性的支持和培训。

5. 学生评价和社会评价

学生评价和社会评价是师资队伍评估的重要依据，学校可以通过学生的综合评价、就业率、社会反馈等方式获取对教育者的评价。这些评价不仅反映了教育者在学术和教学方面的水平，还关注了其对学生综合素养培养的贡献及在社会中的影响力。

6. 团队协作与交流能力

师资队伍评估应该关注教育者的团队协作和交流能力，这包括是否愿意与同事合作、是否参与学科团队、是否与同行进行学术交流等。团队协作和交流能力有助于形成合力，推动学校整体师资队伍的发展。

7. 教育者的社会服务和校外活动

教育者的社会服务和参与校外活动也是全面评估的一个方面，这包括教育者是否参与社区服务、行业合作、校友联络等。通过这些活动，教育者能够更好地将学科知识与社会实践相结合，提高教学的实际效果。

（三）评估指标的应用

1. 定期评估和反馈

学校应该建立定期的师资队伍评估机制，包括教学评估、科研评估、社会服务评估等，评估结果应该及时向教育者反馈，提供专业发展的建议和支持，同时为学校决策提供依据。

2. 建立个人档案、制订发展计划

每位教育者应该有自己的个人档案，记录个人的学术成果、教学成果、参与的社会服务等信息，在此基础上，制订个人发展计划，明确未来的专业发展方向和目标。

3. 激励机制和奖励措施

为了鼓励教育者积极参与评估和提升自身水平，学校可以建立激励机制和奖励措施，这包括为教育者提供参与培训的奖学金、教学和科研成果的奖励、学术荣誉的认定等。

4. 制订个性化的支持计划

根据评估结果，学校可以制订个性化的支持计划，为每位教育者提供有针对性的培训、资源支持和职业发展机会。这有助于最大程度地发挥每位教育者的潜力，推动整个师资队伍的进步。

5. 促进教育者间的交流与合作

通过评估指标，学校可以发现教育者之间的差异和优势，有针对性地促进他们之间的交流与合作，这不仅有助于个体成长，还有助于形成协同效应，提升整个师资队伍的水平。

（四）面临的挑战与解决方案

1. 评估指标的科学性

全面评估师资队伍需要建立科学性和客观性的评估指标。学校可以邀

请外部专家参与制定评估指标，确保其科学性和客观性。

2. 评估过程的复杂性

师资队伍评估涉及多个方面，评估过程可能较为复杂，学校可以通过分阶段、分层次的评估，逐步深入，确保评估过程的合理性和有效性。

3. 个性化支持的实施难度

个性化的支持计划需要考虑到每位教育者的特点和需求，实施难度相对较大，学校可以借助现代信息技术，建立个性化的数据支持平台，提高支持计划的实施效率。

4. 激励机制的建立

建立激励机制需要考虑到学校的财务状况和管理体制，学校可以通过募集专项资金、与企业合作等方式，为激励机制提供必要的支持。

建立全面的师资队伍评估指标是学校教育质量提升的关键步骤。通过科学、客观、全面的评估，学校可以更好地了解和引导师资队伍的发展。合理应用评估结果，制订个性化的支持计划，有助于推动教育者的专业发展，提升整体教育水平。在未来的发展中，学校应不断完善评估机制，促进师资队伍的全面提升。

二、评估结果在师资队伍建设中的运用

师资队伍是学校教育事业的中坚力量，对其进行全面评估是提高教育质量和推动学校发展的必要步骤。然而，评估并非仅是对教育者个体的一次考核，更应该是一个系统性的过程，其结果应该在师资队伍建设中得到深入的运用。

（一）评估结果的获取和分析

1. 评估工具的选择

在师资队伍全面评估中，选择合适的评估工具是至关重要的，评估工具应该覆盖教学、科研、社会服务等多个方面，涵盖定量和定性的评估方法，以获取全面准确的师资队伍信息。

2. 数据的搜集与分析

评估结果的获取首先需要对师资队伍进行数据的收集，包括学术成果、教学评价、参与的项目和社会服务等方面的数据。通过有效的数据分析，可以深入挖掘教育者的优势和不足，为后续的师资队伍建设提供有力支持。

（二）评估结果在师资队伍建设中的应用

1. 制订个性化发展计划

通过对评估结果的深入分析，学校可以为每位教育者制订个性化的发展计划。这个计划应该根据教育者的优势和不足、个人发展目标等方面进行详细规划，为其提供有针对性的培训和支持。

2. 优化教学安排和课程设计

评估结果可以反映教育者在教学方面的强项和改进空间，学校可以通过优化教学安排、调整课程设计，更好地发挥每位教育者的特长，提高整体教学效果。

3. 科研支持与资源配置

对于在科研方面表现优秀的教育者，学校可以为其提供更多的科研支持和资源配置，这包括项目经费、实验室支持、研究生培养等方面的支持，以激发其科研潜力。

4. 提供教学改进的建议

评估结果反映了教育者在教学方面的表现，学校可以为其根据评估结果提供教学改进的建议，这可以是针对教学方法的调整、课程内容的更新，也可以是提供先进的教学技术和工具的支持。

5. 制定激励机制和奖励政策

评估结果可以作为制定激励机制和奖励政策的依据，对于表现优秀的教育者，学校可以通过奖学金、学术荣誉、晋升等方式予以奖励，激发其进一步提升教育水平的积极性。

6. 促进教育者间的交流与合作

评估结果不仅是对个体教育者的评价，还可以为师资队伍的整体发展提供启示，通过评估结果，学校可以促进教育者之间的交流与合作，形成优势互补、协同发展的团队。

（三）评估结果在学校决策中的运用

1. 制定发展规划和政策

评估结果应该成为学校制定发展规划和政策的参考依据。根据评估结果，学校可以明确未来的师资队伍建设方向，制定相应的政策和措施。

2. 调整资源配置和人事安排

学校可以根据评估结果调整资源配置和人事安排，对于表现突出的教育者，可以适当增加其科研经费和实验室支持；对于需要进一步发展的教育者，可以提供更多的培训和支持。

3. 设立激励和奖励体系

评估结果可以为学校建立激励和奖励体系提供依据，学校可以根据评估结果设立教育者的职称晋升、奖学金评定、学术荣誉授予等激励机制，推动整个师资队伍的积极发展。

4. 完善教育质量保障体系

评估结果有助于完善学校教育质量保障体系，学校可以根据评估结果调整和优化教学管理制度，提高教育质量保障的效果。

5. 优化学科结构和专业设置

评估结果还可以为学校提供优化学科结构和专业设置的建议，通过了解每位教育者在不同学科领域的优势，学校可以合理配置教育者的学科专业，提高整体学科建设水平。

6. 制订人才引进和培养计划

评估结果也是制订人才引进和培养计划的依据，对于一些学科或领域存在短缺的情况，学校可以通过引进优秀人才、培养青年教育者等方式弥补不足，提升整体师资队伍的水平。

（四）面临的挑战与解决方案

1. 数据隐私和敏感性

评估结果涉及个体教育者的敏感信息，可能引发数据隐私和敏感性的问题。解决方案包括建立隐私保护机制、明确数据使用范围，并经过教育者的充分知情同意。

2. 评估工具的科学性

评估工具的选择需要科学性和客观性，为了解决这一问题，学校可以邀请外部专家参与评估工具的设计，确保其科学性和客观性。

3. 评估结果的主观性

评估结果可能受到评估者主观因素的影响，导致结果不够客观。解决方案包括建立多层次的评估体系，引入多方面的意见和数据，确保评估结果的客观性。

4. 收集和分析数据的成本

收集和分析数据可能需要一定的成本和人力资源。学校可以利用现代信息技术，建立高效的数据收集和分析系统，提高数据处理的效率，降低成本。

5. 评估结果的转化和实施难度

即使获得了评估结果，将其转化为实际的师资队伍建设行动仍然可能面临一定的困难。解决方案包括制订明确的实施计划、设立专门的实施团队，确保评估结果的有效运用。

全面的师资队伍评估结果的运用是学校教育质量提升和发展的关键环节。通过深入分析评估结果，制订个性化的支持计划，优化教学和科研资源配置，学校可以更好地激发每位教育者的潜力，推动整个师资队伍的全面提升。在运用评估结果的过程中，学校需要克服一系列挑战，通过科学的手段确保评估结果的客观性和有效性。最终，评估结果的运用应该服务于学校的整体发展战略，为提高教育质量、培养高素质人才做出积极贡献。

三、持续改进与师资队伍建设的良性循环

持续改进和师资队伍建设是学校发展的两个关键方面。通过建立良性循环，将二者有机结合，可以推动学校实现教育质量的不断提升和师资队伍水平的全面发展。

（一）持续改进的重要性

1. 适应不断变化的教育环境

教育领域面临着不断的变革和挑战，包括科技发展、社会需求的变化等。持续改进可以帮助学校及时调整教育方针、更新教育理念，以更好地适应不断变化的教育环境。

2. 提高教育质量

持续改进是提高教育质量的有效途径，通过不断地审视和调整教学方法、课程设置等方面的内容，学校能够及时发现问题并加以改进，提升教育水平。

3. 促进组织创新

持续改进不仅是对细节的优化，更是对整体组织的创新，通过引入新的教学理念、教育技术和管理方法，学校可以激发师资队伍的创新潜力，推动整体教育事业的发展。

（二）师资队伍建设的关键要素

1. 专业发展和培训

师资队伍建设的首要任务是教育者的专业发展和培训，通过提供系统性的培训计划、支持教育者参与学术研究和学科交流，学校可以激发教育者的学术热情，提高其专业素养。

2. 团队协作和交流

师资队伍建设需要注重团队协作和交流，建立开放的沟通机制，鼓励教育者之间的互动与合作，有助于形成团队的合力，共同推动学校的教育事业。

3. 教育者的个性化支持

教育者的个性化支持是师资队伍建设的重要方面，了解每位教育者的特长和需求，为其提供量身定制的发展计划、教学资源和培训机会，有助于激发其潜力，推动其个性发展。

4. 学科建设和科研支持

学科建设和科研支持是师资队伍建设的核心，通过建立完善的学科体系，提供科研项目、实验室支持等资源，学校可以促进教育者在学科领域的深度发展，提升整体科研水平。

（三）持续改进与师资队伍建设的良性循环模式

1. 数据驱动的评估机制

建立数据驱动的评估机制是持续改进与师资队伍建设良性循环的第一步。通过定期对师资队伍进行综合评估，包括教学效果、科研成果、社会服务等多个方面的数据搜集和分析，学校可以全面了解师资队伍的优势和不足。

2. 制订改进目标和计划

基于评估结果，学校应制订明确的改进目标和计划，这些目标和计划可以涉及教学方法的优化、科研方向的调整、个性化支持计划的制订等方面。目标的设立应该既符合学校整体发展战略，又要顾及到个体教育者的需求。

3. 实施改进措施

设立目标后，学校需要积极实施改进措施，这包括提供专业培训、制订个性化的发展计划、优化教学和科研资源配置等方面。学校可以建立改进措施的实施团队，确保措施的有效性。

4. 监测与调整

改进措施的实施需要建立监测机制，及时了解进展情况，通过监测，学校可以发现问题、调整计划，并及时采取措施加以改进。这种持续的监测与调整机制有助于确保改进措施的实施效果。

5. 提供激励和奖励

为了激励教育者积极参与改进和建设，学校可以设立激励和奖励机制，这可以包括评选出色教育者、提供晋升机会、设立奖学金等方式，为教育者的付出提供实质性的回报。

6. 教育者的反馈和参与

良性循环的关键在于教育者的反馈和积极参与。学校应该建立开放的沟通渠道，鼓励教育者提出改进建议、分享经验，并充分听取他们的声音。同时，鼓励教育者积极参与改进计划的制订和实施，使其成为改进过程的参与者和推动者。

7. 持续改进的文化建设

为了确保持续改进与师资队伍建设形成良性循环，学校需要倡导和建设一种持续改进的文化。这包括培养教育者的自我学习和反思能力，使其习惯性地寻求改进的机会，形成自我激励的循环。

（四）师资队伍建设的成果与影响

1. 教育质量的提升

通过持续改进和师资队伍建设的良性循环，学校可以不断提升教育质量。教育者的专业水平不断提高，教学方法不断创新，科研成果不断涌现，都将有力推动学校的整体教育质量水平向前发展。

2. 科研实力的增强

良性循环使得学校能够更好地支持和激发教育者的科研潜力，通过持续改进，学校不仅提供更多的科研资源和支持，还能够吸引更多优秀的科研人才加入，从而增强学校的科研实力。

3. 团队协作和创新文化的培育

师资队伍建设的良性循环将促使团队协作和创新文化的培育，教育者之间的合作和交流将成为常态，团队的合力将推动学校教育事业的创新和发展。

4. 学科建设的深化

学科建设是师资队伍建设的重要目标之一。通过持续改进，学校可以更加有针对性地加强学科建设，形成特色学科，提高学科竞争力，推动学科的深化发展。

5. 教育者个体成长的促进

持续改进与师资队伍建设的良性循环将直接促进教育者个体的成长。教育者在融入学校整体发展的同时，通过持续学习、实践和反思，实现个体专业水平的不断提升。

（五）面临的挑战与解决方案

1. 资源投入的问题

持续改进与师资队伍建设需要大量的资源投入，包括财力、人力和物力。解决方案包括通过与企业的合作、争取政府支持等方式，筹集更多资源用于师资队伍建设。

2. 教育者的抵触情绪

有些教育者可能对改变产生抵触情绪，担心自己的教学和研究方式会受到影响。解决方案包括加强对教育者的沟通，明确改进的目的和好处，并通过示范效果等方式激发积极参与的动力。

3. 管理层领导力的挑战

持续改进需要学校管理层具备良好的领导力，能够引领团队朝着共同的目标前进。解决方案包括培养管理层的领导力、建立科学有效的决策机制，确保整体改进的方向正确并得到有效推进。

4. 文化建设的难度

建立持续改进的文化需要时间和耐心。解决方案包括通过培训和引导，逐步树立学校对于持续改进的文化认同，形成全员参与的文化氛围。

持续改进与师资队伍建设的良性循环是学校可持续发展的重要保障。通过不断的评估、制订改进目标和计划、实施改进措施、监测与调整，学校能够实现教育质量的提升、科研实力的增强、团队协作和创新文化的培育等多方面的良性循环。在面对各种挑战时，学校需要通过资源整合、沟通协调、领导力培养等手段，确保持续改进与师资队伍建设的良性循环稳健推进，为培养优秀人才和推动学校整体发展提供有力支持。

第六节　师资队伍建设的问题与对策

一、师资队伍建设面临的挑战

师资队伍是高校发展的核心力量，其素质和水平直接关系到教育教学质量和学校整体实力。然而，在面临社会变革、科技创新等多重压力的情况下，师资队伍建设也面临着一系列的挑战。

（一）人才引进难

1. 挑战

（1）人才竞争激烈

当前，高校之间为了争夺人才资源展开了激烈的竞争。一流大学和研究机构能提供更好的薪资、科研条件和职业发展空间，这使得一些中小院校在人才引进方面面临一定的竞争压力。

（2）人才流失问题

由于一些高水平人才更容易被其他单位挖走，人才流失问题成为一些高校长期面临的难题。人才的流失不仅是对师资队伍的实质性损失，还可能影响到学科建设和学校声誉。

2. 应对策略

（1）制定更具吸引力的激励政策

通过提高薪资待遇、完善科研经费分配、设立奖学金等激励机制，提高中小院校在人才引进方面的竞争力。

（2）优化工作环境

提供更好的工作和科研条件，包括实验室设备、图书馆资源、人才公寓等，创造良好的工作生活环境。

（3）加强校际合作

与其他高校、科研机构建立合作关系，共享师资资源，吸引更多高水平人才加入。

（二）教育理念与需求多样化

1. 挑战

（1）教育理念差异

师资队伍中存在着不同教育理念和教学风格的差异，这可能导致在教学过程中产生碰撞和不协调，影响教学效果。

（2）学生需求多样化

学生的需求越来越多样化，对于教育者的要求也更为复杂。一些教育者可能难以适应这种多样化的需求，导致教学效果不尽如人意。

2. 应对策略

（1）强调教育者培训

通过举办教育者培训和研讨会，引导教育者认识不同教育理念的价值，提高他们对多样化需求的适应能力。

（2）推动教学研究

鼓励教育者积极参与教学研究，不断提高教学水平，适应学生多样化的需求。

（3）建立协同合作机制

鼓励不同教育者之间的合作与协同，通过互相学习和交流，提高教育者之间的协同能力。

（三）科研与教学平衡难题

1. 挑战

（1）科研任务繁重

一些高校在科研任务上面临着较大的压力，而这可能使得教育者投入过多精力在科研上，导致对教学的疏忽。

（2）教学任务紧迫

与此同时，一些高校又对教学任务有着紧迫的需求，使得教育者很难在科研和教学之间找到平衡点。

2. 应对策略

（1）合理分配任务

学校应该通过科学的任务分配机制，合理规划教育者的科研和教学任务，避免过度集中在某一方面。

（2）提供灵活的工作制度

鼓励学校采用灵活的工作制度，给予教育者更多的时间进行科研和教学的平衡。

（3）建立科研与教学的协同机制

通过建立科研与教学的协同机制，促使教育者将科研成果融入到教学中，实现科研与教学的有机结合。

（四）教育者职业发展渠道不畅

1. 挑战

（1）晋升机制不透明

一些学校的教育者晋升机制不够透明，造成了一些优秀的教育者无法得到应有的晋升机会。

（2）职业发展渠道狭窄

一些学校的教育者职业发展渠道狭窄，使得一些教育者无法得到更好的发展。

2. 应对策略

（1）建立明确的晋升机制

学校应当建立明确的晋升机制，对教育者的职业发展路径和条件进行说明，使其清晰了解晋升的标准和流程。

（2）提供多样化的职业发展渠道

学校可以开展多样化的职业发展渠道，包括教学与科研双轨制度、学科交叉培养等，使得教育者有更多选择，不受单一职业发展渠道的限制。

（3）建立评价和认可机制

学校可以建立公正、公平的评价和认可机制，充分肯定教育者在教学、科研、社会服务等方面的贡献，为其职业发展提供更多的机会。

（五）教育者专业发展需求多样

1. 挑战

（1）个性化发展需求

不同教育者在专业发展方向、需求和兴趣上存在较大的个性差异，传统的统一培训模式难以满足其个性化的发展需求。

（2）新兴技术和教育模式的快速更新

新兴技术和教育模式的不断涌现，对教育者的专业素养提出了更高的要求，需要及时更新和适应。

2. 应对策略

（1）制订个性化培训计划

学校可以通过调查和了解教育者的专业发展需求，制定个性化的培训计划，提供符合其发展方向的培训和支持。

（2）建立专业发展基金

学校可以设立专业发展基金，资助教育者参与国内外学术会议、培训课程等，帮助其及时获取新知识、新技术。

（3）支持在线学习平台建设

学校可以建设在线学习平台，提供丰富的在线课程资源，让教育者可以根据自己的时间和兴趣进行学习，适应新兴技术和教育理念的更新。

面对日益复杂和多变的教育环境，师资队伍建设面临的挑战不可避免，但也是推动学校发展的机遇。通过科学合理的制度建设、激励机制的完善、培训体系的创新等手段，学校可以更好地应对挑战，使师资队伍建设成为学校可持续发展的强大支撑。只有通过不断的努力和创新，才能为培养更多更优秀的人才、推动学校整体提升实力创造更加有利的条件。

二、成功解决师资队伍建设问题的经验

师资队伍的建设直接关系到高校的教育质量和发展水平。随着教育体制的改革和社会需求的变化，高校在师资队伍建设中面临一系列挑战。

（一）建设明确的招聘机制

1. 制订明确的岗位职责和条件

在招聘过程中，学校需要制定明确的岗位职责和条件，明确教育者在教学、科研和管理方面的要求。这有助于吸引和选拔符合学校需求的优秀人才。

2. 建立公开、透明的招聘程序

通过建立公开、透明的招聘程序，确保每位应聘者在招聘过程中都能获

得公平的竞争机会。合理设置评审流程、面试环节，确保选拔出真正适合学校发展需要的人才。

3. 引入专业化的招聘团队

一些成功的高校引入专业的招聘团队，包括人力资源专业人员、学科领域专家等，以提高招聘的专业性和精准性，这有助于确保招聘工作更加科学、高效。

（二）激励机制的建立与优化

1. 设立灵活多样的激励政策

为了更好地激发教育者的积极性，学校需要设计灵活多样的激励政策，包括薪资福利、科研经费、晋升机制、荣誉奖励等方面的激励，满足不同教育者的需求。

2. 建立以绩效为导向的激励机制

将激励与个体绩效直接挂钩，建立以绩效为导向的激励机制，通过定期评估、考核，将教育者的付出与其得到的激励形成有机联系，促使其更加努力工作。

3. 实行竞争性的薪酬制度

引入竞争性的薪酬制度，将薪资水平与个体的表现、贡献挂钩，这有助于激发教育者的竞争意识，推动他们不断提高自身水平。

（三）加强教育者的培训与发展

1. 制订个性化的培训计划

了解每位教育者的专业发展需求，制订个性化的培训计划，通过不同形式的培训，提高教育者的综合素质和专业水平。

2. 建立导师制度

引入导师制度，通过与经验丰富的教育者搭建沟通交流平台，促进新教育者更好地融入学校文化，更快地适应和发展。

3. 支持教育者参与国际学术交流

通过资助、支持教育者参与国际学术交流，拓宽他们的学术视野，提高国际化水平，有助于提升整体师资队伍的国际竞争力。

（四）建立协同合作机制

1. 加强学科交叉与合作

建立学科交叉与合作的机制，鼓励教育者跨学科开展合作研究，促进不同学科的融合，推动学科发展。

2. 促进内外部交流与合作

通过加强学校内外部的交流与合作，与企业、其他高校建立战略合作伙伴关系，分享资源、经验和信息，提高师资队伍整体水平。

3. 建立团队协作文化

倡导团队协作文化，强调集体智慧和力量。通过定期的团队建设活动，增进师资队伍的凝聚力和协同效应。

（五）构建健全的评估和反馈机制

1. 建立多层次的评估机制

建立包括学科评估、学校评估和个体评估在内的多层次评估机制。通过多维度的评估，全面了解师资队伍的整体和个体水平。

2. 引入 360 度反馈机制

引入 360 度反馈机制，包括同事评价、学生评价等多方位的反馈。这有助于教育者更全面地了解自己在教学、科研和团队协作等方面的表现，为个人发展提供更全面的参考。

3. 建立动态调整机制

评估结果应该作为一个动态的过程，及时调整激励政策、培训计划和发展方向。确保评估结果的及时性和准确性，使师资队伍的建设更具针对性和灵活性。

（六）注重校企合作与实践经验的融合

1. 积极推动校企合作

通过积极推动校企合作，将企业资源和实际经验引入教育者培训和科研项目中。这不仅能够提升教育者的实际应用能力，还能够加强学校与社会的紧密联系。

2. 建立实践基地与教学相结合的机制

学校可以建立实践基地与教学相结合的机制，通过将实际项目引入教学过程，使教育者能够更好地将理论知识与实际操作相结合，提高教学质量。

3. 鼓励教育者参与实际项目

通过激励机制，鼓励教育者参与实际项目，培养其实际操作经验和解决问题的能力。这不仅有助于提高教育者的实践水平，也能够促进校企合作的深入发展。

三、未来师资队伍建设的发展趋势

随着时代的发展和教育领域的不断变革，高校师资队伍建设也面临着新的挑战和机遇。未来的师资队伍建设将受到多方面因素的影响，包括科技发展、社会需求、教育理念变革等。

（一）科技发展对师资队伍建设的影响

1. 教育技术的广泛应用

未来教育将更加注重教育技术的应用。师资队伍需要适应在线教学、远程教育等新型教学模式，培养信息化教育素养，提高应用各类在线教育工具和平台的能力。

2. 人工智能在教育中的角色

人工智能技术的不断发展将对师资队伍的教学方式和内容提出新的要求。教育者需要具备与人工智能合作的能力，通过智能教学系统更好地个性化辅助学生学习。

3. 跨学科研究的增多

科技的进步推动了不同学科之间的融合。未来师资队伍需要具备跨学科研究的能力，促进不同领域的交叉与合作，推动科技创新。

（二）社会需求对师资队伍建设的影响

1. 产业对人才需求的变化

随着产业结构的调整，社会对人才的需求也在发生变化。未来师资队伍需要更加关注行业趋势，及时调整专业设置，培养适应未来产业发展的人才。

2. 人才培养模式的创新

社会对高校人才培养模式提出更高要求，强调实践能力、创新能力的培养。师资队伍需要不断创新教学方法，更好地适应社会对人才的多元化需求。

3. 社会服务与校企合作的强化

未来师资队伍将更加关注社会服务和校企合作，积极参与解决社会问题的实际工作。这需要教育者具备更强的实践经验和与产业对接的能力。

（三）教育理念变革对师资队伍建设的影响

1. 个性化教育的兴起

教育理念逐渐向个性化教育转变，注重满足学生个体差异。未来师资队伍需要更加注重学生的个性发展，关注每个学生的需求，实现个性化的教学服务。

2. 跨学科融合的强调

未来教育理念将更加强调跨学科融合，师资队伍需要打破传统学科壁垒，促进不同学科的融合，培养学生具备多学科知识的能力。

3. 重视创新和实践能力

教育理念逐渐转向注重培养学生创新和实践能力，师资队伍需要具备引导学生进行实践性学习的能力，激发学生的创新潜能。

（四）未来师资队伍建设的策略和措施

1. 持续的教育者培训与发展

未来师资队伍建设需要着重于持续的教育者培训与发展，学校应建立完善的培训体系，包括新教育者培训、进修培训、国际学术交流等，确保教育者不断提升自身素养。

2. 加强校企合作与社会服务

学校应加强校企合作，将产业需求融入教育者的培养过程。同时，鼓励教育者参与社会服务项目，将学校的智力资源与社会需求相结合。

3. 引入先进的教育技术

为适应未来教育技术的发展，学校应加大对先进教育技术的引入力度，提高教育者的信息化素养。培养教育者利用技术手段进行创新教学的能力，提高教学效果。

4. 建设跨学科研究平台

为应对未来跨学科融合的趋势，学校应建设跨学科研究平台，提供良好的交流合作环境，鼓励教育者跨学科进行研究，这有助于推动学科交叉、促进创新成果的涌现。

5. 推动国际化发展

在人才培养和学科建设中，加强与国际高校的合作与交流，引入国际优秀教育者，拓宽师资队伍的国际视野，通过国际化的合作，提升学校在全球范围内的学术声誉和竞争力。

6. 设立激励机制

建立激励机制，包括薪资福利、科研项目支持、教学奖励等，以激发教育者的工作热情和创新潜力，激励机制应当灵活多样，能够满足不同教育者的需求，营造积极向上的工作氛围。

7. 强化评估与反馈机制

建立科学的评估与反馈机制，定期对教育者的教学、科研和服务等方面进行综合评估。引入同行评价、学生评价等多维度评估机制，及时发现问题、给予帮助，促使教育者不断提高。

8. 重视教育者的全面发展

学校需要关注教育者的全面发展，提供平衡工作与生活的支持，关心教育者的身心健康。通过建立心理健康服务体系、员工关怀机制等，增强教育者的职业幸福感，提高工作稳定性。

9. 加强人才流动管理

鼓励人才流动，支持教育者在不同学科、不同研究方向间的转岗和合作。建立灵活的人才流动机制，促进知识和经验的交流，培养更具综合素养的教育者。

10. 促进校园文化建设

营造积极向上的校园文化，弘扬教书育人的使命感。通过组织文体活动、学术沙龙、团队建设等，增强教育者的集体凝聚力，形成浓厚的学术氛围。

（五）未来师资队伍建设的挑战与应对策略

1. 技术更新与适应挑战

挑战：科技的快速发展，新兴教育技术的涌现，使得教育者需要不断更新技术知识，适应新的教学模式和工具。

应对策略：学校可以建立定期的教育技术培训体系，提供持续的技术更新课程，鼓励教育者主动学习新技术，培养其适应新环境的能力。

2. 个性化教育需求的增加

挑战：学生对个性化教育的需求日益增加，教育者需要更多关注每个学生的个体差异，提供更贴合学生需求的教育服务。

应对策略：学校可以通过引入先进的教育技术，开设个性化学习的支持课程，以及建立学生档案系统，深入了解每个学生的学习风格和需求。教育者可参与培训，学习如何更好地个性化教育，关注学生的发展轨迹，提供有针对性的辅导和支持。

3. 教育者多元化背景的融合

挑战：未来社会对人才的多元化需求使得教育者的背景更加多元，包括专业背景、工作经验等，如何融合这些多元化的背景成为一项挑战。

应对策略：学校可以制定灵活的招聘政策，鼓励不同背景的人才加入师资队伍。建立导师制度，引导新教育者更快速地融入学校文化。通过团队合作和交流，促进不同背景教育者之间的互相学习和合作。

4. 教育者综合素养的提升

挑战：未来教育者需要具备更全面的素养，不仅要有扎实的专业知识，还要具备创新、领导力、团队协作等综合素养。

应对策略：学校可通过制订创新人才培养计划，提供相关培训和课程，培养教育者的领导和创新能力。建立跨学科研究平台，促进教育者全面素养的发展。通过定期的综合素质评估，推动教育者的全面发展。

5. 国际化竞争与合作的平衡

挑战：国际化发展带来了全球范围内的竞争，同时也提供了与国际先进水平接轨的机会。如何平衡国际竞争与合作成为未来的挑战。

应对策略：学校应积极拓展国际合作，加强与国际高校的交流与合作，引进国际化的教育资源。通过制订国际化的培训计划，帮助教育者适应国际化的竞争环境。同时，强调本土文化与国际化的有机结合，促使教育者具备更广泛的国际视野。

6. 教育理念变革的推动

挑战：教育理念的变革要求教育者在教学方式、课程设计等方面有更大的创新和适应能力。

应对策略：学校可通过开展教育理念创新的培训和研讨会，鼓励教育者参与教育研究和课程改革。引入先进的教育理念，通过示范课程和项目，推动教育者逐步转变教学观念，提高教育质量。

未来师资队伍建设将在科技发展、社会需求、教育理念变革等多方面受到影响，高校需要更加灵活、创新地应对这些变化。通过持续的教育者培训、引入先进的教育技术、强化校企合作、推动国际化发展等措施，学校可以更好地满足未来社会的需求，培养具备综合素养的高水平教育者。

师资队伍的建设不仅是一个学校内部的管理问题，更是与整个社会、产业结构、国家发展战略等息息相关。在未来的师资队伍建设中，高校需要积极适应并引领社会变革，不断提升教育者的综合素养，促进高等教育的创新与发展。

同时，政府、企业、社会各界也需要共同参与，提供支持和资源，为高校师资队伍的建设创造良好的环境。通过共同努力，可以实现师资队伍建设与社会需求、科技发展相互促进，共同推动高校师资队伍朝着更高水平、更适应未来需求的方向发展。

第六章　学生参与与能力培养

第一节　学生参与的机制与渠道

一、学生参与校企合作的途径

校企合作是高校与企业之间密切合作的一种形式，通过学校资源与企业需求的有机结合，促进产学融合、人才培养与科研创新的全面发展。学生作为高校的重要组成部分，积极参与校企合作不仅可以提升实际应用能力，还有助于更好地融入社会与产业，为未来就业奠定基础。

（一）学生参与校企合作的优势

1. 收获实践经验

校企合作提供了学生在真实工作环境中获得实践经验的机会，通过参与企业项目、实习实践，学生能够将在课堂上学到的理论知识应用于实际工作中，提高解决实际问题的能力。

2. 拓展职业视野

参与校企合作可以让学生更好地了解企业的运作方式、管理机制及行业发展趋势，从而拓展职业视野，提前规划自己的职业发展方向。

3. 增加就业竞争力

拥有与企业合作的实际经验，使学生在毕业后更具竞争力，企业更愿意选择那些具有实际工作经验的毕业生，因为他们更容易适应工作环境，能够更快速地胜任岗位。

4. 建立职业人际关系

通过校企合作，学生有机会与企业内部的员工、领导建立联系，建立职业人际关系，这有助于学生在求职时获得更多的机会，甚至可能通过合作获得就业机会。

（二）学生参与校企合作的途径

1. 实习与就业服务中心

大多数高校都设有实习与就业服务中心，其作用是为学生提供与企业合作的机会。学生可以通过该中心获得实习信息、参与招聘活动，并接受就业指导。这是学生最直接、最便捷的参与校企合作的途径之一。

2. 校内企业项目合作

学校与企业常常会合作进行一些实际项目，这些项目既可以是企业的实际需求，也可以是学校的研究项目。学生可以通过参与这些项目，深入了解实际工作内容，提高解决问题的能力。

3. 科研项目参与

一些企业会与高校合作进行科研项目，学生可以通过加入导师的科研团队，参与企业项目的研究。这不仅能够提升学生的科研能力，还能够与企业研发团队建立联系。

4. 创新创业实践基地

一些高校建有创新创业实践基地，为学生提供了创业的平台。学生可以通过这些基地，参与一些创业项目，与企业进行深度合作，实现自己的创业梦想。

5. 校企合作联盟

一些高校与企业建立了长期的合作关系，形成了校企合作联盟。学生可以通过加入这个联盟，获取更多的校企合作机会，还可以参与一些联盟组织的培训和交流活动。

6. 课程项目合作

教育者可以将实际的企业项目融入课程中，让学生在学习的同时直接参与到实际项目中。这种方式使学生能够更好地将理论知识应用于实际工作中，提高实际解决问题的能力。

7. 参与实践性课程

学校可以设置一些实践性课程，如模拟企业运营、市场调研、项目管理等，通过这些课程使学生在实际操作中获取经验，更好地适应企业工作。

（三）学生参与校企合作的挑战与对策

1. 缺乏实际工作经验

挑战：一些学生在参与校企合作之前缺乏实际工作经验，导致对企业实际运作的理解不足。

对策：学校可以通过开设职业素养培训课程、加强实习前的准备，包括模拟企业实战、职场沙龙等方式，提前让学生接触企业环境，增加实际工作经验。

2. 企业与学校的合作需求不匹配

挑战：有时候学校与企业的合作需求存在一定的不匹配，可能会导致学生无法找到适合自己专业方向的合作机会。

对策：学校可以通过与企业建立更为紧密的沟通机制，了解企业的实际需求，有针对性地组织学生参与符合企业需求的校企合作项目。同时，建立起校企双向的信息反馈渠道，及时调整合作方向。

3. 学生对校企合作认知不足

挑战：一些学生对校企合作的机会不够了解，可能并不了解参与校企合作的潜在好处，从而导致缺乏主动性。

对策：学校可以通过开展宣传活动、举办校企合作推介会等方式，向学生介绍校企合作的机会和优势，引导学生更主动地参与合作项目。此外，通过学业指导、辅导员的引导，加强对学生的校企合作意识培养。

4. 学生专业技能不足

挑战：一些学生可能还欠缺一定的专业技能，导致难以胜任企业项目的实际需求。

对策：学校可以通过强化专业实践课程、提供相关技能培训，提高学生的专业技能水平，增强他们在校企合作中的竞争力。与此同时，鼓励学生在校园外积累相关经验，参加实际项目、实习等，提前培养实际操作技能。

5. 缺乏与企业对接的平台

挑战：有些学生虽然有意愿参与校企合作，但缺乏与企业对接的平台，难以找到合适的合作机会。

对策：学校可以建立校企合作平台，提供一个信息交流和对接的平台，将学生的专业背景、兴趣爱好与企业需求进行匹配。同时，加强与企业的合作交流，拓展更多的校企合作机会。

（四）学生参与校企合作的益处

1. 实际工作经验的积累

通过参与校企合作，学生可以在真实的工作场景中积累实际工作经验，提升解决实际问题的能力，增加职场竞争力。

2. 职业规划与发展

校企合作为学生提供了更多了解企业运作、行业发展的机会，帮助学生更清晰地制定职业规划，为未来的职业发展方向提供有力支持。

3. 提高综合素质

参与校企合作不仅锻炼了学生的专业技能，还培养了学生的团队协作能力、沟通能力、创新能力等综合素质，使其更好地适应社会与职场。

4. 拓宽职业视野

通过与企业的深度合作，学生可以更全面地了解不同行业的运作模式、管理机制，拓宽了自己的职业视野，更有利于其对职业生涯的选择。

5. 建立职业人际关系

校企合作提供了学生与企业内部员工、领导建立联系的平台，有助于建立职业人际关系，为将来的就业提供更多机会。

6. 提高创业机会

通过参与校企合作，学生可以更好地了解市场需求，积累创业经验，为将来创业提供更多机会和资源。

学生参与校企合作是高校人才培养的重要组成部分，既有利于学生的个人成长，又为其未来的职业发展打下坚实基础。学校应积极创造条件，提供多样化的参与途径，加强校企沟通，为学生与企业的深度合作搭建桥梁。通过学生的积极参与，校企合作将更加深入，取得更为丰硕的成果，为社会培养更加符合实际需要的专业人才。

二、学生参与社会实践的组织模式

社会实践是高校教育中一个不可或缺的重要环节，通过参与社会实践，学生可以将理论知识应用于实际，培养实际问题解决能力、团队协作能力及社会责任感。为了更有效地组织学生参与社会实践，各高校采用了多种组织模式。

（一）单一学科实践

1. 模式描述

单一学科实践是指学生在特定学科领域进行实践活动，例如，工科学生进行工程实践、医学生进行临床实习等，这种模式侧重于对学科专业知识的应用和实际操作。

2. 优点

专业性强：学生在特定学科领域进行实践，有助于深化对专业知识的理解和应用。

实际操作能力提升：学生通过实践活动，可以更好地掌握实际操作技能，为未来从事相关专业工作做好准备。

3. 缺点

狭窄视野：学生可能只关注于某一学科领域，视野相对狭窄，难以全面发展。

缺乏跨学科合作：缺少与其他学科的交叉合作，难以培养学生跨学科思维能力。

（二）综合实践课程

1. 模式描述

综合实践课程是一种将多个学科领域融合在一起，以项目为载体，让学生跨学科进行实践活动。例如，学生可以在一个项目中涉及工程、管理、市场等多个学科领域。

2. 优点

跨学科融合：学生在实践中涉及多个学科领域，有助于培养跨学科思维和综合解决问题的能力。

团队协作：由于项目的综合性，学生需要进行团队协作，提高团队协作和沟通能力。

3. 缺点

实践深度不足：由于项目面向多个学科，可能导致对某一学科领域的深度实践不足。

项目难度不均：不同学科的学生可能面对不同难度的任务，可能存在学科不平衡的情况。

（三）社会实践基地

1. 模式描述

社会实践基地是学校与社会组织、企业合作建立的实践平台，为学生提供在实际工作场景中参与实践的机会。学生可以选择在这些基地中进行暑期实习、志愿服务等社会实践活动。

2. 优点

真实实践环境：学生能够在真实的社会环境中进行实践，更好地了解社会运行规律。

拓展社会资源：学校与社会合作，能够充分利用社会资源，提高实践的质量。

3. 缺点

资源有限：一些社会实践基地可能资源有限，无法满足所有学生的实践需求。

难以管理：社会实践基地的管理可能面临一定困难，需要学校和社会组织共同努力。

（四）国际交流项目

1. 模式描述

国际交流项目是通过学校与国外高校或机构合作，为学生提供参与国际社会实践的机会。学生可以选择到国外进行交流学习、实习或参与国际合作项目。

2. 优点

国际视野：学生能够接触到不同文化、制度背景，拓展其国际视野。

语言能力提升：对于语言专业或者需要用到外语的专业，国际交流项目有助于提升学生的语言能力。

3. 缺点

费用较高：国际交流项目通常伴随着较高的费用，可能使一部分学生难以承担。

适应难度大：学生需要适应异国文化和环境，适应难度相对较大。

（五）社区服务与实践

1. 模式描述

社区服务与实践是通过学校与社区合作，为学生提供参与社区服务的机会，学生可以选择到社区进行义工活动、社会调研等实践活动。

2. 优点

服务社会：学生通过服务社区，为社会做贡献，提升社会责任感。

实践能力提升：学生在社区服务中，能够锻炼实际操作能力，解决实际问题，提高实践能力。

3. 缺点

资源不均：不同社区的资源可能存在差异，一些社区可能无法提供多样化的实践机会。

管理难度：社区服务与实践需要学校与社区密切合作，可能面临管理难度。

（六）线上实践平台

1. 模式描述

随着网络技术的发展，一些学校建立了线上实践平台，为学生提供在线实践课程、项目，使学生可以通过互联网参与社会实践。

2. 优点

便利性：学生可以随时随地参与线上实践，提高实践的灵活性和便捷性。

多样化：线上平台可以提供多样化的实践项目，满足不同学科领域的学生需求。

3. 缺点

缺乏真实感：与线下实践相比，线上实践可能缺乏真实感，难以替代实地实践。

网络不稳定：有些地区网络不稳定，可能影响学生在线实践的体验。

（七）社会实践与课程融合

1. 模式描述

社会实践与课程融合是将社会实践与课程内容有机结合，使学生在学习过程中直接参与实践活动。这可以通过实地考察、案例研究、实际项目等方式实现。

2. 优点

理论与实践结合：使学生在学习理论知识的同时，能够直接将所学知识应用到实践中。

提高学习积极性：学生通过参与实践，更容易激发学习兴趣，提高学习积极性。

3. 缺点

实践时间安排：由于需要安排实践活动，可能需要更为灵活的课程安排，对学校和教师提出更高的要求。

（八）社会实践管理机制

1. 模式描述

社会实践管理机制是指学校建立一套完整的社会实践组织、管理、评估的体系，包括实践计划的制订、导师的指导、实践过程的监管和实践成果的评估等。

2. 优点

规范管理：有助于规范社会实践的组织与管理，确保实践活动的质量。

导师指导：通过导师的指导，能够在实践中为学生提供专业指导和支持。

3. 缺点

管理成本：建立完善的管理机制可能需要投入一定的人力和物力成本。

程序烦琐：过于烦琐的管理程序可能使得学生和教师感到操作繁杂。

（九）学生参与社会实践的挑战与对策

1. 缺乏实践机会

挑战：一些学生可能因为各种原因无法获得实践机会，导致欠缺实践经验。

对策：学校可以通过建立更多的实践平台，提供多样化的实践项目，确保每位学生都有机会参与实践。

2. 社会资源不均

挑战：不同地区、学校的社会资源分布不均，一些地区可能缺乏社会实践资源。

对策：建立跨校、跨地区的社会实践资源共享机制，通过合作，让学生能够共享更广泛的实践资源。

3. 学科不平衡

挑战：不同学科的学生可能面临实践机会不平衡的问题，一些专业领域的实践机会相对较少。

对策：学校可以通过制定政策，鼓励提供跨学科的实践项目，确保不同学科领域的学生都能够参与到实践中。

4. 缺乏导师指导

挑战：一些学生在实践中可能缺乏导师的指导，导致实践效果不佳。

对策：学校可以建立导师制度，为学生提供专业的导师指导，确保学生在实践中能够得到及时支持和指导。

5. 社会实践与课程脱节

挑战：一些学校社会实践与课程之间脱节，学生在实践中难以将所学知识与实际问题有机结合。

对策：学校可以通过制定相关政策，鼓励将社会实践与课程融合，使学生在实践中能够更好地应用所学知识。

学生参与社会实践是高校培养人才的重要途径，而不同的组织模式能够为学生提供多样化的实践机会，促进他们的全面发展。在选择和设计社会实践组织模式时，学校需要充分考虑不同专业的需求、学生的个体差异，以及社会资源的分布情况。

第二节　学生实践与创新能力培养

一、实践项目与学生创新能力的关系

随着社会的不断发展和变革，创新能力成为高校培养学生的重要目标之一。实践项目作为一种融合理论与实际、促使学生将知识应用于实际的教育形式，对学生创新能力的培养起到了积极的推动作用。

（一）实践项目对学生创新能力的影响

1. 创新思维的培养

实践项目通常要求学生解决实际问题或完成特定任务，这促使学生在实践中运用创新思维。通过面对真实挑战，激发学生寻找新的解决方案、跨学科思考的能力。实践项目的复杂性和不确定性使学生更倾向于采用创新性的思维方式，从而培养了创新思维。

2. 团队协作与创新

实践项目通常需要学生组成团队，合作完成任务。在团队协作的过程中，学生需要共同思考问题、分享观点并合作解决难题。这种合作模式能够激发团队成员的创新潜力，通过不同学科、专业的交流与碰撞，促进创新思维的融合。

3. 实践经验的积累

实践项目为学生提供了大量的实践经验，使他们能够在实际操作中学习并尝试新的方法。通过不断的实践，学生可以积累解决问题的经验，培养创新的能力。实践经验的积累使学生更加熟悉实际操作，提高了他们在创新过程中的自信心。

4. 面对挑战与失败的心理素质

创新过程中常伴随着挑战和失败，而实践项目提供了一个相对安全的环境，让学生能够接触到挑战并从失败中吸取教训。通过面对困难和失败，学生逐渐培养了解决问题的毅力和耐心，这种心理素质对于创新是至关重要的。

（二）通过实践项目促进学生创新能力的培养

1. 设计具有挑战性的实践任务

为了有效培养学生的创新能力，实践项目的设计应具有一定的挑战性。任务的复杂性、不确定性和真实性都能够激发学生的创新思维。通过面对挑战，学生才能更好地发挥自己的创造性潜力。

2. 引入跨学科合作元素

创新常常涉及跨学科的知识融合。在实践项目中引入跨学科的合作元素，鼓励不同专业的学生共同参与项目，有助于学生接触到不同领域的知识，促进创新思维的跨界整合。

3. 提供导师指导与反馈

在实践项目中，导师的指导和反馈对学生的创新能力培养至关重要。导师可以通过引导学生提出解决问题的思路、提供创新思维的启示等方式，帮助学生更好地理解和应用创新理念。

4. 鼓励学生参与竞赛与展示

参与创新竞赛和项目展示是学生展示创新成果的重要方式。鼓励学生利用实践项目的成果参与相关竞赛中，或者在学术会议、创新展览等场合展示成果。这种经历不仅能够提升学生的创新自信心，还能够让他们从专业领域和社会角度获得更多反馈，促进创新思维的不断深化。

5. 建立创新文化和氛围

学校和实践项目组织者应该努力营造鼓励创新的文化和氛围。通过举办创新讲座、座谈会、创新论坛等活动，激发学生的创新热情。此外，学校还可以设立创新奖励机制，对在实践项目中取得出色的创新成果的学生进行奖励。

6. 结合实际案例进行案例教学

在实践项目中，引入实际案例进行案例教学，能够让学生从实际问题出发，通过分析案例了解创新的过程和方法。这样的教学方式有助于将理论知识与实际问题相结合，培养学生运用知识解决实际问题的能力。

7. 创新创业教育的融入

将创新创业教育元素融入实践项目中，帮助学生了解创新不仅是学术研究领域的需求，更是社会和市场的需求。通过实践项目，学生能够深入了解创新创业的流程、方法和市场机制，培养创新创业的实际操作能力。

（三）实践项目与学生创新能力的挑战与应对策略

1. 时间与任务压力

挑战：实践项目通常在学期内进行，学生可能面临时间紧迫、任务繁重的情况，影响创新思考的深度和广度。

应对策略：在项目设计阶段，合理安排项目时间，避免过于紧张的进度安排。同时，提前规划项目任务，明确学生需要完成的阶段性目标，减轻学生的任务压力。

2. 缺乏实践经验

挑战：一些学生可能缺乏实际问题解决的经验，难以在实践项目中启发创新思维。

应对策略：在实践项目开始前，可以组织一些实践经验分享会或者邀请相关领域的专业人士进行讲座，帮助学生了解实际问题和解决方法。此外，导师在项目中的及时指导也是帮助学生积累实践经验的重要途径。

3. 资源不足

挑战：由于一些学校或项目在经费、设备等方面的限制，导致学生在实践项目中无法充分发挥创新能力。

应对策略：学校可以争取更多的实践项目经费，鼓励学生积极寻找合作机会，争取外部支持。同时，合理规划项目，选择适宜的实践方向，确保资源的有效利用。

4. 对实际问题理解不深

挑战：有些学生可能对实际问题的理解不够深入，导致创新解决方案的质量不高。

应对策略：在项目开始前，组织学生参与相关领域的调研或实地考察，加深对实际问题的理解。同时，引导学生主动与企业、社会组织等合作，深入了解实际问题背后的需求。

实践项目与学生创新能力的关系是相辅相成的，通过实践项目，学生不仅能够培养创新思维，提高团队协作能力，还能够积累实践经验，增强面对挑战和失败的心理素质。然而，要充分发挥实践项目的促进作用，需要学校和教育机构共同努力，从项目设计、导师指导、创新文化建设等方面入手，为学生提供更有利于创新的环境和支持。通过不断改进实践项目的组织与管理，可以更好地促进学生的创新能力培养，为他们未来的职业发展打下坚实的基础。

二、学生创新与创业项目的培养机制

学生创新与创业项目的培养是高校教育中的一项重要任务，旨在培养学生的创新能力、团队协作意识和实际应用能力，为其未来的职业发展奠定基础。

（一）项目选题的合理性与实际性

1. 市场需求导向的选题

学生创新与创业项目的选题应当紧密结合市场需求。选择符合市场发展趋势、能够解决实际问题的选题，有助于确保项目的实际应用性。市场需求导向的选题能够激发学生的创新热情，使他们更好地理解行业动态。

2. 跨学科融合的选题

为培养学生的跨学科思维能力，项目选题应当鼓励跨学科融合，将不同专业领域的知识与技能结合起来，有助于学生更全面地思考问题，培养跨领域合作的潜力。

（二）导师指导的重要性

1. 专业知识指导

导师在学生创新与创业项目中扮演着关键的角色，应当为学生提供专业知识的指导。导师通过分享自己的实际经验和专业知识，帮助学生更深入地理解项目背后的学科理论，使其能够将理论知识应用到实际中。

2. 创新思维引导

导师除了专业知识外，还应当引导学生培养创新思维。通过启发性的问题、讨论和案例分享，导师能够帮助学生突破传统思维，寻找创新性解决方案。创新思维的引导有助于学生在项目中更富有创造力地思考问题。

（三）资源支持的保障

1. 实验室与设备支持

为确保学生创新与创业项目的顺利进行，学校应当提供必要的实验室和设备支持。充足的实验室资源和先进的设备能够为学生提供实践操作的平台，促进项目的实施。

2. 创业基金与财务支持

学生创新与创业项目通常需要启动资金，学校可以设立创业基金，为学生提供财务支持。这有助于学生更好地实践创新理念，减轻初创企业的财务压力。

（四）建立创新创业评价体系

1. 多维度评价体系

学校应当建立完善的创新创业项目评价体系。评价体系应该从多个维度出发，包括项目的创新性、实际应用价值、团队协作能力等方面，以全面了解学生在项目中的表现。

2. 持续反馈机制

为了帮助学生持续发展，评价体系应当设立持续反馈机制。通过定期的评价与反馈，学生能够更清晰地了解自己在项目中的优势和不足，从而有针对性地进行提升。

（五）实践与培训机制

1. 实践环节设计

为确保学生能够在项目中充分实践，学校可以设计合理的实践环节，包括实地调研、市场调查、模拟经营等实践。

2. 创业培训计划

为了提高学生的创业能力，学校可以制订创业培训计划，这些培训可以涵盖创业知识、市场分析、商业计划书撰写等方面，使学生在创业过程中提高其实际操作的技能。

3. 团队建设与合作培训

学生创新与创业项目通常需要团队合作，因此，团队建设与合作培训尤为重要。培训可以包括团队协作技巧、沟通技能、冲突解决等方面，帮助学生更好地与团队成员协作。

（六）社会资源整合

1. 产业合作与导师网络

学校应当积极整合社会资源，与产业界建立合作关系。通过与企业、创业导师的合作，为学生提供更丰富的创新创业资源，拓宽他们的视野。

2. 创业导师团队建设

建立创业导师团队，集结行业内经验丰富的专业人士，为学生提供更专业的创业指导。导师团队可以帮助学生更好地理解市场需求、获悉行业动态，提高创业项目的成功几率。

（七）激励机制的建立

1. 奖学金与荣誉称号

设立创新与创业项目奖学金和荣誉称号，对在项目中表现出色的学生给予奖励。这种激励机制能够激发更多学生的积极性，促使他们更加投入到创新与创业项目中。

2. 创业孵化支持

为优秀的创新与创业项目提供孵化支持，包括提供办公场地、投资渠道等。学校可以与创业孵化器合作，为学生提供更全面的创业支持，推动项目的成功实施。

（八）风险管理与教育

1. 风险识别与应对培训

创新与创业项目中存在一定的风险，学校应当为学生提供风险识别与应对培训。培训内容可以包括项目风险评估、危机管理等，使学生在创业过程中更具备风险意识和防范能力。

2. 失败教育与经验分享

学校应当鼓励学生从失败中吸取教训，并建立失败教育机制。通过失败案例分析、创业者经验分享等形式，帮助学生更加理性看待创业过程中的困难，提高应对失败的韧性。

学生创新创业项目的培养机制需要学校、企业、社会等多方面的协同努力。通过合理的项目选题、导师的专业指导、资源的充分支持、全面的评价体系，以及实践与培训机制的建立，学生能够更好地在创新创业项目中成长。这不仅有助于培养学生的创新精神和实际应用能力，也为他们未来的职业发展打下坚实的基础。

第三节 就业创业能力模型与指标体系

一、就业创业能力的内涵与层次

随着社会经济的发展和高等教育的普及，大学生的就业创业能力逐渐成为学校关注的焦点。提高学生的就业创业能力既是高校教育的责任，也是社会对大学生培养的期望。

（一）就业创业能力的内涵

1. 专业知识与技能

专业知识与技能是就业创业能力的基础，是大学生成为某一领域专业人才所必备的能力，这包括对专业知识的深刻理解和掌握，以及实际操作所需的技能。不同专业领域对专业知识和技能的要求会有所不同。

2. 创新能力

创新能力是指学生具备发现问题、解决问题的能力，具备创造新知识、新技术的潜力。创新能力包括对问题的独立思考、新思路的提出，以及创新性实践的能力。这是在职场中能够持续进步和适应变化的关键能力。

3. 团队协作与沟通能力

团队协作与沟通能力是指学生能够有效地与他人合作，共同完成任务，并能够清晰、明确地表达自己的观点，这一能力是适应团队工作、实现团队目标的基础，也是在职场中与同事、上级、客户等进行有效沟通的关键。

4. 问题解决与决策能力

问题解决与决策能力是指学生在面临复杂问题时，能够迅速分析问题、提出解决方案，并作出明智的决策的能力，这需要学生具备良好的逻辑思维、分析问题的能力，同时具备决断力和责任心。

5. 职业规划与发展能力

职业规划与发展能力是指学生能够明确自己的职业目标，制订实现目标的计划，并具备在职场中不断学习和发展的意识。这包括对行业发展趋势的了解，对个人职业生涯的规划与调整。

6. 自我管理与执行力

自我管理与执行力是指学生能够有效地管理自己的时间、情绪和资源，有条理地完成工作任务。同时，具备高度的执行力，能够按照计划有条不紊地完成工作，对自己负责。

7. 跨文化沟通与国际视野

随着全球化的发展，跨文化沟通与国际视野成为就业创业能力的重要组成部分。这要求学生具备在国际环境下工作的能力，具备跨文化沟通与合作的技能，能够适应多元化的工作环境。

（二）就业创业能力的层次

1. 基础层次

基础层次是指学生具备专业知识和技能，能够胜任基本的工作任务。这是就业创业能力的基础，也是学生进入职场的最基本要求，在这个层次，学生主要需要通过专业课程的学习，获取相关专业知识和技能。

2. 发展层次

发展层次是指学生在专业知识和技能的基础上，具备了创新能力、团队协作能力、问题解决与决策能力等综合素质。学生能够在团队中发挥积极作用，能够主动解决实际问题，具备一定的创新思维和解决复杂问题的能力。在这个层次，学生需要参与实践项目、团队活动，培养跨学科的综合素质。

3. 深化层次

深化层次是指学生在发展层次的基础上，能够深化专业知识，进一步提升创新能力和团队协作能力，具备更高水平的问题解决与决策能力。学生能够独立开展复杂项目，具备一定的领导力和组织能力。

4. 领导层次

领导层次是指学生在深化层次的基础上，具备领导能力、团队管理能力，以及对整个行业发展趋势的深刻理解。学生能够在团队中承担领导角色，能够对团队进行有效管理，具备战略规划和决策的能力。

5. 国际化层次

国际化层次是指学生在领导层次的基础上，具备全球视野和跨文化沟通能力，能够在国际化的背景下开展工作。学生能够理解全球经济、政治、文化的互动关系，具备跨国公司或组织的管理能力。

（三）培养途径与方法

1. 融合课程设置

高校应当在课程设置上注重专业知识与综合素质的融合。通过开设跨学科的融合课程，引导学生在专业知识的学习中培养创新思维、团队协作等综合素质。

2. 实践项目与实习机会

实践项目与实习是培养学生就业创业能力的有效途径。学生通过参与实际项目，可以锻炼创新能力、团队协作能力，并在实际操作中深化专业知识。

3. 导师制度

建立导师制度，为学生提供个性化的指导与辅导。导师可以根据学生的兴趣和发展方向，提供专业领域的深度指导，帮助学生更好地发展就业创业能力。

4. 综合素质拓展活动

组织综合素质拓展活动，如团队建设、领导力培训、创新大赛等。通过这些活动，学生能够培养团队协作、领导力等能力，提高对实际问题的解决能力。

5. 职业规划与发展指导

开展职业规划与发展指导，帮助学生更好地认识自己，明确职业目标。学校可以提供职业规划课程、职业咨询服务等，引导学生积极规划自己的职业生涯。

（四）评价体系的建立

建立完善的评价体系，全面评估学生的就业创业能力。评价体系应包括专业知识考核、实践项目评估、综合素质测评等多个方面，以确保对学生能力的全面了解。

就业创业能力的培养是高校教育的核心任务之一，通过明确就业创业能力的内涵与层次，学校可以有针对性地制定培养方案，帮助学生全面提升自身竞争力。通过合理的培养途径与方法，以及建立科学的评价体系，学校能够更好地培养具备创新精神、团队协作、领导力等综合素质的高素质人才，更好地满足社会对人才的需求。

二、就业创业能力模型的构建

随着社会的发展，对大学生的就业创业能力提出了更高的要求。构建合理的就业创业能力模型使高校更好地培养学生，使其更好地适应职场和创业环境的关键。

（一）就业创业能力模型的要素

1. 专业知识与技能

专业知识与技能是就业创业能力模型的基础，这包括学生在所学专业领域内的知识储备和实际操作的技能。专业知识与技能是大学生进入职场或创业的基础，直接关系到其在相关领域中是否能够胜任工作任务。

2. 创新能力

创新能力是大学生在职场和创业中脱颖而出的重要要素，创新能力包括对问题的敏感性、创新思维、解决问题的能力及创新性实践的经验。在现代社会，创新能力是推动企业发展的关键，也是大学生更好地适应职场变化的核心素质。

3. 团队协作与沟通能力

团队协作与沟通能力是考察个体融入集体并在集体中发挥作用的关键，这包括学生是否能够有效地与他人合作，是否能够清晰、明确地表达自己的观点。在职场和创业中，良好的团队协作与沟通能力是取得成功的不可或缺的因素。

4. 问题解决与决策能力

问题解决与决策能力是学生在职业生涯中所需的关键素质，包括学生在面对复杂问题时的分析能力、解决问题的能力，以及在压力下作出正确决策的能力。这是学生在职场中迅速成长的保障。

5. 职业规划与发展能力

职业规划与发展能力是指学生具备明确的职业目标，并能够制定实现这些目标的规划。这需要学生对自己的兴趣、优势及发展方向有清晰的认识，能够在职业生涯中不断学习和发展。

6. 自我管理与执行力

自我管理与执行力是考察学生是否具备有效管理自己时间、情绪和资源的能力。在职场和创业中，拥有良好的自我管理与执行力能够使学生更高效地完成工作任务，提高工作效率。

7. 跨文化沟通与国际视野

跨文化沟通与国际视野是考察学生是否具备在国际环境中工作的能力，这包括学生是否能够理解全球经济、政治、文化的互动关系，是否具备在国际化背景下进行有效沟通与合作的能力。

（二）就业创业能力模型的关系

就业创业能力模型的要素之间存在着紧密的关系。专业知识与技能是就业创业能力的基础,创新能力和团队协作与沟通能力是其上升层次的重要支撑,问题解决与决策能力则是在实际工作中的体现。职业规划与发展能力和自我管理与执行力贯穿在整个过程中,而跨文化沟通与国际视野则是反映学生全球化视野的体现。

(三)评价体系的建立

建立完善的评价体系,全面评估学生的就业创业能力。评价体系应包括专业知识考核、实践项目评估、综合素质测评等多个方面,以确保对学生能力的全面了解。

就业创业能力模型的构建是高校人才培养的科学指南。通过深刻理解就业创业能力的内涵与层次,构建合理的能力模型,并采取多样化的培养策略,可以更好地培养学生,使其具备全面的就业创业能力。高校应当不断调整与完善培养体系,与时俱进地满足社会对人才的需求,为学生的职业生涯奠定坚实的基础。

第四节　学生参与的评价与激励

一、学生参与的综合评价体系

学生的综合素质是高等教育的核心目标之一,而学生参与的综合评价体系是评估学生在各个方面能力和素质的有效手段。通过建立科学、全面的评价体系,可以更准确地了解学生的学业表现、综合素质和潜力,为其个人发展和职业规划提供有力支持。

(一)综合评价体系的构建要素

1. 学业成绩评价

学业成绩评价是评估学生学术水平的重要指标,包括课堂表现、考试成绩、项目报告等。学业成绩评价反映了学生在专业知识和学科技能方面的掌握程度，是综合评价体系的基础。

2. 课外活动与社会实践评价

学生参与各类课外活动和社会实践是培养其综合素质的有效途径，包括社团活动、志愿服务、实习实践等。通过对学生在这些活动中的表现进行评价，可以全面了解其团队协作、领导能力、创新意识等方面的发展。

3. 研究与创新能力评价

学生的研究与创新能力是其在未来职业发展中的重要竞争力，研究项目的参与、科研成果的产出、创业经历等都是评价学生研究与创新能力的重要指标。这方面的评价体系可以反映学生对知识的深度理解和应用能力。

4. 团队协作与沟通能力评价

团队协作与沟通能力是现代职场中不可或缺的素质，通过学生在小组项目、团队竞赛中的表现，以及对沟通技能的评估，可以全面了解学生在团队工作和交流方面的潜力。

5. 问题解决与决策能力评价

问题解决与决策能力是学生在面对复杂问题时的关键素质，学生参与解决实际问题的项目、模拟决策活动等，可以帮助评价其在实践中应对问题和作出决策的能力。

6. 自我管理与执行力评价

自我管理与执行力是学生在面对学业、工作和生活的时候所需的核心能力。通过评估学生管理时间、设定目标、执行计划的能力，可以全面了解其自我管理和执行力的水平。

7. 跨文化沟通与国际视野评价

全球化时代背景下，跨文化沟通与国际视野是学生的重要素质。通过国际交流项目、国际课程参与等方面的评价，可以了解学生是否具备在国际背景下与人进行有效沟通和合作的能力。

（二）学生参与的综合评价体系的建立与应用

1. 建立多元化评价方法

学生参与的综合评价体系应采用多元化的评价方法，包括但不限于考试、项目评估、面试、问卷调查等。这样能够更全面、客观地了解学生在各个方面的表现，避免单一评价方法的片面性。

2. 建立评价标准与指标体系

建立明确的评价标准和指标体系，使学生和教师都能清晰地了解评价的依据。这涉及明确每个要素的权重、评价等级和评价标准，以确保评价的公正性和准确性。

3. 引入自评与同学评价机制

为了更好地激发学生的自我认知和自我管理能力，可以引入自评机制，让学生对自己的表现进行反思和评价。同时，通过同学间的互评，促使学生在团队协作中发挥更积极的作用。

4. 结合导师指导与评价

导师在学生发展过程中扮演着重要的角色，他们能够更全面地了解学生的实际情况。因此，在综合评价体系中，导师的指导和评价应当被纳入考量，以提高评价的准确性和科学性。

5. 建立激励机制

建立激励机制，通过对表现优异的学生进行奖励，以激发其他学生的积极性，这可以包括奖学金、荣誉证书、实习机会等形式，以鼓励学生更积极地参与各项活动。

6. 结合学生发展规划

综合评价体系应当与学生的个人发展规划相结合，帮助学生更好地认识自己的优势和不足，制定更明确的发展目标。通过与发展规划的衔接，使评价更具有指导性和实效性。

（三）综合评价体系的挑战与应对

1. 主观性评价的挑战

评价中难免受到主观因素的影响，特别是在涉及团队协作和领导力等主观性较强的要素时。为了解决这一问题，可以引入多人评价、交叉评价等方法，降低主观性的影响。

2. 评价体系与个性化发展之间的平衡

学生在发展过程中存在差异，单一的评价体系可能无法充分考虑到每个学生的个性化发展需求。因此，需要在评价体系中保留一定的弹性，允许学生在特定领域展现个性化的发展路径。

3. 数据收集和分析的难度

建立综合评价体系需要大量的数据收集和分析工作，包括学术成绩、项目报告、面试表现等多个方面。如何有效地收集、整理和分析这些数据是一个挑战，需要建立高效的信息管理系统。

4. 激励机制的建立

建立合理的激励机制是一个复杂的过程，需要平衡学术成绩和综合素质。同时，不同领域和层次的激励机制也需要有差异性，以激发学生在各个方面的发展动力。

学生参与的综合评价体系是高等教育质量保障体系的重要组成部分，有助于更全面、客观地评估学生的学业水平和综合素质。通过建立科学的评价体系，学校可以更好地指导学生的发展，提升其在未来职业和社会中的竞争力。同时，要不断优化和调整评价体系，以适应社会发展和学生个性化发展的需要。

二、激励机制的建设与运行

激励机制在组织管理中起着至关重要的作用，它能够有效地激发个体的积极性、创造性，提高工作效率，促进组织的长期稳定发展。在学校、企业等组织中，建设科学合理的激励机制对于激发师生员工的工作热情，提高整体素质水平具有重要意义。本书将探讨激励机制的建设与运行，深入分析激励机制在组织中的作用和实践。

（一）激励机制的建设

1. 明确目标

激励机制的建设首先要明确组织的目标。组织的目标直接关系到激励的方向和内容，只有明确了组织的目标，才能制订出相应的激励计划，确保激励机制与组织发展方向保持一致。

2. 确定激励对象

在学校、企业等组织中，激励对象涉及师生员工的不同层面。要根据组织的需求和特点，明确激励的对象，包括不同层级、不同职能的员工，以及在学术、科研等方面表现突出的学生。

3. 设定合理激励手段

激励手段是激励机制的具体体现，可以包括物质性激励和非物质性激励。物质性激励包括薪酬、奖金，而非物质性激励包括晋升机会、荣誉奖励、培训机会等。合理的激励手段需要充分考虑组织的财务状况、员工的需求和组织的发展方向。

4. 制订激励计划

建设激励机制需要制订详细的激励计划，包括激励的标准、条件、奖励方式等方面的具体规定，这需要对组织的文化、价值观和员工的特点有深刻的理解，以确保激励计划的科学性和实施的可行性。

5. 参与式决策

在激励机制的建设过程中，应当采用参与式决策的方式，让员工、教师和学生等各方面的代表能够参与决策，提出建议和意见。这有助于激励机制更好地适应组织的实际情况，提高其可行性和执行力。

（二）激励机制的运行

1. 激励机制的沟通与解释

激励机制的成功运行需要对其进行充分的沟通与解释。组织要及时向员工、教师和学生等激励对象传达激励政策，明确激励的标准和条件，以便大家能够理解和接受激励机制。

2. 实时反馈与调整

激励机制的运行应当具有实时的反馈与调整机制。通过及时了解员工、教师和学生等的反馈，发现问题并及时调整激励计划，确保激励机制在实践中能够更好地发挥作用。

3. 激发内在动机

激励机制的运行要更注重激发个体的内在动机。通过给予更多的自主权、提供更多的学习发展机会，让员工、教师和学生等能够在工作中得到更多的乐趣和成就感。

4. 能力匹配与公平性

激励机制的运行需要考虑到员工、教师和学生等个体的能力差异。激励应当与个体的实际表现相匹配，避免因为个体能力不同而导致激励机制的公平性问题。

5. 紧密结合组织发展

激励机制的运行要与组织的长远发展密切相关。激励计划应当对组织的战略目标有积极的推动作用，以确保激励机制与组织发展方向保持一致。同时，激励机制也应与员工、教师和学生等的个人发展目标相契合，使得个体的发展与组织的发展相互促进。

6. 培养激励文化

为了使激励机制更好地融入组织的运作，需要培养激励文化。激励文化是组织内部的一种价值观念，强调奖励表现出色的个体，倡导共享成功、共同成长的理念。通过培养激励文化，可以让员工、教师和学生等更好地接受和参与激励机制。

（三）激励机制的挑战与应对方式

1. 个体差异性的挑战

由于组织内部员工、教师和学生等个体差异性的存在，激励机制可能面临一个适应性的挑战。解决这一问题需要建立灵活性强、能够个性化定制的激励机制，满足不同个体的需求。

2. 公平性的挑战

激励机制的建设和运行中常常面临公平性的挑战，即如何确保激励的公正合理。解决这一问题需要建立明确的评价标准和公开透明的激励机制，同时借助技术手段提高激励过程的透明度。

3. 可持续性的挑战

激励机制的建设需要考虑到长期的可持续性。如果激励机制缺乏长远规划和对未来发展的考虑，可能导致激励效果的减弱。因此，在建设激励机制时，需要注重其可持续发展性，确保在长期内保持其有效性。

4. 激励手段的挑战

选择合适的激励手段也是一个挑战，特别是在资源有限的情况下。因此，组织在建设激励机制时需要仔细权衡各种激励手段，确保以最有效、最经济的方式激发员工、教师和学生等的积极性。

5. 绩效评估的挑战

激励机制的建设和运行需要建立科学、公正的绩效评估体系，然而，绩效评估本身也面临主观性、不确定性等问题。解决这一挑战需要建立客观、全面的评估体系，引入多元化的评价方法，避免单一评价的片面性。

激励机制的建设与运行是组织管理中至关重要的一环。科学合理的激励机制不仅能够提高员工、教师和学生等的工作积极性和创造力，还有助于组织的长期稳定发展。在建设激励机制时，需要考虑到组织的目标、激励对象、激励手段等方面的因素，通过沟通、实时反馈与调整等手段，使激励机制更好地适应组织的需求和发展方向。同时，要克服个体差异性、公平性、可持续性等挑战，不断优化和调整激励机制，确保其在实践中能够取得最佳效果。

参考文献

［1］ 王元福. 大学生就业创业教育［M］. 北京：北京理工大学出版社，2020.

［2］ 耿福，姚妍妍，马红翠. 大学生就业与创业教育［M］. 北京：现代出版社，2019.

［3］ 杨必忠. 大学生职业生涯规划与就业创业教育［M］. 成都：电子科技大学出版社，2019.

［4］ 谢少娜，洪柳华，傅燕萍. 基于产教融合背景下的高职学生就业创业教育研究［M］. 沈阳：辽宁大学出版社，2021.

［5］ 程欣，吕久燕. 大学生职业生涯规划与就业创业教育［M］. 北京：北京邮电大学出版社，2017.

［6］ 林尧，杨锡山. 就业创业教育读本［M］. 昆明：云南大学出版社，2010.

［7］ 谢吉庆. 大学生就业与创业教育［M］. 长春：东北师范大学出版社，2016.

［8］ 高迎爽，楚璇. 大学生就业与创业教育［M］. 长春：东北师范大学出版社，2015.

［9］ 聂强，陈兴国，疏勤. 大学生就业与创业教育［M］. 北京：北京理工大学出版社，2014.

［10］ 徐爱玲. 大学生就业与创业教育［M］. 徐州：中国矿业大学出版社，2009.

［11］ 秦宗愚，黄祖顺，江莉军. 就业指导与创业教育［M］. 北京：北京理工大学出版社，2021.

［12］ 蒋文珍，张青松，张艳. 就业指导与创业教育［M］. 成都：电子科技大学出版社，2019.

［13］ 沈庆焉，陈云东，蒲欢. 就业指导与创业教育［M］. 北京：电子科技
出版社，2019.

［14］ 席佳颖，储克森，段丽华. 职业、就业指导及创业教育［M］. 北京：
机械工业出版社，2022.